Das Buch

Am Gipfel seines Ruhms angelangt, erfüllt sich John Steinbeck einen langgehegten Wunsch: In einem speziell für dieses Vorhaben konstruierten Wohnmobil mit Namen »Rosinante« reist er in Begleitung seines Hundes Charley kreuz und quer durch die Vereinigten Staaten. »Ich hatte zu lange nicht die Sprache Amerikas gehört, zu lange nicht den Geruch des Grases, der Bäume und der Abwasserkanäle wahrgenommen, die Berge und Gewässer nicht gesehen, die Farbe und den Ton des Lichts. Die Veränderungen, die eingetreten waren, kannte ich nur aus Büchern.« Mit offenen Augen und wachem Verstand versucht er seinem Land und den Menschen, die in ihm leben, auf den Grund zu gehen. Ganz beiläufig mischen sich dabei in Steinbecks heitere und humorvolle Betrachtungen auch allerhand ernste Überlegungen. Er verschweigt nicht, was er zu kritisieren hat: den vielfach ungebrochenen Rassismus, die Wegwerfgesellschaft mit ihren immer höher anschwellenden Schutt- und Blechhalden, den »Schnellfraß« der Restaurants, allüberall gleich steril verpackt und nach nichts schmeckend, oder den Hang zu sinnloser Automatisierung und zu Superhygiene. »Es ist ein packendes Reisebuch geworden.« (Solothurner Zeitung)

Der Autor

John Ernst Steinbeck, amerikanischer Erzähler deutsch-irischer Abstammung, geboren am 27. Februar 1902 in Salinas, wuchs in Kalifornien auf. 1918–24 Studium der Naturwissenschaften an der Stanford University, Gelegenheitsarbeiter, danach freier Schriftsteller in Los Gatos bei Monterey. Im Zweiten Weltkrieg Kriegsberichterstatter, 1962 Nobelpreis für Literatur, gestorben am 20. Dezember 1968 in New York.

John Steinbeck:
Meine Reise mit Charley
Auf der Suche nach Amerika

Deutsch von Iris und Rolf Hellmut Foerster

Deutscher
Taschenbuch
Verlag

dtv

Von John Steinbeck
sind im Deutschen Taschenbuch Verlag erschienen:
Früchte des Zorns (10474)
Autobus auf Seitenwegen (10475)
Die wilde Flamme (10521)
Der rote Pony (10613)
Die Straße der Ölsardinen (10625)
Das Tal des Himmels (10675)
Die Perle (10690)
Tagebuch eines Romans (10717)
Stürmische Ernte (10734)
Tortilla Flat (10764)
Wonniger Donnerstag (10776)
Eine Handvoll Gold (10786)
Von Mäusen und Menschen (10797)
Jenseits von Eden (10810)
Laßt uns König spielen (10845)
König Artus (11490)
An den Pforten der Hölle (11712)

Ungekürzte Ausgabe
April 1988
5. Auflage Juni 1993
Deutscher Taschenbuch Verlag GmbH & Co. KG,
München

Titel der amerikanischen Originalausgabe:
›Travels with Charley‹

Umschlaggestaltung: Celestino Piatti
Gesamtherstellung: C. H. Beck'sche Buchdruckerei,
Nördlingen
Printed in Germany · ISBN 3-423-10879-7

Dieses Buch widme ich Harold Guinzburg zum Zeichen meiner Hochachtung, die aus einer jüngst entstandenen Verbundenheit und Zuneigung erwuchs.

John Steinbeck

Erster Teil

Als ich noch sehr jung war und darauf brannte, anderswo zu sein, versicherten mir reife Menschen, die Reife würde dieses Laster heilen. Als man mich den Jahren nach reif nennen konnte, verschrieb man mir das gesetztere Alter. Im gesetzteren Alter hieß es, mit fortschreitendem Alter würde mein Fieber nachlassen, und heute, mit achtundfünfzig Jahren, bleibt mir nur noch die Aussicht, daß die Senilität endlich das Ihre tut. Bis jetzt hat nichts geholfen. Wenn ich das heisere Schrillen einer Schiffspfeife höre, bekomme ich immer noch eine Gänsehaut im Nacken, und meine Beine setzen sich in Bewegung. Das Dröhnen eines Düsenflugzeugs, ein warmlaufender Motor und sogar Hufgeklapper weckt in mir das alte Reisefieber; mein Mund wird trocken, der Blick schweift in die Ferne, die Handflächen werden heiß, und der Magen hebt sich in den Brustkasten. Mit anderen Worten: Es will nicht besser werden. Mit anderen Worten: Einmal ein Vagabund, immer ein Vagabund. Ich fürchte, das Leiden ist unheilbar. Ich schreibe dies nicht nieder, weil ich andere belehren, sondern weil ich mir selber darüber klarwerden will.

Wenn der Unruhevirus einen unsteten Mann überfällt und die Straße in die Ferne breit und gerade und lockend erscheint, dann muß das Opfer zunächst einen vernünftigen und hinreichend plausiblen Grund zum Aufbruch finden. Für den erfahrenen Vagabunden ist das kein Problem. Er hat immer ein Sortiment Gründe zur Hand, aus denen er nur zu wählen braucht. Dann muß er Zeit und Raum seiner Reise festlegen, eine Richtung und einen Bestimmungsort wählen. Und schließlich muß er die Reise vorbereiten. Wie soll er reisen, was soll er mitnehmen, wie lange will er bleiben? Dieser Teil der Vorbereitungen ist immer der gleiche und wird es immer bleiben. Ich schreibe dies nur nieder, damit Neulinge in der Vagabunderei, wie etwa Teenager im Vollgefühl ihrer neuentdeckten Sünde, nicht glauben, sie hätten das alles erfunden.

Sobald eine Reise geplant, vorbereitet und eingefädelt ist, kommt ein neuer Faktor hinzu und bestimmt alles Weitere. Jeder Ausflug, jede Safari, jede Expedition ist ein Wesen für sich und unterscheidet sich von allen anderen Reisen. Sie besitzt ihre Eigenart, ihr Temperament, ihre Individualität und Einmaligkeit. Eine Reise ist eine Persönlichkeit, keine gleicht der anderen. Und alle Pläne, Vorkehrungen, Finten und jeder Zwang sind nutzlos. Nach jahrelangem Ringen stellen wir fest, daß wir eine Reise nicht in der Hand haben. Sie hat uns in der Hand. Reisebüros, Fahrpläne, Platzreservierungen, ehern und diktatorisch, zerschellen an der Persönlichkeit der Reise. Nur wenn der waschechte Vagabund sich dessen bewußt ist, kann er getrost aufbrechen. Erst dann ist er gegen alle Kümmernisse gefeit. Darin gleicht eine Reise der Ehe. Man kann gewiß sein, daß man sich täuscht, wenn man sich für den Herrn und Meister hält. Nachdem ich dies ausgesprochen habe, ist mir wohler, wenn es auch nur der verstehen wird, der es erfahren hat.

Ich glaube, mein Plan war klar, einleuchtend und vernünftig. Jahrelang bin ich durch viele Länder der Welt gereist. Wenn ich in Amerika bin, wohne ich in New York oder mache höchstens eine Spritztour nach Chicago oder San Francisco. Doch New York hat so wenig mit Amerika zu tun wie Paris mit Frankreich oder London mit England. Infolgedessen wurde mir eines Tages klar, daß ich mein eigenes Heimatland nicht kannte. Ich, ein amerikanischer Autor, der über Amerika schreibt, arbeitete nach dem Gedächtnis, und das Gedächtnis ist im besten Fall ein unzuverlässiger, trügerischer Speicher. Ich hatte zu lange nicht die Sprache Amerikas gehört, zu lange nicht den Geruch des Grases, der Bäume und der Abwasserkanäle wahrgenommen, die Berge und Gewässer nicht gesehen, die Farbe und den Ton des Lichts. Die Veränderungen, die eingetreten waren, kannte ich nur aus Büchern. Aber nicht nur das: Ich hatte das Land seit fünfundzwanzig Jahren nicht mehr bewußt erlebt. Kurz, ich schrieb über etwas, das ich nicht kannte, und ich halte dies bei einem sogenannten Schriftsteller für ein Verbrechen. Meine Erinnerungen waren von fünfundzwanzig verstrichenen Jahren entstellt.

Ich war einmal mit einem alten Lieferwagen durchs Land gefahren, einem zweitürigen Kasten, auf dessen Boden eine Matratze lag. Ich hielt an, wo Leute standen oder zusammenliefen, ich lauschte, beobachtete und nahm wahr und gewann dabei ein Bild von meinem Land, dessen Authentizität nur durch meine eigenen Unzulänglichkeiten beeinträchtigt war.

Also beschloß ich, abermals zu beobachten. Ich wollte dieses Landungeheuer neu entdecken. Tat ich es nicht, dann konnte ich unmöglich die kleinen, diagnostischen Wahrheiten äußern, auf denen die größere Wahrheit ruht.

Doch dem stand eine erhebliche Schwierigkeit entgegen. In den verflossenen fünfundzwanzig Jahren war mein Name einigermaßen bekannt geworden. Immer wieder mußte ich feststellen, daß sich die Menschen verändern, wenn sie einen erkennen, gleichgültig, ob sie nun Vorteilhaftes über einen gehört haben oder nicht. Sie nehmen eine Haltung ein, die ihnen unter normalen Umständen fernliegt, sei es aus Befangenheit oder infolge einer der anderen Reaktionen, die ein bekannter Name hervorruft. Ich mußte ein Paar wandernder Augen und Ohren werden, eine Art reisende Fotoplatte. Ich durfte mich nicht in Hotelregister eintragen, ich mußte Bekannten aus dem Weg gehen, ich durfte niemanden interviewen, nicht einmal eindringliche Fragen stellen. Außerdem stören zwei oder mehr Menschen das ökologische Gefüge der Landschaft. Daher mußte ich allein reisen und mich selbst versorgen, ungefähr so wie eine Schildkröte, die ihr Haus mit sich herumträgt.

In diesem Sinne schrieb ich an die Geschäftsleitung einer großen Lastwagenfabrik. Ich erläuterte mein Vorhaben und meine Bedürfnisse. Ich brauchte einen Dreiviertel-Tonner, der den härtesten Strapazen und jedem Gelände gewachsen war. Auf diesem Lastwagen wollte ich eine Behausung bauen lassen, etwas Ähnliches wie die Kajüte eines kleinen Bootes. Ein Wohnwagenanhänger ist auf Bergstraßen nicht leicht zu manövrieren, es ist schwierig und manchmal verboten, ihn zu parken, und er ist vielerlei Beschränkungen unterworfen. Nach einiger Zeit erhielt ich die Beschreibung eines robusten, schnellen, komfortablen Fahrzeuges, auf das ein kleines Behelfsheim montiert war. Dieses enthielt ein Doppelbett, einen vierflammigen Butangasherd, einen Heizofen, Kühlschrank und Lampen, die ebenfalls mit Butangas betrieben wurden, ein chemisches WC, eine Vorratskammer, und vor den Fenstern waren Insektengitter angebracht – kurz, es war genau das, was ich brauchte. Es wurde im Sommer bei meinem kleinen Bootsplatz in Sag Harbor am Endzipfel von Long Island abgeliefert. Ich hatte vor, erst nach dem Labor Day aufzubrechen, wenn die Nation wieder ins normale Gleis zurückgefunden hatte, aber vorher wollte ich mich an meinen Schildkrötenpanzer gewöhnen, ihn ausrüsten und mit ihm vertraut werden. Der Wagen kam im August an, ein prächtiges Fahrzeug, stark und doch zierlich. Er war fast so leicht zu handhaben wie ein Personenwagen. Und da die geplante Reise bei meinen Freunden zu satirischen Bemerkungen Anlaß gegeben hatte, taufte ich ihn »Rosinante«. Wie Sie sich erinnern werden, hieß so Don Quichottes Pferd.

Da ich mein Vorhaben nicht geheimhielt, kam es unter meinen Freunden und Ratgebern zu einigen Kontroversen. (Ein Reiseplan zeugt Ratgeber in Scharen.) Man sagte mir, ich könne unmöglich inkognito reisen, weil mein Foto so weit verbreitet sei, wie es in den Kräften meines Verlegers stand. Ich möchte vorausschicken, daß mich während dieser Zehntausendmeilenreise in vierunddreißig Staaten niemand erkannte. Ich glaube, der Mensch weiß die Dinge nur in ihren gewohnten Rahmen einzuordnen. Sogar Leute, die mich in einer entsprechenden Umgebung erkannt hätten, identifizierten mich in Rosinante nicht.

Man meinte auch, der Name »Rosinante«, den ich in altertümlicher spanischer Schrift an die Seitenwände meines Wagens pinselte, würde hin und wieder zu Neugier und vielleicht zu Erkundigungen Anlaß geben. Ich weiß nicht, wie viele Menschen den Namen kannten, jedenfalls fragte mich niemand, was es damit auf sich hatte.

Dann hieß es, wenn ein Unbekannter ohne ersichtlichen Grund durchs Land zöge, müsse er mit Fragen und sogar mit Mißtrauen rechnen. Deshalb hängte ich eine Schrotflinte, zwei Gewehre und ein paar Angelruten in meinen Wagen, denn ich habe die Erfahrung gemacht, daß man es überall versteht und sogar begrüßt, wenn ein Mann auf die Jagd oder angeln geht. In Wirklichkeit liegen die Angeltage hinter mir. Ich töte oder fange kein Lebewesen mehr, das nicht in eine Bratpfanne paßt. Ich bin zu alt, um zum Zeitvertreib zu töten. Dieses Stadium hat sich ohnehin als unnötig herausgestellt.

Es hieß weiter, meine New Yorker Nummernschilder würden Interesse wecken und vielleicht Fragen heraufbeschwören, denn sie waren meine einzigen äußeren Kennzeichen. Und das taten sie auch – vielleicht zwanzig- oder dreißigmal während der ganzen Reise. Doch solche Fühlungnahmen verliefen immer nach dem gleichen Schema, etwa so:

Einheimischer: »New York, eh?«

Ich: »Ja.«

Einheimischer: »Anno achtunddreißig bin ich auch dort gewesen – oder war es neununddreißig? Alice, sind wir achtunddreißig oder neununddreißig nach New York gefahren?«

Alice: »Das war sechsunddreißig. Ich weiß es genau, weil Alfred in dem Jahr gestorben ist.«

Einheimischer: »Jedenfalls hab' ich's scheußlich gefunden. Ich möchte dort nicht wohnen, und wenn Sie mir was dafür zahlen.«

Man machte sich ehrliche Sorgen darüber, daß ich allein reisen wollte, jedem Angriff, jedem Raubüberfall und jeder tätlichen Beleidigung ausgesetzt. Man weiß ja, wie gefährlich unsere Straßen sind. Und ich muß gestehen, daß ich selbst grundlose Skrupel hatte. Es ist jetzt etliche Jahre her, seit ich allein war, weder Freund noch Namen hatte und daher auch nicht die Sicherheit, die man durch die Familie, durch Freunde und Kumpane genießt. Die Gefahr ist etwas Irreales. Anfangs ist es nur ein Gefühl der Einsamkeit und Hilflosigkeit – eine Art Verlassensein. Aus diesem Grund nahm ich einen Reisegefährten mit – einen alten französischen Pudelherrn namens Charley. Eigentlich heißt er »Charles le Chien«. Er ist in dem Pariser Vorort Bercy zur Welt gekommen und in Frankreich erzogen worden, und obwohl er ein wenig Pudelenglisch beherrscht, reagiert er nur auf französische Kommandos prompt. Andernfalls muß er im Geiste zuerst übersetzen, und das verlangsamt die Dinge etwas. Er ist ein sehr großer Pudel, seine Farbe nennt man »bleu«, und er ist auch blau, wenn er sauber ist. Charley ist der geborene Diplomat. Er zieht Verhandlungen Raufereien vor, und das mit Recht, denn er ist ein miserabler Kämpfer. Nur einmal in seinem zehnjährigen Leben war er in Nöten – als er es mit einem Hund zu tun bekam, der von Verhandlungen nichts wissen wollte. Damals büßte Charley ein Stück von seinem rechten Ohr ein. Aber er ist ein guter Wachhund. Er brüllt wie ein Löwe, und das verbirgt vor nächtlich herumwandernden Fremden die Tatsache, daß er sich nicht einmal aus einem »cornet du papier« herausbeißen könnte. Er ist ein guter Freund und Reisegefährte, und Reisen zieht er jeder anderen Beschäftigung, die er sich denken kann, vor. Wenn er in diesem Bericht häufig erwähnt wird, dann deshalb, weil er viel zum Gelingen der Fahrt beigetragen hat. Ein Hund, vor allem ein Exote wie Charley, ist ein Band zwischen Fremden. Viele Gespräche unterwegs begannen mit der Frage:

»Was für ein Hund soll das sein?«

Die Techniken einer Gesprächseröffnung sind vielfältig. Ich wußte es schon lange und erfuhr es von neuem, daß man am leichtesten Aufmerksamkeit erlangt, Beistand bekommt oder ein Gespräch eröffnet, wenn man sich verirrt hat. Ein Mann, der seine eigene Mutter verhungernd auf dem Boden liegen sieht, räumt sie mit einem Fußtritt aus dem Weg und verbringt mit Wonne mehrere Stunden damit, einem Fremden, der behauptet, er habe sich verirrt, den falschen Weg zu beschreiben.

Unter den großen Eichen meines Anwesens in Sag Habor stand Rosinante, schön und selbstgefällig, und Nachbarn besuchten uns, darunter einige, die wir bis dahin nicht einmal gekannt hatten. In ihren Augen lag etwas, das ich überall im Land immer wieder sehen sollte: ein brennendes Verlangen, zu gehen, sich zu rühren, aufzubrechen – egal wohin, nur fort von hier. Sie sprachen leise davon, daß sie eines Tages weg wollten, daß sie reisen wollten, frei und ungebunden, nicht irgendwohin, sondern von etwas fort. Überall sah ich diesen Blick und fand diese Sehnsucht, in jedem Staat, in den ich kam. Fast jeder Amerikaner fiebert danach, aufzubrechen. Ein kleiner, etwa dreizehnjähriger Junge kam Tag für Tag. Schüchtern staunte er Rosinante an. Er linste zur Wagentür hinein oder legte sich auf die Erde und musterte die kräftigen Federn. Er war ein schweigsamer, zurückhaltender kleiner Junge. Er kam sogar noch am Abend und bewunderte Rosinante. Nach einer Woche hielt er es nicht mehr aus. Das Verlangen war stärker als seine Schüchternheit.

»Wenn Sie mich mitnehmen, mache ich alles«, sagte er. »Ich koche, ich spüle Geschirr. Sie brauchen gar nichts zu tun. Ich versorge Sie.«

Leider wußte ich, wie ihm zumute war. »Das wäre schön«, sagte ich. »Aber der Schulrat und deine Eltern und eine Menge anderer Leute wären dagegen.«

»Ich mache alles«, wiederholte er. Ich glaubte ihm. Wahrscheinlich gab er die Hoffnung erst auf, als ich ohne ihn abfuhr. Er träumte den gleichen Traum, der mich mein ganzes Leben lang verfolgt hatte, und dagegen gibt es kein Mittel.

Das Ausrüsten Rosinantes war eine langwierige und angenehme Beschäftigung. Ich nahm viel zuviel mit, aber man konnte schließlich nicht wissen, in was für Situationen ich käme. Werkzeug für Notfälle, Abschleppseile, ein kleiner

Flaschenzug, ein Spaten, ein Brecheisen, Gerätschaften zum Reparieren und Improvisieren. Außerdem Notproviant. Ich würde spät im Jahr in den Nordwesten kommen und vielleicht vom Schnee überrascht werden. Ich mußte genügend Vorräte mitnehmen, so daß ich mindestens eine Woche lang davon leben konnte. Das Trinkwasserproblem war am leichtesten zu lösen. Rosinante enthielt einen Tank, der dreißig Gallonen faßte.

Für den Fall, daß ich unterwegs etwas schreiben wollte, vielleicht Aufsätze, sicherlich Notizen, ganz gewiß Briefe, nahm ich Papier, Kohlepapier, Schreibmaschine, Bleistifte, Notizbücher mit, und damit nicht genug, auch Wörterbücher, eine umfangreiche Enzyklopädie und ein Dutzend anderer Nachschlagewerke. Schwere Bücher. Ich glaube, unsere Fähigkeit zum Selbstbetrug ist grenzenlos. Ich wußte sehr wohl, daß ich selten Notizen mache, und wenn ich es tue, verlege ich sie oder kann sie später nicht lesen. Auch wußte ich aus dreißigjähriger Berufserfahrung, daß ich nicht unmittelbar nach einem Erlebnis darüber schreiben kann. Es muß zuerst gären. Ich muß es eine Zeitlang »wiederkäuen«, wie es ein Freund nannte, ehe ich etwas niederschreiben kann. Trotz dieser Selbsterkenntnis bepackte ich Rosinante mit so viel Schreibmaterial, daß es für zehn Bände gereicht hätte. Außerdem verfrachtete ich hundertfünfzig Pfund Bücher hinein, die noch auf die Lektüre warteten – und das sind gewöhnlich gerade die Bücher, für die man nie Zeit findet. Konservendosen, Gewehrmunition, Schrotpatronen, Werkzeugkisten, viel zuviel Wäsche, Decken und Kissen und viel zu viele Schuhe und Stiefel, warme Unterwäsche, Plastikteller und -tassen, eine Plastikschüssel und eine Reserveflasche Butangas. Die überlasteten Federn ächzten und senkten sich immer tiefer. Heute schätze ich, daß ich von jedem Artikel viermal so viel mitgenommen hatte, wie ich brauchte.

Charley kann Gedanken lesen. Er ist in seinem Leben viel herumgekommen, doch oft mußte er auch zu Hause bleiben. Wenn wir verreisen, weiß er es lange, ehe die Koffer zum Vorschein kommen, und dann schreitet er auf und ab und sorgt sich und winselt und gerät in einen Zustand milder Hysterie, so alt er ist. Während der Reisevorbereitungen wich er mir nicht von den Fersen und tat sich furchtbar wichtig. Er ging dazu über, sich im Wagen zu verstecken, stahl sich heimlich hinein und machte sich klein.

Der Labor Day kam näher, der Tag, an dem es ernst wurde und nach dem Millionen Kinder wieder in der Schule und Dutzende von Millionen Erwachsener nicht mehr auf den Straßen wären. Möglichst bald danach wollte ich aufbrechen. Als es soweit war, wurde der Hurrikan Donna gemeldet, der sich von der Karibischen See her in unsere Richtung seinen Weg wütete. Wir hatten hier am Endzipfel von Long Island dergleichen oft genug erlebt, um großen Respekt zu haben. Wenn ein Hurrikan kommt, bereiten wir uns darauf vor, eine Belagerung zu überstehen. Unsere kleine Bucht ist zwar recht gut geschützt, aber doch wiederum nicht so gut. Während Donna auf uns zukroch, füllten wir die Petroleumlampen, probierten die Handpumpe am Brunnen aus und banden alles Bewegliche fest. Ich besitze ein sechseinhalb Meter langes Motorboot, die »Fayre Eleyne«. Ich machte sie vom Landesteg los und steuerte sie in die Mitte der Bucht, ließ den großen, altmodischen Stockanker an der zentimeterdicken Kette hinab und verankerte das Boot mit viel Spielraum. So konnte es einen Hundertfünfzigmeilensturm überstehen, sofern es sich nicht losriß.

Donna schlich näher. Wir holten das Kofferradio hervor, damit wir Nachrichten hören konnten, denn der elektrische Strom würde ausfallen, sobald Donna da wäre. Aber ich hatte noch eine andere Sorge – Rosinante, die unter den Bäumen stand. In einem bösen Wachtraum sah ich einen Baum auf den Wagen stürzen und ihn zerquetschen wie eine Wanze. Ich fuhr Rosinante außer Reichweite eines direkten Falls; aber damit war noch nicht gesagt, daß nicht ein ganzer Baumwipfel fünfzehn Meter durch die Luft fliegen und sie zerschmettern konnte.

Am frühen Morgen hieß es im Radio, daß wir unser Teil abbekommen würden. Um zehn Uhr hörten wir, das Auge des Hurrikans würde genau über uns hinweggehen und uns um 13.07 Uhr erreichen – zu irgendeiner so exakt vorhergesagten Zeit. Das Wasser in unserer Bucht war spiegelglatt und noch dunkel, und die »Fayre Eleyne« zog geziert und lässig an ihrer Verankerung.

Da unsere Bucht besser geschützt ist als die meisten anderen, suchten viele kleine Boote hier Zuflucht. Ich sah zu meinem Entsetzen, daß manche ihrer Besitzer keinen Schimmer davon hatten, wie man ein Boot verankert. Schließlich kamen zwei hübsche Boote im Schlepp in die Bucht. Ein leichter

Anker wurde zu Wasser gelassen, und damit hatte es sein Bewenden. Der Bug des einen war an das Heck des anderen gebunden, und beide befanden sich im Spielraum der »Fayre Eleyne«. Ich ging mit einem Megaphon ans Ende meines Landesteges und wollte gegen diesen Unfug protestieren, aber die Besitzer hörten mich entweder nicht, oder es war ihnen gleichgültig.

Der Sturm kam genau in der vorhergesagten Minute und peitschte das Wasser wie ein schmutziges Laken. Er schlug wie eine Faust zu. Die Krone einer Eiche krachte herunter und streifte das Haus, von dem aus wir zusahen. Der nächste Windstoß drückte eines der großen Fenster auf. Ich stemmte mich dagegen und trieb mit einer Handaxt oben und unten Keile ein. Der elektrische Strom und die Telefonverbindung fielen wie immer schon beim ersten Windstoß aus. Zweieinhalb Meter hohe Brecher waren vorhergesagt. Der Wind wühlte Erde und See auf wie ein ungebärdiges Rudel Terrier. Bäume stürzten und bogen sich wie Grashalme, und das aufgepeitschte Wasser schäumte. Ein Boot riß sich los und trieb an den Strand, und dann noch eines. Häuser, die im lieblichen Frühling und Sommer gebaut worden waren, schluckten Wasser durch die Fenster im ersten Stock. Unser Landhaus steht auf einem kleinen Hügel etwa zehn Meter über Meereshöhe. Aber die Wellen spülten über meinen Landesteg. Als der Wind drehte, fuhr ich Rosinante ein Stück weiter, damit sie immer auf der Leeseite unserer großen Eichen stand. Die »Fayre Eleyne« hielt sich tadellos. Sie drehte sich wie ein Wetterhahn und hielt immer den Bug in Windrichtung.

Die beiden vertäuten Boote hatten sich schon ineinander verheddert. Die Bugleine des einen hatte sich um Schraube und Ruder des anderen geschlungen, und die Rümpfe schlugen aneinander. Ein anderes Boot zog den Anker hinter sich her und trieb auf eine Sandbank.

Charley hat gute Nerven. Gewehrschüsse, Donner, Explosionen oder starker Wind beeindrucken ihn nicht. Mitten im heulenden Sturm suchte er sich einen warmen Platz unter einem Tisch und schlief ein.

Der Wind hörte so unvermittelt auf, wie er eingesetzt hatte. Die Wellen brandeten zwar nicht in ihrem normalen Rhythmus herein, aber sie waren nicht mehr vom Wind gepeitscht. Die Flut stieg höher. Alle Landestege in unserer kleinen

Bucht waren jetzt überschwemmt, nur die Pfosten oder Handgeländer ragten noch aus dem Wasser. Die Stille war wie ein Dröhnen. Über den Rundfunk erfuhren wir, daß wir uns in Donnas Auge befanden, im stillen, beklemmenden Mittelpunkt des Wirbelsturms. Das Warten nahm kein Ende. Und dann traf uns die andere Seite des Hurrikans, der Wind aus der entgegengesetzten Richtung. Die »Fayre Eleyne« drehte sich anmutig und streckte die Nase in den Wind. Die beiden aneinander vertäuten Boote schleppten ihren Anker hinter sich her, näherten sich der »Fayre Eleyne« und nahmen sie in die Zange. Gegen ihren Willen wurde sie quer zur Windrichtung gedreht und an einen Landesteg in der Nähe gezwungen. Wir hörten ihren Rumpf an die Eichenpfosten schlagen. Die Windgeschwindigkeit lag nun über fünfundneunzig Meilen in der Stunde.

Plötzlich merkte ich, daß ich rannte, gegen den Wind an der Spitze der Bucht ankämpfte und mich zum Landesteg vorarbeitete, an den die Boote gedrückt wurden. Ich glaube, meine Frau, nach der die »Fayre Eleyne« benannt ist, rannte mir nach und befahl mir, stehenzubleiben. Der Landesteg stand vier Fuß unter Wasser, aber die Pfosten ragten heraus, so daß ich mich festhalten konnte. Langsam kämpfte ich mich vor, stand bald bis zu den Brusttaschen im Wasser, und der Seewind schlug mir Gischt ins Gesicht. Mein Boot klagte und winselte und zerrte am Tau wie ein verängstigtes Kalb. Ich sprang und schwamm darauf zu. Zum erstenmal in meinem Leben hatte ich ein Messer, wenn ich eines brauchte. Die eigensinnigen Boote preßten »Eleyne« an den Landesteg. Ich schnitt Ankerleine und Bugleine der beiden Boote durch, und sie trieben auf den Strand. Die Ankerkette der »Eleyne« war intakt, und der große alte Anker war noch auf Grund, hundert Pfund Eisen mit speerscharfen, schaufelbreiten Flunken.

»Eleynes« Motor ist nicht immer folgsam, aber an diesem Tag sprang er auf die erste Berührung hin an. Ich stand auf dem Deck, klammerte mich fest und griff mit der linken Hand nach Steuer und Gashebel. Das Boot versuchte mir zu helfen. Ich glaube, es ängstigte sich selbst. Ich stieß vom Landesteg ab und hielt dabei mit der rechten Hand die Ankerkette. Unter normalen Umständen kann ich bei Windstille diesen Anker kaum mit beiden Händen heben. Doch diesmal ging alles glatt. Der Anker richtete sich auf, die Flunken wurden frei. Ich brachte den Bug in Windrichtung, gab Gas, und wir fuhren in diesen verdammten Wind hinein. Es war, als arbeiteten wir uns durch dicken Haferbrei. Hundert Meter vom Strand entfernt ließ ich die Ankerkette los, der Anker packte. Die »Fayre Eleyne« hob den Bug und schien vor Erleichterung aufzuatmen.

Schön, da saß ich, hundert Meter vom Ufer entfernt, und Donna bellte über mir wie ein Rudel Wölfe. Kein Ruderboot hätte ihr auch nur eine Minute standgehalten. Ich sah einen Ast vorbeitreiben und sprang ihm kurzentschlossen nach. Es war nichts weiter dabei. Wenn ich den Kopf über Wasser halten konnte, mußte ich schließlich an Land gespült werden. Aber ich gestehe, daß meine Gummistiefel ziemlich schwer wurden. Es dauerte keine drei Minuten, bis ich Grund spürte und die andere Fayre Eleyne und ein Nachbar mich herauszogen. Erst jetzt begann ich am ganzen Leib zu zittern; aber es war auch ein angenehmes Gefühl, als ich hinausblickte und unser kleines Boot heil und außer Gefahr sah. Ich mußte mich mit dem Anker ein wenig übernommen haben, denn als ich ins Haus ging, brauchte ich ein wenig Hilfe. Auch ein Glas Whisky, das auf dem Küchentisch stand, war eine Hilfe. Ich habe inzwischen versucht, den Anker mit einer Hand zu heben, es gelang mir nicht.

Der Wind starb rasch ab und hinterließ uns ein Tohuwabohu – Stromleitungen lagen am Boden, und eine Woche lang funktionierte das Telefon nicht. Aber Rosinante war wohlauf.

Ich glaube, wenn man eine Reise von langer Hand plant, ist man im stillen davon überzeugt, daß man sie nie unternehmen wird. Je näher der Tag kam, um so begehrenswerter wurde mein warmes Bett und das behagliche Haus, und um so teurer meine liebe Frau. Dies für drei Monate gegen die Schrecken des Unbekannten und Unbequemen einzutauschen schien Wahnsinn. Ich wollte nicht reisen. Etwas mußte geschehen, das meinen Aufbruch verhinderte, aber es geschah nichts. Ich hätte zum Beispiel krank werden können, doch das war gerade einer der geheimen Hauptgründe, aus denen ich die Reise überhaupt unternehmen wollte. Im letzten Winter war ich ernstlich krank gewesen, ich litt an einer jener behutsam benamsten Krankheiten, welche die Vorboten des Alters sind. Nach meiner Genesung hielt man mir den üblichen Vortrag, ich müsse mich schonen, abnehmen, auf den Cholesterinhaushalt achten. Das passiert vielen Männern, und ich glaube, die Ärzte haben die Litanei auswendig gelernt. Einige meiner Freunde hatten es schon hinter sich. Der Vortrag endet mit den Worten: »Schonen Sie sich. Sie sind nicht mehr der jüngste.« Und ich habe mitangesehen, wie viele Männer sich daraufhin in Watte packten, ihre Impulse dämpften, ihre Leidenschaften unterdrückten und sich allmählich aus ihrer Männlichkeit in eine Art geistige und körperliche Scheininvalidität zurückzogen. Sie werden darin gewöhnlich von ihren Frauen und Verwandten bestärkt, und es ist ja eine so angenehme Falle.

Und wer läßt sich nicht gern umsorgen? Vielen Männern wird eine zweite Kindheit beschieden. Sie tauschen ihr Ungestüm gegen die Aussicht auf eine minimale Verlängerung ihres Lebens ein. Infolgedessen wird der Herr des Hauses zum jüngsten Kind. Ich habe mich angesichts dieser Möglichkeit mit einem Gefühl des Horrors erforscht. Denn ich habe immer intensiv gelebt, schwer getrunken, zuviel oder überhaupt nichts gegessen, einen ganzen Tag geschlafen oder zwei Nächte hintereinander durchwacht, zu hart und zu viel gearbeitet oder einige Zeit in völliger Untätigkeit vertrödelt. Ich habe gehoben, gezogen, gehackt, bin geklettert, habe mit Freuden geliebt und meine Kater als Konsequenz und nicht als Strafe getragen. Ich wollte nicht mein Ungestüm aufgeben, nur um ein paar Meter Boden zu gewinnen. Meine Frau hat einen Mann geheiratet, ich sah keinen Grund, weshalb sie jetzt einen Säugling haben sollte. Ich wußte, daß es Schwerarbeit bedeutete, einen Lastwagen allein und ohne Hilfe zehn- oder zwölftausend Meilen weit zu fahren, über Straßen jeder Kategorie, aber das war für mich das Heilmittel gegen das Kranksein von Beruf. Ich war noch nie bereit gewesen, Qualität gegen Quantität einzutauschen. Wenn sich diese Fahrt als zu anstrengend herausstellen sollte, dann war es ohnehin an der Zeit zu gehen. Zu viele Männer zögern ihren Abgang von der Bühne hinaus. Das ist schlechtes Theater und schlechtes Leben. Ich bin in dieser Hinsicht sehr glücklich daran, denn ich habe eine Frau, die gern Frau ist, und das bedeutet, daß sie Männer mehr schätzt als altgewordene Wickelkinder. Obwohl dieser letzte Beweggrund meiner Reise nie laut geäußert wurde, weiß ich bestimmt, daß sie mich verstand.

Der Morgen kam, ein klarer Morgen, und das Sonnenlicht hatte den kitzfarbenen Schimmer des Herbstes. Meine Frau und ich trennten uns rasch, denn wir beide können Abschiedszeremonien nicht ausstehen. Keiner wollte zurückbleiben, wenn der andere abgefahren war. Sie betätigte den Anlasser ihres Wagens und raste nach New York, und ich fuhr mit Charley, der neben mir saß, zur Shelter-Island-Fähre und dann zu einer zweiten Fähre, die uns nach Greenport brachte, und zu einer dritten, die von Orient Point über den Long-Island-Sund zur Küste von Connecticut führte, denn ich wollte den New Yorker Verkehr umgehen und zügig vorankommen. Ich muß zugeben, daß mich ein ekelhaft einsames Gefühl beschlich.

Die Sonne schien grell auf das Deck der Fähre, und die Küste des Festlandes war nur eine Stunde entfernt. Eine prächtige Schaluppe fuhr neben uns her, ihr Genua-Vorsegel stand wie eine goldgelbe Schärpe im Wind. Die Küstenschiffe schleppten sich den Sund hinauf oder schwammen träge auf New York zu. Eine halbe Meile von uns entfernt tauchte ein Unterseeboot auf, und der Tag verlor etwas von seinem Glanz. Ein Stück weiter kam ein zweites dunkles Geschöpf aus dem Wasser, und dann noch eines. Sie sind in New London stationiert, das ist ihr Heimathafen. Vielleicht bewahren sie den Weltfrieden mit ihrer Tücke. Ich wollte, ich hätte nichts gegen Unterseeboote, denn dann fände ich sie schön. Aber sie sind zum Zerstören geschaffen, und während sie den Meeresboden erforschen und kartographisch aufnehmen und neue Handelswege unter dem Eis der Arktis erschließen könnten, ist ihr Hauptzweck die Drohung. Ich erinnere mich zu gut daran, wie ich auf einem Truppentransporter den Atlantik überquerte und dabei wußte, daß irgendwo die dunklen Wesen mit ihren Stielaugen lauerten. Die Welt verfinstert sich für mich, wenn ich sie sehe, und ich muß an verbrannte Menschen denken, die man aus der ölbedeckten See zog. Und nun sind die U-Boote mit Werkzeugen des Massenmordes bewaffnet, mit unserem einfältigen, einzigen Mittel, den Massenmord zu verhindern.

Nur wenige Menschen standen auf dem zugigen Oberdeck der klapprigen Eisenfähre. Ein junger Mann im Trenchcoat, mit kornblondem Haar und himmelblauen Augen, die vom Wind tränten, drehte sich zu mir um und deutete auf eines der U-Boote. »Das neue«, erklärte er. »Es kann drei Monate unten bleiben.«

»Woher wissen Sie das?«

»Ich bin auf einem.«

»Mit Atomantrieb?«

»Noch nicht. Aber vielleicht bald. Mein Onkel fährt auf einem mit Atomantrieb.«

»Sie tragen keine Uniform.«

»Ich hatte gerade Ausgang.«

»Sind Sie gern dabei?«

»Klar. Der Sold ist gut, und man hat eine Zukunft.«

»Wären Sie gern drei Monate unten?«

»Man gewöhnt sich daran. Das Essen ist ordentlich, und wir haben Kino an Bord. Ich möchte schon mal unterm Pol durch. Sie nicht?«

»Ich glaube schon.«

»Man hat Kino an Bord, und man hat eine Zukunft.«

»Wo sind Sie zu Hause?«

»Drüben in New London. Ich bin dort geboren. Mein Onkel und zwei Vettern sind auch dabei. Ich glaube, wir sind eine Art Untersee-Familie.«

»Mich beunruhigen sie.«

»Oh, da kommen Sie darüber weg, Sir. Bald merken Sie nicht einmal mehr, daß Sie unter Wasser sind – das heißt, wenn Sie ganz auf der Höhe sind. Haben Sie mal Klaustrophobie gehabt?«

»Nein.«

»Na also! Trinken wir drunten eine Tasse Kaffee? Wir haben noch reichlich Zeit.«

»Gern.«

Möglicherweise hat er recht und ich unrecht. Es ist nicht mehr meine Welt, sondern seine. In seinen himmelblauen Augen liegt kein Zorn und keine Furcht und auch kein Haß, deshalb ist vielleicht alles in Ordnung. Es ist nichts weiter als ein Job mit guter Bezahlung und einer Zukunft. Ich darf ihm nicht meine Erinnerungen und meine Furcht aufdrängen. Vielleicht wird es nie wieder wahr, aber das ist seine Sache. Es ist jetzt seine Welt. Vielleicht versteht er Dinge, die ich nie mehr lernen werde.

Wir tranken unseren Kaffee aus Pappbechern, und er deutete durch die quadratischen Fährenfenster auf die Trockendocks und die Gerippe von neuen Unterseebooten.

»Bei Sturm kann man wegtauchen, und dann ist es ganz ruhig, das ist das Feine daran. Man schläft wie ein Murmeltier, während oben die Hölle los ist.« Er sagte mir noch, wie ich aus der Stadt herausfände, es war eine der wenigen richtigen Auskünfte, die ich während der Reise bekam.

»Leben Sie wohl«, sagte ich. »Und eine – gute Zukunft.«

»Für die ist gesorgt. Leben Sie wohl, Sir.«

Als ich in Connecticut eine Nebenstraße entlangfuhr, die von Bäumen und Gärten gesäumt war, wurde mir bewußt, daß ich mich seit der Begegnung mit ihm wohler und sicherer fühlte.

Wochenlang hatte ich Landkarten studiert, in großem und kleinem Maßstab, aber Karten sind nicht die Wirklichkeit, und sie können Tyrannen sein. Viele Menschen versenken sich derartig in Straßenkarten, daß sie nichts von der Gegend sehen, durch die sie fahren, und andere kleben an einer einmal gewählten Route so fest, als liefen die Wagenräder auf Schienen. Ich steuerte Rosinante auf einen kleinen Picknickplatz, der vom Staat Connecticut unterhalten wird, und zog mein Kartenbuch heraus. Auf einmal nahmen die Vereinigten Staaten unglaubliche Ausmaße an. Sie zu durchqueren schien unmöglich. Ich fragte mich, wie ich mich überhaupt auf so ein unausführbares Vorhaben hatte einlassen können. Es war, wie wenn man einen Roman zu schreiben beginnt. Wenn ich der Unmöglichkeit gegenüberstehe, fünfhundert Seiten zu schreiben, dann überfällt mich das Gefühl, ich würde versagen, und ich bin überzeugt, daß ich es nie schaffe. So ist es jedesmal. Dann, allmählich, schreibe ich eine Seite und dann noch eine. Ich kann mir bestenfalls eine Tagesarbeit zum Nachdenken gestatten, und dabei schließe ich die Möglichkeit aus, daß ich jemals fertig werde. So war es jetzt, als ich die grellbunte Projektion des Ungeheuers Amerika betrachtete. Das Laub an den Bäumen war dicht und schwer, es strotzte nicht mehr, sondern hing schlaff und wartete auf den ersten Frost, der es färben würde, und den zweiten, der es zur Erde trieb und das Jahr des Laubes beendete.

Charley ist ein großer Hund. Wenn er neben mir saß, war sein Kopf fast in gleicher Höhe wie der meine. Er hielt mir die Schnauze ans Ohr und machte: »Ftt.« Unter den Hunden, die ich kenne, ist er der einzige, der den Konsonanten »F« bilden kann. Dies verdankt er dem Umstand, daß seine Vorderzähne krumm sind, eine Tragödie, die ihn an der Teilnahme bei Hundeschauen hindert. Seine oberen Schneidezähne ragen ein wenig über die Unterlippe, und deshalb kann er das »F« aussprechen. »Ftt« bedeutet gewöhnlich, daß er einen Busch oder Baum begrüßen möchte. Ich öffnete die Wagentür und ließ ihn hinaus, und er begann mit seiner Zeremonie. Das macht er großartig, ohne daß er dabei viel denken muß. Ich habe festgestellt, daß Charley auf manchen Gebieten intelligenter ist als ich, aber auf anderen ist er einfach borniert. Er kann nicht lesen, er kann nicht chauffieren, er hat keinen Sinn für Mathematik. In seinem ureigensten Metier aber, das er nun praktizierte, dem langsamen, überlegenen Beschnüffeln und Besprengen einer Gegend, kommt ihm keiner gleich. Natürlich ist sein Horizont beschränkt, aber wie weit ist es der meine?

Wir fuhren in den Herbstnachmittag hinein nach Norden. Da ich Selbstversorger war, stellte ich es mir nett vor, wenn ich unterwegs ab und zu jemanden zu einem Glas einladen konnte. Aber ich hatte es versäumt, Alkohol einzulagern. An den Nebenstraßen dieses Staates gibt es jedoch einladende kleine Spirituosengeschäfte. Ich wußte, daß ich einige »trokkene« Staaten passieren würde, hatte aber vergessen, welche es waren. Es konnte nicht schaden, wenn ich mich eindeckte. Abseits der Straße fand ich zwischen Ahornbäumen einen kleinen Laden. Davor lag ein gepflegter Garten, Blumenkästen standen auf den Fenstersimsen. Der Besitzer war ein Mann undefinierbaren Alters, mit grauem Gesicht, vermutlich Abstinenzler. Er schlug sein Bestellbuch auf und strich sorgfältig und geduldig das Kohlepapier glatt. Da man nie wissen kann, was die Leute trinken wollen, bestellte ich Bourbon, Scotch, Gin, Vermouth, Wodka, einen mittelguten Cognac, gut abgelagerten Apfelschnaps und eine Kiste Bier. Ich fand, damit wäre ich den meisten Situationen gewachsen. Es war ein großer Auftrag für den kleinen Laden. Der Besitzer war beeindruckt.

»Das wird 'ne lustige Party geben.«

»Nein, es ist nur Reiseproviant.«

Er half mir die Kartons hinaustragen. Ich öffnete Rosinantes Tür.

»Damit reisen Sie?«

»So ist es.«

»Wohin?«

»Durchs ganze Land.«

Und dann sah ich den sehnsüchtigen Blick, den ich während der Fahrt so oft sah. »Herrgott! Wenn ich nur mitkönnte.«

»Gefällt es Ihnen hier nicht?«

»Doch, doch, schon, aber ich wollte, ich könnte mit.«

»Sie wissen ja nicht einmal, wo ich hinfahre.«

»Egal. Ich ginge überall hin.«

Schließlich mußte ich die hinter Bäumen versteckten Straßen verlassen und nach Möglichkeit versuchen, die Städte zu umgehen. Orte wie Hartford und Providence sind groß, sie pulsieren vor Geschäftigkeit, und es herrscht in ihnen ein lausiger Verkehr. Die Durchfahrt frißt mehr Zeit, als wenn man hundert Meilen fährt, und während man sich einen Weg durch das Verkehrsgewühl bahnt, sieht man doch nichts. Ich habe Hunderte von Städten in jedem Klima und vor jeder denkbaren Szenerie kennengelernt. Natürlich gleicht keine der anderen, und die Einwohner haben ihre Eigenheiten. Aber in mancher Hinsicht sind sie doch alle gleich. Amerikanische Städte gleichen Dachsbauen. Sie sind von Unrat umgeben – ausnahmslos –, eingekeilt zwischen Berge rostender Automobilwracks, sie ersticken fast im Schutt. Alles, was wir brauchen, wird in Kisten, Kartons, Behältern geliefert, der sogenannten Verpackung, auf die wir so großen Wert legen. Wir werfen mehr weg, als wir benützen. Daran, wenn nicht an anderen Dingen, läßt sich das zügellose Übermaß unserer Produktion ablesen. Die Abfallmenge scheint der Maßstab des Lebensstandards zu sein. Als ich dies wieder sah, mußte ich daran denken, wie in Frankreich oder Italien jeder einzelne weggeworfene Gegenstand von den Müllhalden geklaubt und nutzbar gemacht wurde. Ich will damit nicht das eine oder andere System kritisieren, aber ich frage mich, ob einmal eine Zeit kommt, in der wir uns diese Verschwendung nicht mehr leisten können, in der wir nicht mehr die chemischen Abfälle in die Flüsse leiten, den Schrott überall auftürmen und den radioaktiven Müll tief in die Erde oder ins Meer versenken können. Wenn ein Indianerdorf im Unrat zu ersticken drohte, zogen die Einwohner weiter. Es gibt keinen Ort, wo wir hinziehen könnten.

Ich hatte meinem Jüngsten versprochen, mich auf der Durchreise von ihm in seiner Schule in Deerfield, Massachusetts, zu verabschieden, aber ich kam so spät an, daß ich ihn nicht mehr wecken konnte. Deshalb fuhr ich den Berg hinauf, entdeckte eine Molkerei, kaufte Milch und bat um die Erlaubnis, unter einem Apfelbaum zu nächtigen. Der Molkereibesitzer war Doktor der Mathematik, und er mußte auch Philosoph sein, denn er war mit seiner Arbeit zufrieden und wollte nicht weg – einer der wenigen zufriedenen Menschen, die ich unterwegs traf.

Über meinen Besuch in der Eaglebrook-Schule würde ich am liebsten schweigen. Man kann sich ausmalen, welche Wirkung Rosinante auf zweihundert Schuljungen hatte, Gefangene der Erziehung, die sich gerade anschickten, ihre Winterhaft abzusitzen. Sie besuchten meinen Wagen in Trauben, manchmal waren fünfzehn gleichzeitig in der kleinen Kabine. Sie warfen mir mit Blicken höfliche Verwünschungen zu, weil ich gehen konnte und sie nicht. Mein eigener Sohn wird es mir wahrscheinlich nie verzeihen. Bald nachdem ich aufgebrochen war, hielt ich wieder an und überzeugte mich, daß keine blinden Passagiere mitfuhren.

Mein Weg führte zunächst nach Norden durch Vermont und dann in östlicher Richtung durch New Hampshire in die White Mountains. Auf den Verkaufsständen neben der Straße türmten sich goldgelbe Kürbisse, rotbraune Wassermelonen und Körbe mit roten Äpfeln, die so saftig waren, daß sie krachten, wenn ich hineinbiß. Ich kaufte Äpfel und eine Gallone frisch gepreßten Apfelwein. Ich glaube, jeder Bewohner dieses Staates verkauft an den Straßen Mokassins und Wildlederhandschuhe, und wer es nicht tut, verkauft Süßigkeiten aus Ziegenmilch. Bis dahin hatte ich noch nie die offenen Stände unter freiem Himmel gesehen, in denen Schuhe und Kleider feilgeboten werden. Die Häuser sind sauber und frisch getüncht. Ich glaube, die Dörfer sind die hübschesten im ganzen Land und unverändert seit hundert Jahren – abgesehen von den Motels, von dem Verkehr und den geteerten Straßen.

Es wurde rasch kälter. Die Bäume färbten sich in ein unglaubliches Rot und Gelb. Das waren nicht bloße Farben, das war ein Glühen, als verschlängen die Blätter gierig das Licht der Herbstsonne und ließen es dann langsam wieder ausströmen. Diese Farben waren wie Feuer. Noch ehe die Dämmerung anbrach, war ich hoch in den Bergen. Auf einem Schild neben einem Fluß wurden frische Eier angepriesen. Ich fuhr eine Farmstraße entlang, kaufte Eier und bat um die Erlaubnis, neben dem Fluß kampieren zu dürfen. Ich bot Bezahlung dafür an.

Der Farmer war ein magerer Mann. Er hatte genau das Gesicht, das man für ein typisches Yankee-Gesicht hält, und er sprach die farblosen Vokale, die man von einem Yankee erwartet.

»Das kostet nichts«, sagte er. »Das Land liegt brach. Aber Ihren Wagen da würde ich mir gern mal ansehen.«

»Selbstverständlich. Ich suche mir einen Platz zum Parken, mache Ordnung, und dann kommen Sie zu einer Tasse Kaffee – oder etwas Ähnlichem.«

Ich fuhr den Wagen an eine Stelle, wo ich den Fluß plätschern hörte. Inzwischen war es fast dunkel geworden. Charley hatte mehrmals »Ftt« gemacht, was diesmal hieß, daß er hungrig war. Ich öffnete Rosinantes Tür, schaltete das Licht ein und stand vor einem Chaos. Ich habe oft die Einrichtung eines Bootes gegen schweren Seegang gesichert, aber die kurzen, harten Schläge in einem Lastwagen sind ein Kapitel für sich. Der Fußboden war mit Büchern und Papier besät. Meine Schreibmaschine thronte unbequem auf einem Haufen Plastikgeschirr, ein Gewehr war heruntergefallen und hatte sich am Herd verklemmt, und ein Stapel Schreibmaschinenpapier – fünfhundert Blatt – lag wie Schnee auf der ganzen Szenerie. Ich zündete die Gaslampe an, stopfte alles in einen Schrank und stellte Kaffeewasser auf. Am nächsten Morgen würde ich meine Habe neu ordnen müssen. Niemand kann einem sagen, wie das zu bewerkstelligen ist. Man muß es so lernen wie ich – nämlich durch Fehler. In dem Augenblick, in dem die Nacht hereinbrach, wurde es draußen bitter kalt, doch die Lampe und die Gasflamme des Herdes wärmten meine kleine Behausung. Charley verzehrte sein Abendessen, machte seine Pflichtrunde und zog sich dann auf den Teppich unter den Tisch zurück, wo er für die nächsten drei Monate sein Nachtquartier hatte.

Es gibt unzählige moderne Hilfsmittel, die uns das Leben erleichtern. Auf meinem Boot habe ich das Aluminium entdeckt, die wegwerfbaren Kochutensilien, Bratpfannen und Schüsseln. Man brät einen Fisch und wirft dann die Pfanne über Bord. Ich war mit solchen Dingen gut ausgerüstet. Ich öffnete eine Dose Büchsenfleisch und tat es in einen wegwerfbaren Topf, stellte diesen auf eine Asbestplatte und ließ den Inhalt auf kleiner Flamme langsam warm werden. Der Kaffee war gerade fertig, als Charley sein Löwengebrüll ausstieß. Ich kann nicht beschreiben, wie tröstlich es ist, wenn man erfährt, daß sich im Dunkeln jemand nähert. Falls der Betreffende Böses im Sinn haben sollte, mußte ihm diese gewaltige Stimme zu denken geben, sofern er nicht Charleys pazifistisches und diplomatisches Wesen kannte. Der Farmer klopfte an die Tür, und ich bat ihn herein.

»Nett haben Sie's hier drinnen«, sagte er. »Jawohl, Sir, nett haben Sie's hier.«

Er zwängte sich auf den Sitz hinter dem Tisch. Dieser Tisch kann heruntergelassen werden, so daß mit Hilfe der Sitzpolster ein Doppelbett entsteht. »Wirklich nett«, wiederholte er.

Ich schenkte ihm eine Tasse Kaffee ein. Ich finde, daß Kaffee bei Frost noch angenehmer duftet. »Eine Kleinigkeit nebenher?« fragte ich. »Damit der Kaffee Saft und Kraft bekommt?«

»Nein, schon gut so.«

»Ein Schlückchen Apfelschnaps? Ich bin müde vom Fahren, ich hätte selbst gern einen Tropfen.«

Er sah mich mit dem unterdrückten Amüsement an, das Nicht-Yankees für Humorlosigkeit halten. »Würden Sie einen trinken, wenn ich nicht mithalte?«

»Nein, ich glaube nicht.«

»Dann will ich Sie nicht darum bringen. Nur einen Fingerhut.«

Also schenkte ich uns beiden je einen ordentlichen Becher einundzwanzig Jahre alten Apfelschnaps ein und setzte mich an den Tisch. Charley rückte zur Seite und legte das Kinn auf meine Füße.

Es gibt eine Höflichkeit der Straße. Direkte oder persönliche Fragen verbieten sich, und das gilt überall auf der Welt.

Er wollte meinen Namen nicht wissen, und ich fragte nicht nach dem seinen, aber ich hatte gesehen, wie er kurz die Gewehre in den Gummischlingen musterte und die Angelruten, die an der Wand befestigt waren.

Chruschtschow war damals bei der UNO-Vollversammlung – einer der wenigen Gründe, weshalb ich gern in New York gewesen wäre.

»Haben Sie heute Radio gehört?« fragte ich.

»Die Fünfuhrnachrichten.«

»Ich habe nämlich vergessen anzuschalten. Was hat sich bei der UNO getan?«

»Sie werden's nicht glauben«, sagte er, »Mr. C. hat den Schuh ausgezogen und damit auf den Tisch getrommelt.«

»Wozu das?«

»Er mußte Dinge hören, die ihm nicht paßten.«

»Eine merkwürdige Art zu protestieren.«

»Immerhin hat es Wind gemacht. In den Nachrichten war es das einzige Thema.«

»Man sollte ihm einen Hammer schenken, damit er die Schuhe anbehalten kann.«

»Gute Idee. Es könnte ja ein Hammer in Schuhform sein, dann braucht er sich nicht umzustellen.« Er nippte zufrieden an dem Apfelschnaps.

»Nicht übel«, sagte er.

»Wie stellen sich die Leute hier dazu, daß man den Russen gegenüber jetzt aufbegehrt?«

»Ich weiß nicht, was andere Leute denken. Aber ich finde, wer aufbegehrt, ist immer im Hintertreffen. Ich wollte, wir würden etwas tun, damit die Russen aufbegehren müßten.«

»Da haben Sie recht.«

»Mir scheint, wir sind dauernd in der Defensive.«

Ich füllte die Kaffeebecher auf und schenkte uns beiden noch ein wenig Apfelschnaps ein. »Sie meinen also, wir sollten aktiv werden?«

»Ich meine, wir sollten wenigstens ab und zu den Ball zurückspielen.«

»Ich bin kein Meinungsforscher, aber was glauben Sie wohl, wie hier in der Gegend die Wahl ausgeht?«

»Wenn ich das wüßte«, sagte er. »Die Leute sprechen nicht darüber. Ich glaube, das wird die gehcimste Wahl, die wir je erlebt haben. Keiner sagt einen Ton.«

»Könnte es sein, daß niemand eine Meinung hat?«

»Vielleicht. Vielleicht wollen sie auch nur nichts sagen. Ich entsinne mich früherer Wahlen. Da gab's vorher gepfefferte Diskussionen. Diesmal habe ich keine einzige gehört.«

Und so war es im ganzen Land – keine Diskussion.

»Ist es anderswo auch so?« Er mußte meine Nummernschilder gesehen haben. Doch das hätte er nicht erwähnt.

»Offenbar. Glauben Sie, die Leute fürchten sich davor, eine Meinung zu haben?«

»Manche vielleicht. Aber ich kenne auch Leute, die sich nicht fürchten, und die sagen genauso wenig.«

»Das habe ich auch schon gemerkt«, sagte ich. »Aber im Grunde kann ich das nicht beurteilen.«

»Ich auch nicht. Vielleicht ist es damit wie mit allem. Nein danke, bitte nichts mehr. Ich glaube, Ihr Abendessen ist fertig. Ich werde gehen.«

»Inwiefern mit allem?«

»Nehmen Sie zum Beispiel meinen Großvater und seinen Vater – als ich zwölf Jahre alt war, lebten sie beide noch. Es gab ein paar Sachen, über die sie sich ganz sicher waren. Sie wußten zum Beispiel genau, daß alles mögliche passieren kann, wenn man ein wenig die Zügel locker läßt. Und heute? Was kann heute passieren?«

»Ich weiß es nicht.«

»Niemand weiß es. Was nützt es, wenn man eine Meinung hat und dabei nichts weiß? Mein Großvater wußte genau, wieviel Barthaare der Allmächtige hat. Ich weiß nicht einmal, was gestern geschehen ist, geschweige denn, was morgen passiert. Er wußte, woraus ein Felsblock oder ein Tisch besteht. Ich weiß nicht einmal die Formel für ›Niemand weiß etwas‹. Wir können uns auf nichts stützen. Wir können nicht einmal denken. Ich muß gehen. Sehen wir uns morgen früh noch?«

»Ich weiß nicht. Ich fahre zeitig los. Ich will morgen bis zur Deer Isle kommen.«

»Dort ist es hübsch, nicht?«

»Keine Ahnung. Ich bin noch nie dort gewesen.«

»Es wird Ihnen gefallen. Und vielen Dank auch für den – Kaffee. Gute Nacht.«

Charley sah ihm nach, seufzte und schlief wieder ein. Ich aß mein Corned beef, richtete dann mein Bett und kramte Shirers ›Aufstieg und Fall des Dritten Reiches‹ heraus. Ich fand, daß ich es nicht lesen konnte, und als das Licht gelöscht war, konnte ich nicht einschlafen. Der Fluß plätscherte beruhigend, aber ich kam nicht von meinem Gespräch mit dem Farmer los. Er war ein nachdenklicher, besonnener Mann. Ich konnte nicht erwarten, daß ich viele seinesgleichen traf. Möglicherweise hat er den Kern der Dinge berührt. Vielleicht haben die Menschen eine Million Jahre gebraucht, bis sie sich an das Feuer gewöhnten, als Realität und als Idee. Von da an, als sich ein Mann an einem vom Blitz getroffenen Baum die Finger verbrannte, bis zu dem Augenblick, da ein anderer Feuer in seine Höhle trug und feststellte, daß es ihn wärmte, verstrichen vielleicht hunderttausend Jahre. Und von diesem Augenblick bis zu den Hochöfen von Detroit – wie viele?

Und heute besitzen wir eine unermeßlich viel stärkere Kraft und hatten keine Zeit, das Denken zu entwickeln. Denn der Mensch muß zuerst Gefühle und dann Worte besitzen, ehe das Denken möglich wird, und dieser Prozeß hat, zumindest in der Vergangenheit, lange Zeit in Anspruch genommen.

Die Hähne krähten schon, als ich einschlief. Nun wußte ich endlich, daß meine Reise begonnen hatte. Bis dahin hatte ich noch nicht recht daran geglaubt.

Charley ist Frühaufsteher, und er sieht es gern, wenn auch ich mich zeitig erhebe. Warum auch nicht? Gleich nach dem Frühstück schläft er wieder ein. Im Laufe der Jahre hat er einige raffinierte Methoden entwickelt, mich aufzuwecken. Er kann sich so laut schütteln, daß ein Toter davon erwachen müßte. Wenn das nichts fruchtet, bekommt er einen Niesanfall. Aber die irritierendste Methode ist es, wenn er lautlos neben dem Bett sitzt und mir liebevoll und verzeihend ins Gesicht starrt. Ich erwache mit dem Gefühl, jemand sähe mich an. Ich habe es gelernt, die Augen fest geschlossen zu halten. Blinzele ich auch nur, dann niest er und streckt sich, und an Schlaf ist nicht mehr zu denken. Oft bleibt der Kampf zwischen unseren beiden Willen eine ganze Zeit lang unentschieden. Ich halte mühsam die Augen geschlossen, und er verzeiht mir. Doch er gewinnt fast immer. Er war so versessen aufs Reisen, daß er früh aufbrechen wollte, und früh ist für Charley beim ersten Tagesschimmer.

Ich entdeckte bald, daß ein Fremder, der das Volk belauschen und dabei in Frieden gelassen werden will, sich am besten an Bars und Kirchen hält. Aber in manchen Städten von New England gibt es keine Bars, und Gottesdienst wird nur sonntags abgehalten. Ein brauchbarer Ersatz sind die Straßenrestaurants, wo sich die Männer zum Frühstück einfinden, ehe sie zur Arbeit oder auf die Jagd gehen. Wenn man diese Lokale belebt finden will, muß man sehr zeitig aufstehen. Und auch das hat seine Kehrseite. Frühaufsteher sprechen selten mit Fremden. Sie unterhalten sich kaum miteinander. Das Frühstücksgespräch beschränkt sich auf eine Reihe lakonischer Grunztöne. Die angeborene Schweigsamkeit des Neuengländers erreicht beim Frühstück ihre glorreiche Vollkommenheit.

Ich fütterte Charley, machte einen kleinen Rundgang mit ihm und brach auf. Ein eisiger Nebel lag über den Bergen und gefror auf der Windschutzscheibe. Normalerweise frühstücke ich nicht, aber nun mußte ich es tun, sonst hätte ich bis zum nächsten Tanken keinen Menschen gesehen. Beim ersten erleuchteten Straßenrestaurant hielt ich an. Ich setzte mich an die Theke. Die Gäste hingen wie Farnkraut über ihren Kaffeetassen. Ein normales Gespräch wickelt sich folgendermaßen ab:

Kellnerin: »Wie gewohnt?«
Kunde: »Mhm.«
Kellnerin: »Kalt genug?«
Kunde: »Mhm.«
(10 Minuten.)
Kellnerin: »Nachfüllen?«
Kunde: »Mhm.«

Hier handelt es sich um einen wirklich gesprächigen Mann. Manche beschränken sich auf Grunzlaute, andere antworten überhaupt nicht. Eine Frühstückskellnerin in New England führt ein einsames Dasein, doch wenn ich ihrer Arbeit mit einer heiteren Bemerkung Schwung geben wollte, senkte sie den Kopf und antwortete: »Mhm«, oder sie grunzte nur. Trotzdem hatte ich den Eindruck, daß eine Art Kommunikation stattfand, wenn ich auch nicht sagen kann, worin sie bestand.

Am meisten erfuhr ich durch die Radiosendungen am Morgen, die ich lieben lernte. Jede Stadt mit ein paar tausend Einwohnern hat ihre eigene Rundfunkstation. Sie ersetzt die früheren Lokalzeitungen. Kaufangebote und -gesuche werden gesendet, gesellschaftliche Ereignisse besprochen, Grundstückspreise genannt und persönliche Mitteilungen durchgesagt. Dazwischen werden Schallplatten gespielt, und zwar im ganzen Land die gleichen. Wenn in Maine ›Teen-Age Angel‹ an oberster Stelle steht, dann hält es auch in Montana die Spitze. Im Laufe eines Tages hört man dann ›Teen-Age Angel‹ dreißig- oder vierzigmal. Aber zwischen die Lokalnachrichten und Berichte schleicht sich auch ab und zu eine Anzeige von auswärts ein. Je weiter ich nach Norden kam und je kälter es wurde, um so mehr Immobilien in Florida wurden angeboten. Der lange, bitterkalte Winter stand vor der Tür, und ich begriff, weshalb Florida ein Zauberwort ist. Je weiter ich fuhr, um so mehr Menschen sehnten sich nach Florida. Ich stellte fest, daß Tausende bereits hingefahren waren, daß weitere Tausende es tun wollten und auch tun würden. In den Angeboten wurde kaum viel mehr Verlockendes erwähnt als die Tatsache, daß das betreffende Grundstück in Florida lag. Manche taten ein übriges und versprachen, daß es über der Fluthöhe lag, aber das war nicht so wichtig. Schon der Name Florida bedeutete Wärme, Wohlleben und Behaglichkeit. Er war unwiderstehlich. Ich habe in gutem Klima gelebt, und es langweilt mich zu Tode. Wetter ist mir lieber als Klima. In Cuernavaca, Mexiko, wo ich einmal wohnte und wo das Klima so vollkommen ist, daß man es gerade noch erträgt, stellte ich fest, daß die Menschen gewöhnlich nach Alaska in Urlaub fahren. Ich möchte gern wissen, wie lange es ein Mann aus den Aroostook County in Florida aushält. Aber wenn er seine Ersparnisse einmal transferiert und investiert hat, kann er schlecht zurück. Seine Würfel sind gefallen und können nicht noch einmal geworfen werden. Ich frage mich, ob ein Oststaatler, der an einem Oktoberabend in Florida auf seinem Gartenstuhl aus Nylon und Aluminium auf einem unwandelbar grünen Rasen sitzt und nach Moskitos schlägt – ich frage mich, ob ihm nicht der Stachel der Erinnerung in den Magen drückt, dicht unter die Rippen, wo es wehtut. Und ich wette, daß er in dem dumpfen, nie endenden Sommer an den Aufschrei der Farben denkt, an das saubere Klirren der Frostluft, an den Duft des brennenden Kiefernholzes und an die liebkosende Wärme der Küchen. Denn wie kann einer im ewigen Grün Farben kennen? Und was nützt einem Wärme, wenn ihr die Kälte nicht Würze verleiht?

Ich fuhr so langsam, wie die Sitte und das ungeduldige Gesetz es erlaubten. Auf andere Weise sieht man nichts. Alle paar Meilen waren neben der Straße staatliche Rastplätze, manchmal bei dunklen Flüssen. Buntgestrichene Ölfässer für

Abfälle standen herum, Picknicktische und hin und wieder Feuerstellen oder Bratroste. In regelmäßigen Abständen bog ich mit Rosinante in einen solchen Rastplatz ein und ließ Charley heraus, damit er das Register der früheren Gäste herunterschnüffeln konnte. Dann wärmte ich meinen Kaffee, setzte mich auf die Hintertreppe meines »Hauses« und meditierte über Wald und Wasser, über die steilen Berge mit den schneebestäubten Koniferen und den Fichten in der Höhe. Vor vielen Jahren bekam ich einmal zu Ostern ein Guck-Ei geschenkt. Wenn man hineinsah, erblickte man eine entzückende kleine Farm, eine Traumfarm, und auf dem Schornstein saß ein Storch in seinem Nest. Ich hielt es für eine Märchenfarm, für genauso erfunden wie die Zwerge, die unter Pilzen sitzen. Dann sah ich in Dänemark diesen Hof oder einen, der ihm zum Verwechseln ähnlich war, und er sah genauso aus wie die Guck-Ei-Farm. In Salinas, Kalifornien, wo ich aufwuchs, war das Klima im Herbst kühl und neblig, und manchmal hatten wir Frost. Wenn wir bunte Bilder von einem Herbstwald in Vermont in die Hand bekamen, sahen wir darin ebenfalls etwas Märchenhaftes, wir glaubten nicht daran. In der Schule lernten wir ›Snowbound‹ auswendig und kleine Gedichte über »Old Jack Frost« und seinen Pinsel, aber für uns legte Jack Frost nur eine dünne Eisschicht in einen Wasserbottich, und auch das selten genug. Ich erschrak fast, als ich feststellte, daß es diese verrückten Farben nicht nur gab, sondern daß die Bilder ein blasser Abklatsch der Wirklichkeit waren. Ich kann mir die Farben der Wälder nicht ins Gedächtnis rufen. Ich fragte mich, ob die Gewöhnung das Empfinden dafür abstumpft, und erkundigte mich bei einer Frau in New Hampshire danach. Sie sagte, der Herbst sei ihr immer wieder von neuem ein Erlebnis, er versetze sie in Hochstimmung. »Es ist eine Pracht«, meinte sie. »Und man kann sich nicht daran erinnern. Es ist immer wieder eine neue Überraschung.«

In dem Fluß neben unserem Rastplatz sah ich eine Forelle aus dem dunklen Wasser an die Oberfläche tauchen und silberne Ringe machen. Charley sah es auch. Er watete hinein und wurde naß, der Tor. Er denkt nie weiter. Ich bestieg Rosinante und holte meinen spärlichen Beitrag für die Abfalltonnen – zwei leere Dosen. Ich hatte aus der einen gegessen, Charley aus der anderen. Dabei sah ich unter den Büchern, die ich mitgebracht hatte, einen wohlbekannten Einband – eine goldene Hand hielt eine Schlange und einen geflügelten Spiegel.

Darunter stand in Schreibschrift: »*The Spectator. Edited by Henry Morley.*« Ich nahm das Buch mit hinaus ins Sonnenlicht.

Ich glaube, meine Jugend war für einen Schriftsteller ideal. Mein Großvater Sam'l Hamilton schätzte gute Bücher und verstand etwas davon, und er hatte einige blaustrümpfige Töchter, darunter meine Mutter. Daher gab es zu Hause in Salinas in dem großen, dunklen Nußbaumbücherschrank mit den Glastüren seltsame und herrliche Dinge zu entdecken. Meine Eltern boten sie mir nie an, und die Glastüren fungierten als Wächter, das war nicht zu verkennen. Infolgedessen stibitzte ich aus diesem Bücherschrank. Es wurde mir weder verboten, noch hinderte man mich daran. Heute glaube ich, wenn wir unseren unwissenden Kindern die Wunder der Literatur vorenthielten, dann würden sie sie vielleicht stehlen und sich so ihre heimliche Freude verschaffen. Sehr früh lernte ich Joseph Addison lieben, und diese Zuneigung hat nie nachgelassen. Er spielt das Instrument der Sprache wie Casals das Cello. Ich weiß nicht, ob er meinen Prosastil beeinflußt hat, aber ich kann es nur hoffen. Als ich 1960 im Sonnenschein in den White Mountains saß, schlug ich den vertrauten ersten Band des ›Spectator‹ auf, gedruckt im Jahre 1883. Ich öffnete die erste Nummer – Donnerstag, den 1. März 1711. Das Motto lautete:

Non fumum ex fulgore, sed ex fumo dare lucem
Cogitat, et speciosa dehinc miracula promat. – Horaz.

Schon in meiner Jugend imponierte mir Addisons Gewohnheit, im Englischen Hauptwörter groß zu schreiben. Unter diesem Datum heißt es:

»Ich habe bemerkt, daß der Leser ein Buch selten mit wahrem Vergnügen liest, wenn er nicht weiß, ob der Verfasser desselben schwarz oder blond, von sanfter oder cholerischer Gemütsart, verheiratet oder Junggeselle ist, und wenn er nicht weitere Eigentümlichkeiten kennt, die sehr viel zum richtigen Verständnis des Autors beitragen. Um diese so natürliche Neugier des Lesers zu befriedigen, widme ich dieses und das nächste Blatt der Einleitung zu meinen folgenden Schriften, und ich werde darin über einige Personen berichten, die an diesem Werk mitgearbeitet haben. Da der Hauptteil des Sammelns, Durchdenkens und Korrigierens auf mein Konto fällt, muß ich mir die Gerechtigkeit widerfahren lassen und das Werk mit meiner eigenen Geschichte beginnen.«

Sonntag, den 29. Januar 1961. Ja, Joseph Addison, ich höre und will den Rat innerhalb vernünftiger Grenzen befolgen, denn es scheint, daß die Neugier, über die Sie sprachen, in keiner Weise geringer geworden ist. Ich habe festgestellt, daß sich viele Leser mehr dafür interessieren, was ich trage, als dafür, was ich denke, und daß sie lieber wissen wollen, wie ich etwas tue, als was ich tue. Im Hinblick auf mein Werk bekunden manche Leser größeres Interesse dafür, was es einbringt, als was darin steht. Da der Rat eines Meisters ein Befehl ist, nicht unähnlich der Heiligen Schrift, werde ich vom Thema abschweifen und mich fügen.

Am Durchschnitt der Männer gemessen, bin ich groß – genau einsachtzig –, obwohl man mich unter meinen männlichen Familienmitgliedern als Zwerg betrachtet. Sie sind zwischen einsfünfundachtzig und einsneunzig groß, und ich weiß, daß meine beiden Söhne mich überragen werden, wenn sie erwachsen sind. Ich habe sehr breite Schultern und in meiner jetzigen Verfassung schmale Hüften. Meine Beine sind im Verhältnis zum Rumpf lang, und man sagt, sie seien wohlgeformt. Mein Haar ist grau meliert, meine Augen sind blau und meine Wangen rot, den Teint habe ich von meiner irischen Mutter. Mein Gesicht hat die Zeitläufte nicht ignoriert, sondern sie mit Narben, Linien, Furchen und Erosionen aufgezeichnet. Ich trage einen Bart, rasiere aber meine Wangen. Da der besagte Bart einen dunklen Stinktierstreifen und weiße Ränder hat, erinnert er an gewisse Verwandte. Ich habe mir diesen Bart nicht aus den Gründen wachsen lassen, die man normalerweise angibt – wegen empfindlicher Haut und Schmerzen beim Rasieren, auch nicht aus dem heimlichen Bedürfnis, ein fliehendes Kinn dahinter zu verbergen, sondern als pure, schamlose Dekoration, genau wie ein Pfau sich an seinem Rad freut. Und schließlich ist heutzutage ein Bart das einzige, worin eine Frau dem Manne nicht überlegen sein kann, und wenn sie es ist, dann erntet sie damit nur im Zirkus Applaus.

Mein Reisekostüm war praktisch und ein wenig absonderlich. Halbhohe Wellington-Gummistiefel mit Einlegesohlen aus Kork hielten meine Füße warm und trocken. Baumwollene Khakihosen, die ich aus überschüssigen Armeebeständen erstanden hatte, bedeckten mein Untergestell. Die oberen Regionen räkelten sich in einem Jagdmantel mit Kragen und Manschetten aus Kord und einer Hüfttasche, die groß genug war, um eine Indianerprinzessin in eine Gruppe des Christlichen Vereins Junger Männer zu schmuggeln. Meine Mütze trug ich schon seit vielen Jahren. Es war eine blaue Wollmütze der britischen Marine mit kurzem Schirm und dem königlichen Löwen und dem Einhorn, die sich wie immer um die englische Krone stritten. Die Mütze ist ziemlich schäbig und speckig. Ich bekam sie einmal vom Kapitän eines Torpedobootes, mit dem ich während des Krieges von Dover aus in See stach – ein sanfter Herr und ein Mörder. Nachdem ich sein Kommando verlassen hatte, griff er ein deutsches Torpedoboot an, feuerte aber nicht, um es unbeschädigt zu erobern, da noch keines gekapert worden war. Dabei wurde er selbst versenkt. Seit damals trage ich seine Mütze ihm zu Ehren. Außerdem gefällt sie mir. Sie steht mir. In den Oststaaten erregte sie niemals Aufsehen, aber als später in Wisconsin, North Dakota, Montana der Ozean weit hinter mir lag, stellte ich fest, daß man sich nach mir umdrehte. Daher kaufte ich mir einen Stetson, wir nennen es einen Farmershut, mit nicht zu breiter Krempe, einen richtigen, altmodischen Wildwesthut, wie ihn meine viehzüchtenden Onkel getragen hatten. Erst als ich mich in Seattle dem anderen Ozean näherte, setzte ich wieder die Seemannsmütze auf.

Bis hierher auf Geheiß Addisons. Der Leser erinnert sich, daß ich unterdessen auf dem Picknickplatz in New Hampshire saß. Während ich im ersten Band des ›Spectator‹ blätterte und darüber nachdachte, daß sich der Geist gewöhnlich mit zwei Dingen gleichzeitig beschäftigt und wahrscheinlich unbewußt noch mit einigen anderen, fuhr ein luxuriöser Wagen heran, und eine gedrungene, aufgetakelte Frau ließ einen gedrungenen, aufgetakelten Spitz weiblichen Geschlechts seine Runde absolvieren. Der letztere Umstand wäre mir entgangen, doch Charley bemerkte ihn sofort. Er kam hinter einer Abfalltonne hervor, fand die Spitz-Hündin herrlich, sein französisches Blut geriet in Wallung, und er ging zu Galanterien über, die sogar für die abgestumpften Augen der Herrin des Fräuleins nicht zu übersehen waren. Sie stieß einen Schrei aus wie ein verwundetes Kaninchen, schoß aus dem Wagen und hätte ihren Liebling an den Busen gedrückt, wenn sie sich so tief hätte bücken können. Sie erreichte lediglich einen Klaps an den Kopf des großen Charley. Ganz lässig und beiläufig biß er sie in die Hand und setzte dann seine Liebesbemühungen fort. Bis zu diesem Augenblick hatte ich nie die wahre Bedeutung der Wendung »das Firmament erschallen lassen« gekannt. Ich ergriff die Hand der Megäre und vergewisserte mich, daß nicht einmal ihre Haut geritzt war. Dann packte ich ihren Hund, der mich sofort tüchtig biß, daß es blutete, ehe ich das kleine Biest an der Kehle erwischte und es ein wenig würgen konnte.

Charley hielt die ganze Szene für abgeschmackt. Er befeuchtete zum zwanzigstenmal die Abfalltonne und machte sich zum Aufbruch bereit.

Es dauerte einige Zeit, bis ich die Dame beruhigt hatte. Ich holte den Kognak heraus, der sie vielleicht umbringen würde, und sie nahm einen so großen Schluck, daß er sie hätte umbringen müssen.

Nach allem, was ich für Charley getan hatte, sollte man denken, er wäre mir zu Hilfe geeilt. Aber er verabscheut Neurotiker und verachtet Betrunkene. Er bestieg Rosinante, kroch unter den Tisch und schlief ein. Sic semper cum Franzmännern.

Schließlich schlitterte die gnädige Frau mit angezogener Handbremse davon, und der Tag, den ich mir erträumt hatte, war verdorben. Addison war verstummt, die Forelle fabrizierte keine Ringe mehr auf dem Wasser, eine Wolke verdeckte die Sonne, und es wurde kühl. Bald stellte ich fest, daß ich schneller fuhr als beabsichtigt. Ein kalter Landregen setzte ein. Ich schenkte den sauberen Dörfern nicht die Beachtung, die sie verdienten, und nach kurzer Zeit überquerte ich die Grenze nach Maine und fuhr in östlicher Richtung weiter.

Ich wollte, auch nur zwei Staaten könnten sich über die Höchstgeschwindigkeit einigen. Kaum hat man sich an fünfzig Meilen in der Stunde gewöhnt, überquert man eine Staatsgrenze und muß sich auf fünfundsechzig umstellen. Ich möchte gern wissen, warum sie sich nicht zusammensetzen und eines Sinnes werden. In einem sind sich jedoch alle Staaten einig – jeder bekennt sich dazu, der schönste zu sein, und verkündet es schon an der Grenze mit riesigen Lettern. Unter den fast vierzig Staaten, die ich bereist habe, war kein einziger, der nicht ein gutes Wort für sich hatte. Ich fand das ein wenig unbescheiden. Es wäre anständiger, wenn man es die Besucher selbst herausfinden ließe. Aber vielleicht würden wir nichts dergleichen feststellen, wenn man uns nicht darauf aufmerksam machte.

In New England trifft man für den Winter drastische Vorbereitungen. Im Sommer muß die Bevölkerungszahl enorm sein, und die Straßen und Highways sind mit Flüchtlingen verstopft, die der stickigen Hitze von Boston und New York entrinnen wollen. Jetzt waren vor allen Würstchenständen, Eissalons, Raritätenläden, Wildledermokassin- und Handschuhständen die Läden dicht, und an vielen hingen Zettel mit der Aufschrift: »Bis nächsten Sommer geschlossen.« Ich kann mich nie an die vielen hundert Antiquitätenläden neben den Straßen gewöhnen, die alle vom echten und beglaubigten Plunder einer früheren Zeit überquellen. Meines Wissens hatten die dreizehn Kolonien nicht einmal vier Millionen Einwohner, aber jeder einzelne muß unablässig Tische, Stühle, Porzellan, Glas, Kerzenhalter und seltsam geformte Eisen-, Kupfer- und Blechgegenstände für den künftigen Absatz an die Touristen im zwanzigsten Jahrhundert hergestellt haben. Allein an den Straßen von New England werden so viele Antiquitäten feilgeboten, daß man die Häuser von fünfzig Millionen Menschen damit ausstaffieren könnte. Wenn ich ein guter Geschäftsmann wäre und mich ein wenig um das Wohl meiner ungeborenen Urgroßenkel kümmerte, was ich nicht tue, dann würde ich Gerümpel und abgewrackte Automobile sammeln, die Schutthalden der Städte durchkämmen, die Ausbeute auftürmen und das ganze mit dem Zeug einsprühen, mit dem man bei der Marine Schiffe konserviert. Nach hundert Jahren dürften meine Nachkommen dann diese Schatzkammer öffnen, und sie wären die Antiquitätenkönige der Welt. Wenn das zerbeulte, gesprungene und zerbrochene Zeug, das unsere Ahnen loswerden wollten, heute so viel Geld einbringt, dann ist es nicht auszudenken, was ein Oldsmobile von 1954 oder ein Toastmaster von 1960 kosten werden – Herr, die Möglichkeiten sind unerschöpflich! Dinge, für die wir Geld ausgeben müssen, damit sie nur fortgeschafft werden, könnten ein Vermögen einbringen. Wenn es so aussieht, als interessiere ich mich übermäßig für alten Kram, so trügt dieser Eindruck nicht. Ich interessiere mich in der Tat dafür, und ich besitze selbst eine Menge davon – eine halbe Garage voll Ramsch und entzweigegangenen Sachen. Ich brauche dieses Zeug, um anderes Zeug damit zu reparieren. Neulich hielt ich vor dem Hof eines Trödlers in der Nähe von Sag Harbor an. Während ich höflich seine Vorräte musterte, ging mir plötzlich auf, daß ich mehr besaß als er. Man sieht, daß ich ein echtes und fast habgieriges Interesse an wertlosem Gerümpel habe. Als Entschuldigung kann ich anführen, daß ich in dieser Ära des planmäßigen Verschleißes in meiner Sammlung meistens etwas finde, mit dem ich etwas Entzweigegangenes reparieren kann – eine Toilettengarnitur, einen Motor oder Rasenmäher. Aber ich glaube, in Wirklichkeit mag ich das alte Zeug einfach.

Schon vor meiner Reise hatte ich gewußt, daß ich in Abständen von jeweils ein paar Tagen in Rasthäusern oder Motels nächtigen mußte, nicht so sehr, um wieder einmal in einem Bett zu schlafen, sondern wegen eines heißen Bades. In Rosinante erwärmte ich Wasser in einem Teekessel und nahm Schwammbäder, aber das Waschen mit dem Eimer verhilft einem zu keiner rechten Sauberkeit und bereitet nicht das geringste Vergnügen. Ein volles Wannenbad mit brühheißem Wasser ist eine reine Freude. Für meine Wäsche jedoch erfand ich ganz zu Anfang meiner Fahrt eine Waschmethode, wie es so schnell keine zweite gibt. Ich kam folgendermaßen darauf: Ich hatte einen großen Plastikmülleimer mit Deckel und Henkel. Da er durch die normale Erschütterung des Wagens immer wieder umfiel, befestigte ich ihn mit einer starken elastischen Schnur an der Kleiderstange in meinem Schrank, wo er nach Herzenslust wippen konnte, ohne daß etwas herausfiel. Am Abend kippte ich den Abfall in eine Mülltonne an der Straße und sah den am gründlichsten gemischten und durchgekneteten Müll, den ich je zu Gesicht bekommen hatte. Ich glaube, alle großen Erfindungen erwachsen aus einer solchen Erfahrung. Am nächsten Morgen wusch ich den Plastikeimer aus, legte zwei Hemden, Unterwäsche und Socken hinein, fügte heißes Wasser und Waschmittel dazu und befestigte das Ganze mit dem Gummiseil an der Kleiderstange, wo es den ganzen Tag tanzen konnte. Am Abend spülte ich die Wäsche in einem Fluß aus. Ich hatte noch nie so saubere Wäsche gesehen. In Rosinante spannte ich dicht neben dem Fenster ein Nylonseil und hängte die Wäsche zum Trocknen auf. Von diesem Tag an wurde meine Wäsche jeweils an einem Tag gewaschen und am nächsten getrocknet. Ich tat sogar ein übriges und wusch auf diese Weise Leintücher und Kissenbezüge. Soviel zur Sauberkeit, aber heiße Bäder ersetzte dies nicht.

Kurz hinter Bangor hielt ich vor einem Rasthaus an und mietete ein Zimmer. Es war nicht teuer. Draußen hatte es auf einem Schild geheißen: »Stark ermäßigte Winterpreise!« Drinnen war es untadelig. Alles war aus Kunststoff: die Fußböden, die Vorhänge, die Tischplatten – makelloser, hitzebeständiger Kunststoff –, die Lampenschirme. Nur Bettwäsche und Handtücher waren aus natürlichem Material. Ich ging in das kleine Restaurant. Auch hier nichts als Kunststoff – die Tischtücher, die Butterschale, Zucker und Gebäck waren in Cellophan verpackt, das Gelee wurde in einem kleinen Plastikbehälter gereicht, ebenfalls mit Cellophan verschlossen. Es war noch früh am Abend, und ich war der einzige Gast. Die Kellnerin trug eine Plastikschürze. Sie war weder glücklich noch unglücklich. Sie war gar nichts. Aber ich glaube von keinem Menschen, daß er ein Nichts sei. Irgend etwas muß in ihm stecken, und sei es nur, damit das Fleisch nicht einfällt. Diese leeren Augen, die unlustige Hand, die damastenen Wangen, bestäubt wie ein Krapfen mit Plastikpuder, mußten eine Erinnerung oder einen Traum haben.

Aufs Geratewohl fragte ich: »Wann fahren Sie nach Florida?«

»Nächste Woche«, antwortete sie lustlos. Dann regte sich etwas in ihrer gequälten Stimme. »Woher wissen Sie das überhaupt?«

»Vielleicht kann ich Gedanken lesen.«

Sie musterte meinen Bart. »Sind Sie beim Varieté?«

»Nein.«

»Wieso können Sie dann Gedanken lesen?«

»Vielleicht habe ich auch nur geraten. Gefällt es Ihnen dort drunten?«

»Warum nicht? Ich fahre jedes Jahr hin. Im Winter sind Kellnerinnen gesucht.«

»Und was tun Sie dort? Ich meine in Ihrer Freizeit?«

»Nichts weiter. Ich faulenze einfach.«

»Angeln Sie oder schwimmen Sie?«

»Nicht viel. Ich faulenze einfach. Ich kann den Sand nicht leiden, er juckt mich.«

»Verdienen Sie gut?«

»Es sind keine spendablen Leute.«

»Wieso?«

»Sie geben ihr Geld lieber für Alkohol aus.«

»Als für was?«

»Als für Trinkgelder. Genau wie hier die Leute im Sommer. Billig!«

Es ist oft merkwürdig, wie eine Person einen Raum mit Leben, mit Vitalität füllen kann. Dann gibt es andere, und diese Dame gehörte dazu, die alle Energie und Freude töten, die das Vergnügen absorbieren, ohne daß sie einen Gewinn daraus zögen. Solche Menschen strahlen etwas Graues aus. Ich war an diesem Tag lange gefahren, und vielleicht war meine Energie erschöpft und meine Widerstandskraft gebrochen. Sie steckte mich an. Ich fühlte mich so elend, daß ich am liebsten unter eine Kunststoffdecke gekrochen und gestorben wäre. Was mußte das für eine Freundin sein, was für eine Geliebte! Ich versuchte mir wenigstens das vorzustellen. Es gelang mir nicht. Einen Augenblick erwog ich, ihr fünf Dollar Trinkgeld zu geben, aber ich wußte, sie wäre nicht froh darüber gewesen. Sie hätte mich höchstens für verrückt gehalten.

Ich ging in mein kleines, sauberes Zimmer. Ich trinke nie allein. Es macht mir keinen Spaß. Und ich glaube, solange ich nicht Alkoholiker geworden bin, werde ich es auch nicht tun. Aber an jenem Abend holte ich eine Flasche Wodka aus meiner Vorratskammer und nahm sie in meine Zelle. Im Bad standen zwei Zahnputzgläser in versiegelten Cellophanbeuteln mit der Aufschrift: »Diese Gläser wurden zu Ihrem Schutz sterilisiert.« Auf dem Toilettensitz lag ein Stück Papier mit der Versicherung: »Dieser Sitz wurde zu Ihrem Schutz mit ultraviolettem Licht sterilisiert.« Jedermann beschützte mich, es war schrecklich. Ich riß die Gläser aus ihren Hüllen. Ich beschmutzte den Toilettensitz mit meinem Schuh, ich schenkte mir ein halbes Zahnputzglas Wodka ein und trank es aus und dann noch eines. Dann lag ich tief im heißen Badewasser und fühlte mich furchtbar elend und sah nirgends einen Lichtschimmer.

Charley ließ sich von meiner Stimmung anstecken, aber er ist ein tapferer Hund. Er kam ins Badezimmer, und da spielte der alte Esel mit der Kunststoffbadematte wie mit einer Puppe. Ein starker Charakter, ein wahrhafter Freund! Plötzlich rannte er zur Tür und bellte, als drohe eine Invasion. Ohne all das Plastikzeug wäre es ihm vielleicht gelungen, mich aufzuheitern.

Ich erinnere mich an einen alten Araber in Nordafrika, dessen Hände nie mit Wasser in Berührung gekommen waren. Er servierte mir Minztee in einem Glas, das vom jahrelangen Gebrauch undurchsichtig geworden war, aber er bot mir zugleich auch Kameradschaft an, und deshalb schmeckte der Tee hervorragend. Und obwohl jegliche Vorsichtsmaßnahme fehlte, fielen mir hinterher weder die Zähne aus, noch bekam ich eiternde Geschwüre. Ich formulierte ein neues Gesetz über das Verhältnis von Schutzmaßnahmen und Trostlosigkeit. Eine kranke Seele bringt einen rascher um als ein Bazillus.

Wenn Charley nicht getanzt, »Ftt« gemacht und sich geschüttelt hätte, dann hätte ich vielleicht vergessen, daß er jeden Abend zwei Hundekuchen frißt und einen Spaziergang machen darf, damit er einen klaren Kopf bekommt. Ich zog saubere Wäsche an und ging mit ihm in die sternenhelle Nacht hinaus. Ein Nordlicht war zu sehen. Ich habe es nur wenige Male erlebt. Es hing in majestätischen Falten am Himmel, wie ein riesenhafter Vorhang auf der Bühne eines unendlichen Theaters. Es pulsierte in rosaroten, lavendelfarbenen und purpurnen Tönen vor dem Nachthimmel, und die frostklaren Sterne glitzerten hindurch. Und das gerade jetzt, da ich einen solchen Augenblick so nötig brauchte! Ich erwog kurz, ob ich die Kellnerin packen und ihr ins Hinterteil treten sollte, damit sie es sich ansah. Aber ich wagte es nicht. Sie konnte bewirken, daß Ewigkeit und Unendlichkeit dahinschmolzen und einem durch die Finger rannen. Die Frostluft brannte angenehm auf der Haut, und Charley, der vorauslief, begrüßte ausführlich die gestutzte Ligusterhecke und hinterließ dampfende Spuren. Er freute sich für mich. Als wir zurückkamen, gab ich ihm drei Hundekuchen, zerknautschte das sterile Bett und ging hinaus und schlief in Rosinante.

Es paßt zu mir, daß ich nach Osten fuhr, obwohl ich nach Westen wollte. Das war schon immer meine Art gewesen. Daß ich zur Deer Isle wollte, hatte seinen Grund. Meine langjährige Freundin und Gefährtin, Elizabeth Otis, reist jedes Jahr dorthin. Wenn sie über Deer Isle spricht, bekommt ihr Blick etwas Verzücktes, und sie wird vollständig unzurechnungsfähig. Als ich meine Reisepläne schmiedete, erklärte sie: »Du mußt dir unbedingt Deer Isle ansehen.«

»Sie liegt nicht auf meiner Route.«

»Quatsch«, erklärte sie in dem Tonfall, den ich zur Genüge kannte. Ich entnahm ihrer Stimme und ihrem Gehaben, daß ich mich am besten nie wieder in New York blicken ließ, wenn ich nicht zur Deer Isle fuhr. Sie telefonierte mit Miss Eleanor Brace, bei der sie immer logiert, und damit war ich festgenagelt. Ich wußte über Deer Isle nur, daß sie unbeschreiblich ist und daß mir nicht zu helfen war, wenn ich sie mir nicht ansah. Außerdem wartete nun Miss Brace auf mich.

In Bangor verfranzte ich mich rettungslos im Verkehrsgewühl, zwischen Lastwagen, Hupen und Lichtern. Ich erinnerte mich dunkel daran, daß ich auf die U.S. 1 mußte. Ich fand sie und fuhr zehn Meilen in der falschen Richtung – zurück auf New York zu. Man hatte mir schriftliche Anweisungen mitgegeben, wie ich fahren mußte; aber ist Ihnen schon aufgefallen, daß einen Instruktionen von jemandem, der die betreffende Gegend kennt, nur noch mehr in die Irre führen, selbst wenn sie richtig sind? Ich verirrte mich auch in Ellsworth, obgleich man mir sagte, das sei unmöglich. Dann wurden die Straßen schmaler, und Langholzwagen ratterten an mir vorbei. Ich hatte mich fast den ganzen Tag verfahren. Immerhin fand ich Blue Hill und Sedgwick. Erst spät an diesem entmutigenden Nachmittag hielt ich an und näherte mich einem majestätischen Polizisten des Staates Maine. Er war ein Mann aus Granit, wie es ihn nur in Portland gibt, das perfekte Modell für ein künftiges Reiterstandbild. Ich wüßte gern, ob die Helden der Zukunft in marmornen Jeeps oder Streifenwagen sitzend in Stein gemeißelt werden.

»Ich habe mich offenbar verirrt, Herr Wachtmeister. Können Sie mir bitte den Weg sagen?«

»Wo wollen Sie hin?«

»Zur Deer Isle.«

Er musterte mich aufmerksam, und als er sich überzeugt hatte, daß ich nicht scherzte, drehte er sich in der Hüfte zur Seite und deutete über eine kleine Wasserfläche. Er gab sich nicht die Mühe, den Mund aufzumachen.

»Liegt sie dort?«

Er nickte einmal von oben nach unten und ließ den Kopf unten.

»Und wie komme ich hinüber?«

Ich hatte schon gehört, daß in Maine die Leute wortkarg sind, aber dieser Kandidat für Mount Rushmore hielt es schon für unerträglich schwatzhaft, wenn er an einem Nachmittag zweimal deutete. Er beschrieb mit dem Kinn einen kleinen Bogen in die Richtung, aus der ich gekommen war. Wenn der Nachmittag nicht zur Neige gegangen wäre, hätte ich versucht, ihm ein weiteres Wort zu entlocken, selbst auf die Gefahr hin, daß ich daran gescheitert wäre. »Vielen Dank«, sagte ich und kam mir wie ein unverbesserlicher Schwätzer vor.

Zuerst fuhr ich über eine große Eisenbrücke mit Trägern so hoch wie Regenbogen; kurz danach folgte eine niedere Steinbrücke in der Form einer S-Kurve, und dann war ich auf der Deer Isle. Meine schriftlichen Instruktionen besagten, daß ich bei jeder Kreuzung nach rechts einbiegen mußte. Das Wort »jeder« war unterstrichen. Ich fuhr einen Hügel hinauf und bog nach rechts auf eine schmale Straße ein, die in einen Kiefernwald führte; dann bog ich in eine noch schmalere Straße ein und dann abermals rechts auf eine Wagenspur, die mit Kiefernnadeln bedeckt war. Wenn man den Weg kennt, ist es leicht. Ich glaubte nie, daß ich das Haus finden würde, aber nach weiteren hundert Metern tauchte tatsächlich das große alte Haus von Miss Eleanor Brace vor mir auf, und sie hieß mich willkommen. Ich ließ Charley aus dem Wagen, und plötzlich huschte etwas Graues über die Lichtung im Kiefernwald und schoß ins Haus. Das war George. Er hieß mich nicht willkommen, und er hieß vor allem Charley nicht willkommen. Ich habe George nie aus der Nähe gesehen, aber seine mürrische Gegenwart war überall. George ist eine alte graue Katze, in der sich ein solcher Haß auf Menschen und andere Lebewesen angesammelt hat, daß man selbst dann, wenn er sich im oberen Stock versteckt, seine Beschwörungen fühlt, man möge gehen. Wenn die Bombe fallen sollte und alle Lebewesen außer ihm und Miss Brace auslöschte, wäre George zufrieden. So würde eine Welt aussehen, wenn er sie einzurichten hätte. Er konnte nicht ahnen, daß Charleys Interesse an ihm reine Höflichkeit war. Dies zu wissen, hätte ihn in seiner Misanthropie verletzt, denn Charley interessierte sich nicht im geringsten für Katzen, nicht einmal zu Verfolgungszwecken.

Wir bereiteten George keinen Kummer, denn wir blieben die zwei Nächte in Rosinante wohnen; aber man erzählte mir, George gehe in den Wald, wenn Gäste im Haus schlafen, beobachte alles aus der Ferne und schütte seine Unzufriedenheit und Antipathie über die Welt aus. Miss Brace gibt zu, daß George als Katze wertlos ist. Er ist kein guter Gesellschafter, er ist nicht mitfühlend, und er hat wenig ästhetische Reize.

»Sicher fängt er Mäuse und Ratten«, meinte ich zuversichtlich.

»Niemals«, erwiderte Miss Brace. »Er denkt nicht daran. Und soll ich Ihnen etwas verraten? George ist eine Sie.«

Ich mußte Charley besänftigen, denn die unsichtbare Gegenwart Georges war überall zu spüren. In einer aufgeklärteren Zeit, als man mehr von Hexen und dergleichen verstand, wäre George auf dem Scheiterhaufen geendet, denn wenn es je einen Satansbraten gab, der Umgang mit bösen Geistern pflegte, dann war es George.

Man braucht nicht besonders feinfühlig zu sein, um die seltsame Atmosphäre der Deer Isle wahrzunehmen. Und wenn Menschen, die seit vielen Jahren dorthin fahren, sie nicht beschreiben können, wie soll es mir dann nach einem zweitägigen Aufenthalt gelingen? Die Insel schmiegt sich wie ein Säugling an die Brust des Staates Maine, aber es gibt viele solcher Inseln. Das ruhige, schwärzliche Wasser scheint das Licht aufzusaugen, zu absorbieren, doch auch das habe ich anderswo schon gesehen. Der Kiefernwald rauscht, der Wind fegt über das offene Land, das wie Dartmoor aussieht. Stonington, der Hauptort der Insel, gleicht keiner amerikanischen Stadt. Die Häuser liegen alle am ruhigen Wasser der Bucht. Die Stadt erinnert stark an Lyme Regis oder an die Orte an der Küste von Dorset, und ich ginge jede Wette ein, daß ihre Gründer aus Dorset, Somerset oder Cornwall kamen. In Maine spricht man einen ähnlichen Dialekt wie in Westengland, die Diphthonge klingen wie im Angelsächsischen, und auf der Deer Isle ist die Ähnlichkeit besonders stark. Die Küstenbewohner südlich des Bristol-Kanals sind geheimnisvolle Leute, vielleicht besitzen sie magische Kräfte. In ihren Augen liegt etwas Eigenartiges, aber es ist so tief verborgen, daß sie es vielleicht selbst nicht wissen. Das gleiche gilt für die Bewohner der Deer Isle. Kurz, diese Insel ist ein zweites Avalon. Wahrscheinlich verschwindet sie, wenn man ihr den Rücken kehrt. Rätselhaft sind auch die Waschbärkatzen, riesige, schwanzlose Tiere mit grauem, schwarzmeliertem Fell, dem sie ihren Namen verdanken. Sie leben wild in den Wäldern. Ab und zu bringt jemand ein Junges nach Hause und zieht es auf. Wem es gelingt, der betrachtet es fast als eine Auszeichnung. Aber Waschbärkatzen werden selten auch nur annähernd zahm. Man riskiert ständig, angegriffen oder gebissen zu werden. Diese Tiere stammen offensichtlich von Manx-Katzen ab, und selbst wenn man sie mit Hauskatzen kreuzt, sind die Nachkommen schwanzlos. Es heißt, die großen Ahnen der Waschbärkatzen seien von einem Schiffskapitän ausgesetzt worden und bald verwildert. Aber ich wüßte gern, woher sie ihre Körpergröße haben. Sie sind doppelt so groß wie jede Manx-Katze, die ich gesehen habe. Wäre es denkbar, daß sie sich mit Luchsen vermischt haben? Ich weiß es nicht. Niemand weiß es.

Drunten am Hafen von Stonington hatte man die Boote an Land gezogen, um sie über Winter einzustellen. Und nicht nur hier, sondern auch in allen anderen benachbarten Buchten sah ich große Hummerfallen, in denen es von jenen dunkelschaligen Maine-Hummern aus dem schwärzlichen Wasser wimmelte, die die besten Hummer der Welt sind. Miss Brace bestellte drei Stück, nur anderthalb Pfund, wie sie sagte, und an jenem Abend konnte ich mich davon überzeugen, daß sie exquisit sind. Diese Hummer haben nicht ihresgleichen. Sie werden einfach gekocht und ohne raffinierte Soßen, nur mit zerlassener Butter und Zitronensaft serviert. Selbst wenn man sie lebend exportiert, verlieren sie etwas von ihrem Wohlgeschmack.

In einem prachtvollen Laden in Stonington, halb Haushaltswarengeschäft, halb Schiffsausrüster, kaufte ich eine Petroleumlampe mit Blechreflektor für Rosinante. Ich fürchtete, daß mir früher oder später das Butangas ausgehen würde, und wie sollte ich dann im Bett lesen? Ich schraubte den Lampenarm über meinem Bett an die Wand und trimmte den Docht, so daß ein goldener Schmetterling aus Licht entstand. Während der Reise benutzte ich die Lampe nicht nur des Lichtes, sondern auch der Wärme und der Farbe wegen. Genau die gleiche Lampe hatte in der Ranch meiner Eltern in sämtlichen Zimmern gehangen. Es gibt kein angenehmeres Licht, obwohl alte Leute sagen, Walfischöl ergäbe eine noch hübschere Flamme.

Man sieht, daß auch ich die Deer Isle nicht beschreiben kann. Sie hat etwas an sich, das sich den Worten entzieht. Aber sie geht einem nach, und erstaunlicherweise fallen einem nachträglich, wenn man abgereist ist, Dinge auf, die man während des Aufenthaltes nicht bemerkt hat. An eines erinnerte ich mich besonders deutlich. Es kann durch die Jahreszeit bedingt gewesen sein. Jeder einzelne Gegenstand hob sich von seiner Umgebung ab – ein Stein, ein von der See poliertes Stück Treibholz am Strand, eine Dachlinie. Jede Kiefer stand für sich allein und von den anderen abgesondert, selbst wenn sie zu einem Wald gehörte. Wenn ich von hier aus Rückschlüsse ziehen darf, kann ich dann sagen, daß es mit den Menschen ebenso ist? Bestimmt lernte ich nie ausgeprägtere Individualisten kennen. Niemals würde ich versuchen, sie zu etwas zu zwingen, was sie nicht wollen. Ich hatte viele Geschichten über die Insel gehört – bemerkenswert, daß man sie »Isle« und nicht »Island« nennt –, und man gab mir viel wortkargen Rat. Ich will nur eine Ermahnung wiedergeben, die mir ein Einwohner von Maine zuteil werden ließ, und ich will den Namen des Betreffenden nicht erwähnen, aus Furcht vor Repressalien.

»Fragen Sie nie einen Einwohner von Maine nach dem Weg«, empfahl er mir.

»Warum nicht, um alles in der Welt?«

»Wir halten es für lustig, Fremden falsche Auskünfte zu geben, und wir tun das mit todernstem Gesicht. Aber innerlich biegen wir uns vor Lachen. So sind wir nun mal.«

Ich weiß nicht, ob es wahr ist. Ich konnte es nicht ausprobieren, denn dank meiner eigenen Bemühungen verirre ich mich auch ohne fremde Hilfe fortgesetzt.

Ich habe mit Wohlwollen, ja mit Zuneigung über Rosinante gesprochen, aber nicht über das Lastwagenchassis, auf dem ihr Aufbau befestigt war. Es war ein neues Modell mit einem starken Sechszylindermotor, der automatisches Getriebe und eine mächtige Dynamomaschine hatte. Sie versorgte die Kabine mit Licht. Das Kühlwasser war derart mit Frostschutzmittel gesättigt, daß es sogar Polarwetter überstanden hätte. Ich glaube, amerikanische Personenwagen werden zum Verschleiß gebaut, so daß man sich bald wieder einen neuen kaufen muß. Bei Lastwagen ist dies nicht der Fall. Ein Lastwagenfahrer muß viele tausend Meilen mehr hinter sich bringen als ein Pkw-Besitzer. Er läßt sich nicht von Applikationen, Raffinessen und Kinkerlitzchen blenden, und sein sozialer Stand verpflichtet ihn nicht, sich jedes Jahr ein neues Modell anzuschaffen, damit er gesellschaftsfähig bleibt. Alles an meinem Lastwagen war für die Ewigkeit gemacht. Das Chassis war schwer, der Motor groß und robust. Natürlich behandelte ich den Wagen gut, was Ölwechsel und Abschmieren anbetraf. Ich holte nicht das Letzte aus ihm heraus und zwang ihn nicht zu Akrobatenstükken, die man von Sportwagen verlangt. Die Kabine hatte doppelte Wände, und eine gute Heizung war eingebaut. Als ich nach über zehntausend Meilen heimkehrte, war der Motor gerade richtig eingefahren. Er versagte nie, ja er stotterte während der ganzen Reise nicht ein einziges Mal.

Ich fuhr die Küste von Maine hinauf, durch Millbridge, Addison, Machias, Perry und South Robbinston, bis die Küste aufhörte. Ich hatte nicht gewußt oder vergessen, wie weit sich Maine nach Kanada hinein erstreckt – wie ein erhobener Daumen. Wir kennen die Geographie unseres eigenen Landes erstaunlich schlecht. Auf jeden Fall reicht Maine fast bis zur Mündung des Sankt-Lorenz-Stroms nach Norden, und seine Grenze liegt etwa hundert Meilen weiter nördlich als Quebec. Und noch etwas hatte ich vergessen: Wie unglaublich groß Amerika ist. Als ich nach Norden durch die kleinen Städte und die dichter werdenden Wälder fuhr, die sich am Horizont verloren, veränderte sich das Klima unverhältnismäßig rasch.

Vielleicht lag es daran, daß ich mich vom mildernden Einfluß des Meeres entfernte, vielleicht geriet ich auch sehr weit nach Norden. Die Häuser sahen aus, als seien sie vom Schnee erschlagen, viele waren eingefallen, von den Wintern zu Boden gedrückt. Abgesehen von den Städten, sah ich fast nur die Zeugnisse einer Bevölkerung, die einmal hier gelebt, das Land bebaut hatte und dann vertrieben worden war. Die Wälder breiteten sich wieder aus, und wo einmal Bauernfuhrwerke gefahren waren, rumpelten nur noch Langholzwagen. Auch das Wild war wiedergekommen. Damwild überquerte die Straßen, und ich bemerkte Bärenspuren.

Es gibt Sitten, Verhaltensweisen, Mythen, Gebote und Veränderungen, die offenbar zur Struktur Amerikas gehören. Ich meine, man sollte sie in dem Lichte sehen, in dem sie sich mir zum erstenmal darstellten. Und während wir darüber sprechen, versetzen Sie sich bitte in meine Lage, wie ich auf einer schmalen Landstraße dahinrolle, hinter einer Brücke anhalte und einen großen Topf Bohnen und Pökelfleisch koche. Ich möchte jetzt über die Jagd sprechen. Ich hätte ihr nicht einmal dann ausweichen können, wenn ich gewollt hätte, denn der Herbst ist Jagdzeit. Wir haben vieles von unseren Ahnen geerbt, die mit diesem Kontinent rangen wie Jakob mit dem Engel. Und die Pioniere haben gesiegt. Von ihnen übernahmen wir den Glauben, jeder Amerikaner sei ein geborener Jäger. Herbst für Herbst schicken sich viele Männer an, zu beweisen, daß sie ohne Talent, Ausbildung, Wissen oder Übung die prächtigsten Schützen sind, sei es mit dem Gewehr oder mit der Schrotflinte. Das Ergebnis ist grauenhaft. Von dem Moment an, in dem ich Sag Harbor verließ, knallten die Büchsen nach Wildenten, und als ich durch Maine fuhr, hätten die Schüsse in den Wäldern jede Menge Rotröcke verjagt, es sei denn, sie hätten gewußt, was vorging. Das Folgende wird mir einen schlechten Ruf als Sportsmann eintragen, aber ich möchte betonen, daß ich nichts dagegen habe, wenn man Tiere tötet, denn durch irgend etwas müssen sie umkommen, glaube ich. In meiner Jugend kroch ich oft meilenweit auf dem Bauch durch eiskalten Wind, nur um des Ruhmes willen, ein Sumpfhuhn zu erlegen, das nicht einmal gut schmeckte, wenn es im Salzwasser gelegen hatte. Ich mache mir nicht viel aus Wildbret und Bären-, Wapiti- oder Elchfleisch, abgesehen von der Leber. Die Raffinessen, die Kräuter, der Wein, die ganzen Vorbereitungen, die nötig sind, um ein gutes Wildbret zu bereiten, würden sogar einen alten Schuh zum Entzücken eines Feinschmeckers machen. Wenn ich am Verhungern wäre, würde ich bereitwillig jedes Wesen erschießen, das läuft oder kriecht oder fliegt, und es mit den Zähnen zerfleischen. Aber es ist nicht der Hunger, der jeden Herbst Millionen bewaffnete amerikanische Männer in die Wälder und Berge treibt, wie es der hohe Prozentsatz an Herzfehlern unter den Jägern beweist. Irgendwie hat das Jagen etwas mit Männlichkeit zu tun, aber ich weiß nicht genau, inwiefern. Ich weiß, daß es eine große Zahl guter und tüchtiger Jäger gibt, die ihr Handwerk verstehen. Aber wesentlich mehr Jäger sind korpulente Herren voller Whisky, bewaffnet mit scharfgeladenen Gewehren. Sie schießen auf alles, was sich bewegt oder so aussieht, als könnte es sich bewegen, und ihr Erfolg darin, sich gegenseitig auszurotten, wird vielleicht eine Übervölkerung verhindern. Wenn die Verluste auf ihre eigene Spezies beschränkt blieben, wäre es weiter nicht schlimm, aber das Abschlachten von Kühen, Schweinen, Farmern, Hunden und Verkehrsschildern macht den Herbst zur gefährlichsten Reisezeit. Ein Farmer im Staate New York malte das Wort »Kuh« mit großen schwarzen Buchstaben auf beide Seiten seiner weißen Kuh, und die Jäger erschossen sie trotzdem. Als ich durch Wisconsin fuhr, schoß ein Jäger seinem eigenen Jagdhüter zwischen die Schulterblätter. Der Untersuchungsrichter fragte diesen Nimrod: »Hielten Sie ihn für einen Rehbock?«

»Ja, ganz recht, Sir.«

»Aber Sie waren nicht sicher, daß er einer war?«

»Nun, nein Sir, ich glaube nicht.«

Wegen der Feuerwalze, die sich durch Maine bewegte, fürchtete ich natürlich um mich. Vier Autos waren am hellen Tag getroffen worden. Aber hauptsächlich fürchtete ich für Charley. Ich weiß, daß ein Pudel für manche dieser Waidmänner einem Rehbock verteufelt ähnlich sieht, und ich mußte ihn irgendwie schützen. In Rosinante lag eine Schachtel rotes Kleenex, das mir jemand geschenkt hatte. Ich wikkelte das Kleenex um Charleys Schwanz und befestigte es mit Gummiringen. Jeden Morgen erneuerte ich diese Flagge, und er trug sie auf dem ganzen Weg nach Westen, während uns Kugeln um die Köpfe pfiffen. Das ist kein Witz. Im Radio wurde davor gewarnt, ein weißes Taschentuch auf dem Kopf zu tragen. Zu viele Jäger glauben den Spiegel eines flüchtenden Rehs vor sich zu haben, wenn sie etwas Weißes aufblitzen sehen, und kurieren eine Erkältung mit einem einzigen Schuß.

Doch dieses Erbe der Pioniere trat nicht erst neuerdings zutage. Auf der Ranch meiner Eltern bei Salinas, Kalifornien, hatten wir einen chinesischen Koch, dem es einen hübschen Nebenverdienst einbrachte. Auf einem Hügel in der Nähe lag ein Sykomorenstamm, gestützt von zwei abgebrochenen Ästen. Lee wurde durch die Einschlaglöcher auf dieses gefleckte, kitzfarbene Stück Holz aufmerksam. Er nagelte an das eine Ende ein Geweih und zog sich in seine Küche zurück, bis die Jagdzeit zu Ende war. Dann erntete er das Blei aus dem alten Baumstamm. In manchen Jahren gewann er fünfzig oder sechzig Pfund. Er wurde nicht reich davon, aber es lohnte sich. Nach ein paar Jahren, als von dem Baumstamm nichts mehr übrig war, ersetzte er ihn durch vier Sandsäcke mit dem gleichen Geweih. Danach war die Ernte noch einfacher. Wenn er fünfzig Säcke ausgelegt hätte, würde er ein Vermögen verdient haben, aber Lee war ein bescheidener Mann und hatte nichts für Mammutgeschäfte übrig.

Maine wollte kein Ende nehmen. So ähnlich mußte Peary zumute gewesen sein, als er glaubte, er sei bald am Nordpol. Aber ich wollte das Aroostook County sehen, den riesigen Bezirk im Norden Maines. Es gibt in den Staaten drei große Kartoffelanbaugebiete – Idaho, Suffolk County auf Long Island und Aroostook in Maine. Man hatte mir oft vom Aroostook County erzählt, doch ich hatte noch keinen getroffen, der selber dort gewesen war. Ich wußte, daß die Ernte von Canucken* eingebracht wird, die im Herbst in Scharen über die Grenze kommen. Meine Route führte endlos durch Wälder und an vielen Seen vorbei, die noch nicht zugefroren waren. Sooft es ging, wählte ich die kleinen Waldsträßchen. Sie begünstigten nicht gerade ein rasches Vorankommen. Die Temperatur stieg etwas an, es regnete unaufhörlich, und die Wälder weinten. Charley wurde nicht trocken und roch muffig. Der Himmel hatte die Farbe von nassem, grauem Aluminium, und die undurchsichtige Wolkendecke gab keinen Anhaltspunkt dafür, wo die Sonne stand. Daher wußte ich nie, in welche Himmelsrichtung ich fuhr. An einer Kreuzung

* Spitzname für Franko-Kanadier

konnte ich ebensogut nach Osten, Süden oder Westen einbiegen statt, wie ich wollte, nach Norden. Der alte Aberglaube, das Moos wachse an der Nordseite der Bäume, hatte mich schon als Pfadfinder in die Irre geführt. Das Moos wächst auf der Schattenseite, und die kann in jeder Himmelsrichtung liegen. Ich nahm mir vor, in der nächsten Stadt einen Kompaß zu kaufen, aber meine Straße führte in keine nächste Stadt. Die Dunkelheit brach herein, der Regen trommelte auf das Blechdach, und die Scheibenwischer schluchzten. Große, dunkle Bäume säumten die Straße, drängten sich näher. Ich hatte das Gefühl, als seien Stunden vergangen, seit ich den letzten Wagen, ein Haus oder einen Laden gesehen hatte, denn in dieser Gegend hatten die Wälder wieder die Oberhand gewonnen. Eine fast beängstigende Einsamkeit überfiel mich. Charley war naß und fror. Er rollte sich auf seinem Sitz zusammen und leistete mir keine Gesellschaft. Ich hielt nach der Auffahrt zu einer Betonbrükke an, fand aber am abschüssigen Straßenrand keine ebene Parkmöglichkeit.

Sogar in meinem Wohnaufsatz war es unfreundlich und feucht. Ich schraubte den Glühstrumpf hoch, zündete die Petroleumlampe und am Herd zwei Flammen an, um die Einsamkeit zu verscheuchen. Der Regen trommelte aufs Dach. Als ich meine Lebensmittelvorräte betrachtete, sah nichts genießbar aus. Draußen wurde es dunkel, und die Bäume rückten noch näher. Außer der Regentrommel glaubte ich Stimmen zu hören, als murmele eine Menschenmenge hinter den Kulissen. Charley war unruhig. Er bellte nicht Alarm, sondern knurrte und winselte nervös, was sonst nicht seine Art ist. Er ließ sein Abendessen stehen und rührte auch den Wassernapf nicht an, während er sonst täglich sein Körpergewicht an Wasser trinkt, was er wegen der Produktionsmenge auch braucht. Ich gab mich ganz meiner Verlassenheit hin, machte mir zwei Erdnußbutterbrote, richtete mein Bett und schrieb Briefe nach Hause, in denen ich meine Einsamkeit herumreichte. Dann hörte der Regen auf, die Bäume tropften, und ich spürte eine Schar unsichtbarer Gefahren. Oh, wir können die Dunkelheit mit Schrecknissen bevölkern, sogar wir, die wir uns für aufgeklärt und unangreifbar halten und an nichts glauben, was man nicht messen oder wiegen kann. Ich wußte genau, daß die finsteren Wesen, die auf mich zugekrochen kamen, entweder nicht existierten oder mir nichts anhaben konnten, und trotzdem fürchtete ich mich. Ich konnte nachempfinden, wie furchtbar die Nächte in einer Zeit gewesen sein müssen, als der Mensch überzeugt war, daß diese Wesen existieren und tödlich sind. Aber nein, das stimmt nicht. Wenn ich glaube, daß es sie gibt, dann besitze ich auch Waffen gegen sie – Zaubersprüche, Gebete, irgendein Bündnis mit anderen Mächten, die ebenso stark sind, aber auf meiner Seite stehen. Da ich wußte, daß diese Geschöpfe nicht existierten, war ich ihnen hilflos ausgeliefert und fürchtete mich desto mehr.

Vor langer Zeit besaß ich eine kleine Ranch in den Bergen von Santa Cruz in Kalifornien. An einer Stelle schlossen sich die Wipfel riesiger Erdbeerbäume über einem kleinen Bergsee, einem dunklen Teich, der von einer Quelle gespeist wurde. Wenn es irgendwo spukte, dann dort, wo sich das dämmrige Licht durch das Laub quälte und mit der Perspektive Schabernack trieb. Ein Filipino arbeitete damals für mich, ein Bergbewohner, klein, dunkel und schweigsam; vielleicht war er ein Maori. Da ich vermutete, daß er zu einem Stamm gehörte, der das Unsichtbare als Teil der Wirklichkeit begreift, fragte ich ihn, ob er sich nicht vor dem Spukort fürchte, besonders nachts. Er verneinte dies mit der Begründung, vor Jahren habe ihm ein Medizinmann ein Zaubermittel gegen böse Geister gegeben.

»Kannst du mir das Zaubermittel zeigen?« fragte ich.

»Es sind Worte. Es ist ein Zauberspruch.«

»Darfst du ihn mir sagen?«

»Natürlich.« Und er deklamierte: »In nomine Patris et Filii et Spiritus Sancti.«

»Und was heißt das?«

Er zuckte die Achseln. »Keine Ahnung. Es ist ein Zauberspruch gegen böse Geister, darum fürchte ich mich nicht.«

Ich habe dieses Gespräch, so gut es ging, aus einem seltsam klingenden Spanisch übersetzt, aber sein Zauberspruch bereitete mir keine Schwierigkeiten, und er wirkte.

Als ich unter der weinenden Nacht im Bett lag, versuchte ich zu lesen und mich der Trübsal zu entziehen; doch während mein Blick über die Zeilen lief, horchte ich in die Nacht hinaus. Kurz vor dem Einschlafen weckte mich ein neues Geräusch. Ich glaubte Schritte zu hören, die über den Kiesweg an der Straße näher kamen. Auf dem Bett neben mir lag eine sechzig Zentimeter lange Handlampe, wie Waschbärjäger sie benützen. Ihr mächtiger Lichtstrahl reicht gut eine Meile weit. Ich stand auf, nahm meinen Karabiner von der Wand und lauschte noch einmal an Rosinantes Tür. Die Schritte kamen näher. Charley stieß sein Löwengebrüll aus. Ich machte die Tür auf und tauchte die Straße in Licht. Der Mann trug eine gelbe Ölhaut und Stiefel. Er stand reglos im Licht.

»Was wollen Sie?« fragte ich.

Er mußte sehr erschrocken sein, denn er antwortete erst nach einer Weile.

»Ich will nach Hause. Ich wohne da vorn an der Straße.«

Jetzt erst wurde mir bewußt, was für eine Komödie ich aufführte, was für lächerliche Bilder sich immer höher in mir aufgetürmt hatten.

»Darf ich Ihnen eine Tasse Kaffee oder einen Kognak anbieten?«

»Nein danke, es ist spät. Wenn Sie aufhören, mich zu blenden, gehe ich meiner Wege.«

Ich schaltete das Licht aus, und er war nicht mehr zu sehen. Aber im Vorbeigehen sagte er: »Übrigens, was tun Sie eigentlich hier?«

»Kampieren«, sagte ich. »Ich kampiere hier für eine Nacht.« Kaum lag ich im Bett, schlief ich ein.

Als ich aufwachte, schien die Sonne. Die Welt war wie neu geschaffen und leuchtete. Es gibt so viele Welten, wie es verschiedenerlei Tage gibt, und wie ein Opal je nach der Atmosphäre des betreffenden Tages seine Farben und sein Feuer wechselt, so auch ich. Die Ängste der Nacht und die Einsamkeit lagen so weit hinter mir, daß ich mich kaum an sie erinnern konnte.

Selbst Rosinante, so schmutzig und mit Kiefernnadeln bedeckt, wie sie war, schien vor Lust über die Straße zu hüpfen. Nun dehnten sich offene Felder zwischen den Seen und Wäldern aus, Äcker mit krümeliger, bröckliger Erde, wie Kartoffeln sie lieben. Pritschenwagen, mit leeren Kartoffeltonnen beladen, fuhren über die Straßen, und die Kartoffelrodemaschinen brachten lange Reihen blasser Knollen an die Oberfläche.

Im Spanischen gibt es ein Wort, für das ich kein entsprechendes im Englischen finde. Es ist das Verb *vacilar,* Partizip Präsens *vacilando.* Es hat nichts mit dem englischen *to vacil-*

*late** zu tun. Wenn einer *vacilando* ist, dann hat er zwar ein Ziel, aber es ist ihm ziemlich gleichgültig, ob er dorthin gelangt oder nicht. Mein Freund Jack Wagner in Mexiko ist oft in diesem Zustand. Angenommen, wir wollten durch Mexico City bummeln, aber nicht planlos, dann dachten wir uns etwas aus, was es dort mit Gewißheit nicht gab, und machten uns auf die Suche danach.

Ich wollte zu Beginn meiner Reise bis zum äußersten Ende von Maine hinauffahren, ehe ich nach Westen abbog. Ich glaubte, dies würde der Reise eine Form geben, und alles in der Welt muß eine Form haben, sonst lehnt es der menschliche Geist ab. Aber es muß auch einen Zweck haben, sonst schreckt das menschliche Gewissen davor zurück. Maine gab der Reise die Form und die Kartoffeln den Zweck. Wenn ich keine einzige Kartoffel gesehen hätte, dann hätte dies meinen Status als *Vacilador* keineswegs beeinträchtigt. Doch ich sah fast mehr Kartoffeln, als nötig gewesen wäre. Ich sah Kartoffelberge – Ozeane –, so viele Kartoffeln, daß man denken würde, die gesamte Erdbevölkerung verkonsumiere sie in hundert Jahren nicht.

Ich habe im ganzen Land Wanderarbeiter getroffen: Hindus, Filipinos, Mexikaner, Leute aus Oklahoma. Hier in Maine wimmelte es von Franko-Kanadiern, die zur Erntezeit über die Grenze kamen. Mir scheint, daß wir Amerikaner wie die alten Karthager, die Söldner in Dienst nahmen und für sich kämpfen ließen, uns ebenfalls Söldner halten, die für uns die schwere und niedere Arbeit verrichten. Ich hoffe, wir werden eines Tages nicht von Völkern überwältigt, die nicht zu stolz, zu faul und zu verweichlicht sind, sich zu bücken und die Früchte, die wir essen, aus der Erde zu ziehen.

Die Canucken sind ein abgehärtetes Volk. Familien und sogar ganze Sippen reisen und kampieren zusammen: Männer, Frauen, Jungen und Mädchen und Kleinkinder. Nur die Säuglinge waren nicht mit Kartoffellesen beschäftigt. Die Kartoffeln wurden in die Tonnen geworfen, und Amerikaner chauffierten die Lastwagen und bedienten die Winde und eine Art Kran, mit dem die vollen Tonnen auf die Wagen gehoben wurden. Dann fuhren sie die Ernte in die Kartoffellagerhäuser, an deren Wänden zum Schutz gegen den Frost Erde aufgeschüttet war. Mein Canucken-Französisch habe ich aus Fil-

* Unentschlossen sein, zaudern

men, in denen gewöhnlich Nelson Eddy und Jeanette MacDonald auftreten, und es besteht hauptsächlich aus den Worten »by gar«. Merkwürdigerweise hörte ich keinen einzigen Kartoffelernter »by gar« sagen. Sie müssen die Filme auch gesehen haben und wissen wahrscheinlich, wie es richtig heißt. Fast alle Frauen und Mädchen trugen Kordhosen, dicke Pullover und grellbunte Kopftücher, um ihr Haar vor dem Staub zu schützen, der beim leichtesten Wind von den Feldern aufstieg. Die meisten reisten in großen Lastwagen mit dunklen Leinwandplanen, aber ich sah auch Wohnwagenanhänger und ein paar Kastenwagen wie Rosinante. Manche schliefen nachts in den Lastwagen und Wohnanhängern, aber an schönen Stellen waren auch Zelte aufgeschlagen, und die Düfte, die von den offenen Feuern herüberwehten, bewiesen, daß sie die französische Kochkunst nicht verlernt hatten.

Einige Zelte, Lastwagen und zwei Wohnwagen standen am Ufer eines klaren, lieblichen Sees. Ich parkte Rosinante ungefähr fünfundneunzig Meter von ihnen entfernt ebenfalls am Ufer. Ich stellte Kaffeewasser auf, holte meine Mülleimerwäsche heraus, die jetzt seit zwei Tagen durchgeschüttelt worden war, und spülte sie im See aus. Oft hängt es von geheimnisvollen Dingen ab, wie man Fremden gegenüber eingestellt ist. Der Wind kam vom Lager her und trug den Speisengeruch zu mir herüber. Diese Leute konnten nach allem, was ich erfahren hatte, Mörder, Sadisten, Scheusale, häßliche, affenartige Unmenschen sein, aber ich ertappte mich bei dem Gedanken: »Was für reizende Leute, wie naturverbunden. Die würde ich gern kennenlernen.« Und dies alles nur, weil ihre Suppe so appetitlich roch.

Wenn ich mit Fremden Bekanntschaft schließen will, ist Charley mein Vermittler. Ich lasse ihn frei laufen, und er nähert sich dem Operationsziel oder, besser gesagt, dem, was das Operationsziel kocht. Ich rufe ihn zurück, damit er meinen Nachbarn nicht zur Last fällt – *et voilà*! Ein Kind erfüllt den gleichen Zweck, aber ein Hund ist besser.

Alles wickelte sich glatt ab, wie man es von einem gutgeprobten Bühnenstück erwarten würde. Ich schickte meinen Vermittler aus, ließ ihm reichlich Zeit für sein Unternehmen und trank unterdessen eine Tasse Kaffee. Dann schlenderte ich zum Lager hinüber und befreite meine Nachbarn von meinem miserablen Köter. Es waren angenehme Leute, etwa ein Dutzend, die Kinder nicht mitgezählt; drei Mädchen – sie waren hübsch und kicherten viel –, zwei rundliche Frauen und eine noch rundlichere – sie waren schwanger –, ein Patriarch, zwei Schwäger und ein paar junge Männer, die sich offenbar bemühten, Schwäger zu werden. Der amtierende Häuptling, amtierend natürlich in Ehrerbietung vor dem Patriarchen, war ein gutaussehender, ungefähr fünfunddreißigjähriger Mann, breitschultrig und gelenkig, mit dem rosigen Teint eines jungen Mädchens und dichtem, schwarzem, lokkigem Haar.

Der Hund habe nicht gestört, versicherte er. Ja, sie fanden sogar, er sei ein schöner Hund. Ich als sein Besitzer war natürlich voreingenommen, trotz seiner Unzulänglichkeiten, und erwähnte, der Hund habe den meisten anderen Hunden eines voraus: er sei in Frankreich geboren und erzogen worden.

Die Gruppe umringte mich. Die drei hübschen Mädchen kicherten und wurden sofort von den marineblauen Augen des Häuptlings zum Schweigen gebracht und durch ein Zischen des Patriarchen in den Hintergrund befohlen.

War das möglich? Wo in Frankreich?

In Bercy, einem Vorort von Paris. Ob sie es kennen?

Nein, leider waren sie noch nie im Vaterland gewesen.

Ich drückte meine Hoffnung aus, sie würden das nachholen.

Eigentlich hätten sie Charleys französische Nationalität an seinen Manieren erkennen können, meinten sie. Und sie hätten auch meine »roulotte« schon bewundert.

Der Wagen sei einfach, aber praktisch, erklärte ich. Wenn es ihnen gefiele, wäre es mir ein Vergnügen, ihn vorzuführen.

Ich sei sehr freundlich, und es würde ihnen ein Vergnügen sein.

Wenn der erhabene Tonfall dieser Konversation den Eindruck erweckt, sie habe auf französisch stattgefunden, ist das ein Irrtum. Der Häuptling sprach ein reines, sorgfältiges Englisch. Das einzige französische Wort, das er benutzte, war *roulotte.* Die Zwischenbemerkungen, die sie unter sich austauschten, waren canuckisch. Mein Französisch ist ohnehin lächerlich. Nein, der erhabene Ton gehörte zum Zeremoniell der Kontaktaufnahme. Ich rief Charley zu mir. Ob ich sie nach dem Essen, das so angenehm roch, erwarten dürfe?

Es würde ihnen eine Ehre sein.

Ich räumte im Wagen auf, wärmte und aß eine Dose Chili

con carne, vergewisserte mich, daß das Bier kalt war und pflückte sogar einen Strauß Herbstblätter, die ich in einer Milchflasche auf den Tisch stellte. Die Rolle Pappbecher, die ich für solche Gelegenheiten mitgenommen hatte, war am ersten Tag meiner Fahrt von einem fliegenden Wörterbuch plattgedrückt worden, aber ich faltete dazu Untersetzer aus Papierhandtüchern. Es ist erstaunlich, was man einer Party zuliebe für Mühen auf sich nimmt. Dann bellte Charley sie herein, und ich war Gastgeber in meinen eigenen vier Wänden. Sechs Leute können sich hinter meinen Tisch zwängen, und sie taten es. Zwei weitere standen neben mir, und die Tür war voller Kindergesichter. Es waren sehr nette, aber arg förmliche Leute. Ich machte Bier auf für die Erwachsenen und Limonade für die Türsteher.

Allmählich erfuhr ich eine Menge über sie. Sie kamen jedes Jahr zur Kartoffelernte über die Grenze, und wenn alle mitarbeiteten, verdienten sie einen anständigen kleinen Kapitalvorrat für den Winter. Ich fragte sie, ob sie an der Grenze mit den Einwanderungsbehörden Schwierigkeiten hätten. Eigentlich nicht. Offenbar lockerten sich die Gesetze während der Erntezeit, und außerdem wurde der Weg durch einen Agenten geebnet, dem sie einen kleinen Prozentsatz ihres Lohnes abgaben. Aber im Grunde spürten sie das nicht. Er bekam sein Geld direkt von den Farmern. Ich habe im Laufe der Jahre viele Nomaden kennengelernt – Wanderarbeiter aus Oklahoma und Mexikaner, die sich illegal in den USA aufhielten, und Neger, die in New Jersey und Long Island Arbeit suchten. Wo ich ihnen auch begegnete, immer stand ein Agent im Hintergrund, der ihnen den Weg ebnete. Vor Jahren versuchten die Farmer, mehr Arbeitskräfte zu verpflichten, als sie brauchten, damit sie die Löhne drücken konnten. Das scheint nun nicht mehr der Fall zu sein, denn die staatlichen Agenturen lassen nur so viele Arbeiter ins Land wie benötigt werden, und es gibt eine Art Mindestlohn. Oftmals wurden die Wanderarbeiter durch ihre große Armut zum Umherziehen und zur Saisonarbeit getrieben.

Meine Gäste wurden weder schlecht behandelt, noch wurden sie angetrieben. Diese Sippe besaß in der Provinz Quebec eine kleine Farm, auf der sie überwinterte, und sie kam über die Grenze, um sich einen kleinen Spargroschen zu verdienen. Sie brachten sogar ein wenig Ferienstimmung mit, fast wie die Hopfen- und Erdbeerpflücker aus London und den Städten in Mittelengland. Es waren abgehärtete, genügsame Menschen, die sehr wohl fähig waren, für sich zu sorgen.

Ich schenkte noch mehr Bier ein. Nach der trostlosen Einsamkeit der letzten Nacht empfand ich es als wohltuend, von freundlichen, wenn auch zurückhaltenden Leuten umgeben zu sein. Ich öffnete einen artesischen Brunnen der Zuneigung und hielt in meinem Pidgin-Französisch eine kleine Rede. Sie begann: »Messy dam. Je vous porte un cher souvenir de la belle France – en particulier du Département de Charente.«

Sie sahen mich erschrocken, aber interessiert an. John, der Häuptling, gab meine Rede langsam in Oberschulenglisch und dann in kanadischem Französisch wieder. »Charente?« fragte er. »Warum Charente?« Ich bückte mich, schob ein Fach unter meinem Spültisch auf und holte eine Flasche sehr alten und ehrwürdigen Kognak heraus, den ich für Hochzeiten, beißenden Frost und Herzattacken mitgebracht hatte. John studierte das Etikett mit der andächtigen Aufmerksamkeit, die ein guter Christ den heiligen Sakramenten entgegenbringt. Und seine Worte waren ehrfürchtig: »Jesus«, murmelte er, »das hatte ich vergessen, Charente – dort liegt ja Cognac.« Dann las er das angegebene Geburtsjahr der Flasche und wiederholte leise: »Jesus!«

Er reichte die Flasche dem Patriarchen, und der alte Mann lächelte so liebenswürdig, daß ich zum erstenmal sah, daß er keine Schneidezähne besaß. Der Schwager knurrte wie ein zufriedener Kater, und die schwangeren Damen zwitscherten wie »alouettes«, die die Sonne ansingen. Ich reichte John den Korkenzieher und legte das Kristall aus – drei Kaffeetassen aus Kunststoff, ein Marmeladeglas, eine Rasierschale und mehrere Arzneiflaschen mit breiten Öffnungen. Ich schüttete die Kapseln in eine Kasserolle und spülte den Weizenkeimgeruch mit Wasser aus. Der Kognak war sehr, sehr gut, und vom ersten gemurmelten »Santé« und dem ersten gluckernden Schlückchen an spürte man, wie sich die Brüderlichkeit ausbreitete, bis sie Rosinante anfüllte – und die Schwesterlichkeit nicht minder.

Als ich zum zweitenmal einschenken wollte, lehnten sie ab, doch ich bestand darauf. Und das dritte Glas begründete ich damit, daß nun doch nicht mehr genug übrig sei, um es aufzusparen. Nach den letzten paar Tropfen legte sich über Rosinante ein triumphaler Zauber der Eintracht, der ein Haus segnen kann – in diesem Fall einen Lastwagen –, neun Menschen in einträchtigem Schweigen, und die neun Teile bilden ein Ganzes, so sicher wie meine Arme und Beine Teile meines Körpers sind, getrennt und doch nicht zu trennen. Rosinante erhielt einen Glanz, den sie nie mehr ganz verlor.

Ein solches Gewebe kann und darf man nicht strapazieren. Der Patriarch gab ein Zeichen. Meine Gäste zwängten sich hinter dem Tisch hervor, und ihr »Adieu« war kurz und förmlich, wie es sich gehörte. Sie gingen in die Nacht hinaus, und der Häuptling John leuchtete mit einer zinnernen Petroleumlampe den Weg. Sie gingen schweigend zwischen schläfrig taumelnden Kindern, und ich sah sie nie wieder. Aber ich hatte sie gern.

Ich richtete mein Bett nicht her, denn ich wollte früh aufbrechen. Ich rollte mich hinter dem Tisch zusammen und schlief, bis Charley mir in der trüben ersten Dämmerung ins Gesicht sah und »Ftt« machte. Während ich meinen Kaffee kochte, schrieb ich eine Botschaft auf Karton und befestigte diesen am Hals der leeren Kognakflasche. Als ich am Lager vorbeifuhr, hielt ich an und stellte die Flasche so auf, daß sie sie sehen mußten. Auf dem Karton stand: »Enfant de France, Mort pour la Patrie.« Ich fuhr so leise wie möglich davon, denn ich wollte an diesem Tag ein Stück nach Westen und dann eine lange Strecke in südlicher Richtung fahren, ganz Maine hinab. Es gibt Stunden, die man sein ganzes Leben lang im Gedächtnis behält, und diese Stunden sind dem Gedächtnis klar und scharf eingebrannt. Ich fühlte mich an jenem Morgen sehr bereichert.

Auf einer Fahrt, wie ich sie unternahm, gibt es so vieles zu sehen und zu überdenken, daß die Ereignisse und Gedanken ein kunterbuntes Durcheinander ergeben würden wie eine lange gekochte Minestrone, wenn man sie so niederschreiben wollte, wie sie abliefen. Es gibt Landkartenmenschen, denen das bunt bedruckte Papier mehr Freude macht als das farbige Land, das an ihnen vorbeizieht. Ich habe mir die Berichte solcher Reisender angehört, die sich an jede Straßennummer erinnerten, die Länge jeder Teilstrecke in Meilen auswendig wußten und sehr wenig von der Landschaft gesehen haben. Andere müssen immer genau wissen, wo sie gerade sind, als gäben ihnen die schwarzen und roten Linien, die verstreuten Hinweise und blauen Wellenlinien der Seen, die Schraffierungen, die Berge andeuten, eine Art Sicherheit. Ich gehöre nicht zu dieser Kategorie. Ich kam schon verirrt auf die Welt und hatte noch nie Freude daran, gefunden zu werden, und ich mache mir nichts aus Gebilden, die Kontinente und Staaten symbolisieren. Außerdem werden in unserem Land Straßen so oft verlegt, vermehrt, erweitert oder aufgegeben, daß man Straßenkarten wie Tageszeitungen kaufen müßte. Da ich die Leidenschaft der Landkartenliebhaber kenne, will ich berichten, daß ich durch Maine in nördlicher Richtung auf der U.S. 1 oder parallel zu ihr über Houlton, Mars Hill, Presque Isle, Caribou, Van Buren fuhr, dann nach Westen abbog, immer noch auf der U.S. 1, über Madawaska, Upper Frenchville und Fort Kent, dann auf der Staatsstraße 11 nach Süden über Eagle Lake, Winterville, Portage, Squa Pan, Masardis, Knowles Corner, Patten, Sherman, Grindstone und weiter nach Millinocket.

Ich kann dies so genau angeben, weil ich eine Karte vor mir liegen habe. Aber das, woran ich mich erinnere, hat nichts mit Zahlen, bunten Linien und Schraffierungen zu tun. Ich habe diese Streckenangabe nur zur Besänftigung eingeflochten und werde keine Gewohnheit daraus machen. Woran ich mich erinnere, das sind die langen Straßen im Frost, die Farmen und Häuser, die sich gegen den Winter anstemmen, die farblose, lakonische Sprache in den Läden, in denen ich meine Vorräte ergänzte; die vielen Rehe, die auf zierlichen Hufen die Straße überquerten und wie hüpfende Gummibälle vor Rosinante davonsprangen; die dröhnenden Langholzwagen. Ich vergegenwärtigte mir immer wieder, daß dieses gewaltige Gebiet einst viel dichter besiedelt war und nun den sich ausdehnenden Wäldern überlassen wird, den Tieren, den Holzfällerlagern und der Kälte. Die Städte werden größer, die Dörfer kleiner. Der Dorfladen kann nicht mit dem Supermarkt und der Kettenorganisation konkurrieren, sei es nun ein Kolonialwarenladen, ein Krämer, ein Haushaltswaren- oder Textilgeschäft. Unser geliebtes, romantisches Bild vom engen Dorfkramladen, in dem sich die gutinformierte Bürgerschaft trifft und Meinungen austauscht und den Nationalcharakter bildet, schwindet dahin. Familien, einst Festungen gegen Wind und Wetter, gegen die Unbilden der Kälte, der Trockenheit, der Insektenplage, klammern sich nun an den geschäftigen Busen der Großstadt.

Der heutige Amerikaner findet seine Aufgabe und seine Liebe in den verstopften Straßen, unter einem rauchgeschwärzten Himmel, wo die Luft mit den Abgasen der Industrie geschwängert ist, wo Reifen kreischen und Häuser zusammengepfercht stehen, während die Kleinstädte noch eine Zeitlang dahinvegetieren und dann sterben. Dies gilt für Texas genauso wie für Maine. Clarendon unterliegt Amarillo ebenso sicher, wie Stacyville in Maine seine Lebenskraft nach Millinocket verblutet, wo die Baumstämme zermahlen werden, die Luft nach Chemikalien riecht, die Flüsse verschmutzt und vergiftet sind und sich die glückliche, hastende Menge in den Straßen drängt. Das soll keine Kritik sein, nur eine Feststellung. Und ich glaube, so sicher wie alle Pendel zurückschwingen, so sicher werden schließlich die aufgedunsenen Städte wie reife Mutterschöße aufspringen und ihre Kinder aufs Land ausschütten. Diese Prophezeiung wird durch die Neigung der Reichen unterstützt, schon jetzt aufs Land zu ziehen. Und wo die Reichen vorangehen, folgen die Armen oder versuchen es wenigstens.

Vor einigen Jahren hatte ich mir bei Abercrombie and Fitch ein »Bull Horn« gekauft, eine Autohupe, die man mit einem Hebel bedient und mit der man fast alle Kuhgefühle ausdrükken kann, von dem sanften Muhen einer romantisch gestimmten Färse bis zu dem tiefen Geröhr eines Bullen im Vollgefühl seines Bullentums. Ich hatte diesen Apparat an Rosinante montiert, und er war höchst wirksam. Wenn ich die Hupe betätigte, hob jede Kuh in Hörweite den Kopf und setzte sich auf das Geräusch zu in Bewegung.

Als ich eines Nachmittags in Maine in der silbernen Kälte über eine holprige Waldstraße rumpelte, sah ich vier Elchkühe würdevoll, mit majestätischer Schwerfälligkeit, meinen Weg kreuzen. Sie verfielen in einen wiegenden Trott, als ich näher kam. Auf einen Impuls hin drückte ich den Hebel des »Bull Horn« nieder, und ein Bellen ertönte wie von einem Miura-Bullen, der sich in Pose setzt, ehe er sich auf sein Liebchen stürzt. Die Damen, die schon im Begriff waren, im Wald zu verschwinden, hörten es, blieben stehen, drehten sich um und kamen dann mit wachsender Geschwindigkeit auf mich zu. In ihren Augen lag etwas, das mir wie Schwärmerei aussah – aber vier Schwärmerinnen, deren jede gut über tausend Pfund wog, sind etwas viel. Sosehr ich auch die Liebe in all ihren Aspekten schätze, ich trat aufs Gaspedal und machte mich davon. Ich mußte an eine Geschichte vom großen Fred Allen denken. Sie handelt von einem Mann aus Maine, der von einer Elchjagd berichtet: »Ich saß auf einem Baumstumpf, blies meinen Elchruf und wartete. Auf einmal spürte ich etwas wie eine warme Badematte am Hals und am Kopf. Jawohl, Sir, es war eine Elchkuh. Sie leckte mich und machte leidenschaftliche Augen.«

»Haben Sie sie erlegt?« wurde er gefragt.

»Nein, Sir. Ich habe mich davongemacht. Aber ich muß oft daran denken, daß es irgendwo in Maine eine Elchkuh mit gebrochenem Herzen gibt.«

Maine ist, wenn man es in südlicher Richtung durchfährt, genauso lang wie in nördlicher, vielleicht länger. Ich hätte den Baxter State Park besuchen können und sollen, aber ich tat es nicht. Ich hatte schon zu lange gebraucht, es wurde kalt, und ich hatte Visionen von Napoleon vor Moskau und den Deutschen bei Stalingrad. Deshalb trat ich den Rückzug an – Brownville Junction, Milo, Dover-Foxcroft, Guilford, Bingham, Skowhegan, Mexico, Rumford. Dort kam ich auf eine Straße, die ich schon auf dem Hinweg durch die White Mountains gefahren war. Vielleicht war es eine Schwäche von mir, aber auf dieser Straße wollte ich weiterfahren. Die Flüsse waren voller Baumstämme, meilenweit reihte sich Floß an Floß. Sie warteten, bis sie ihre hölzernen Herzen hergeben mußten, damit die Bollwerke unserer Zivilisation, wie das ›Time‹-Magazin oder die ›Daily News‹, weiterbestehen und uns vor dem Unwissen bewahren können. Die Papiermühlenstädte sind bei aller Hochachtung Wurmnester. Man kommt vom ruhigen Land und wird plötzlich von einem wütenden Verkehrshurrikan überfallen, man kämpft sich in dem wahnwitzigen Gedränge scheppernden Metalls blindlings voran, und dann stirbt er plötzlich ab, und man ist wieder in der heiteren, ruhigen Landschaft. Es gibt keine Grenze, keinen Übergang. Es ist ein Mysterium, aber ein erfreuliches.

In der kurzen Zeit, die verstrichen war, seit ich auf der Hinfahrt hier durchkam, hatte sich das Laub in den White Mountains verändert. Die Blätter fielen, sie rollten in staubigen Wolken, und die Koniferen an den Berghängen waren mit Schnee überzuckert. Ich fuhr lange und entschlossen, zu Charleys großem Unwillen. Zahllose Male machte er »Ftt«, und ich überhörte es und fuhr weiter durch den erhobenen Daumen von New Hampshire. Ich sehnte mich nach einem Bad und einem frischüberzogenen Bett, nach einem Glas Alkohol und ein wenig Gesellschaft, und ich hoffte, dies am

Connecticut River zu finden. Es ist seltsam – wenn man sich ein Ziel gesetzt hat, fällt es einem schwer, davon abzulassen, selbst wenn es mühselig zu erreichen und nicht einmal erstrebenswert ist. Die Strecke war länger, als ich gedacht hatte, und ich war sehr müde. Meine Jahre machten sich mit schmerzenden Schultern bemerkbar, aber mein Bestimmungsort war der Connecticut River. Ich ignorierte meine Müdigkeit, und das war absoluter Unsinn. Es war fast dunkel, als ich mein Ziel fand. Es war nicht weit von Lancaster, New Hampshire. Der breite Fluß war ein wohltuender Anblick, er lag von Bäumen gesäumt zwischen Wiesen, und dicht am Ufer stand das, was ich ersehnt hatte – eine Reihe sauberer, weißer, kleiner Häuser auf einer grünen Wiese neben dem Fluß und ein kleines Gebäude mit dem Büro und einem Speiseraum. Auf einem Schild an der Straße standen die willkommenen Worte »Geöffnet« und »Zimmer frei«. Ich bog von der Straße ab, machte die Wagentür auf und ließ Charley hinaus.

Das Nachmittagslicht machte aus den Fenstern des kleinen Gebäudes Spiegel. Mein ganzer Körper tat weh von der Fahrt. Ich öffnete die Tür und trat ein. Keine Menschenseele war zu sehen. Das Anmeldebuch lag auf dem Tisch, Barhokker standen an der Theke, Pastetchen und Kuchen waren mit Plastik zugedeckt, der Kühlschrank summte, schmutziges Geschirr weichte in Seifenwasser im rostfreien Abwaschbekken, und aus dem Hahn tropfte langsam Wasser hinein. Ich betätigte die kleine Glocke, die auf dem Tisch lag, und rief: »Jemand da?« Keine Antwort. Nichts. Ich setzte mich auf einen Hocker und wartete auf die Rückkehr der Direktion. An einem Brett hingen die numerierten Schlüssel der kleinen weißen Häuser. Das Tageslicht erlosch, und es wurde dämmrig. Ich ging hinaus, rief Charley und vergewisserte mich, daß auf dem Schild »Geöffnet« und »Zimmer frei« stand. Inzwischen wurde es Nacht. Ich holte meine Taschenlampe und suchte im Büro nach einem Zettel mit der Nachricht »In zehn Minuten zurück«. Es war keiner da. Ich kam mir wie ein Einbrecher vor; ich hatte hier nichts zu suchen. Ich ging hinaus, fuhr Rosinante aus der Einfahrt, fütterte Charley, kochte Kaffee und wartete.

Es wäre einfach gewesen, einen Schlüssel vom Brett zu nehmen, einen Zettel mit der Nachricht, daß ich dies getan hatte, auf dem Tisch zu hinterlassen und mich in eines der kleinen Häuser einzuquartieren. Aber das wäre unkorrekt gewesen. Ich konnte es nicht tun. Auf dem Highway fuhren Wagen vorbei über die Brücke, aber keiner bog ein. Die Fenster des Büros und des Speiseraums blitzten im Scheinwerferlicht der näherkommenden Wagen auf und wurden dann wieder schwarz. Ich hatte vorgehabt, ein leichtes Mahl zu mir zu nehmen und dann hundemüde ins Bett zu fallen. Ich richtete mein Bett, stellte fest, daß ich doch nicht hungrig war, und legte mich hin. Der Schlaf wollte nicht kommen. Ich lauschte, ob die Direktion zurückkehrte. Schließlich zündete ich meine Gaslampe an und versuchte zu lesen, aber da ich angespannt horchte, konnte ich den Worten nicht folgen. Ich döste ein, wachte wieder auf und sah hinaus – nichts, niemand. Mein bißchen Schlaf war unruhig und nicht erholsam.

Als der Morgen dämmerte, stand ich auf und richtete mir ein üppiges, zeitraubendes Frühstück. Die Sonne ging auf und schien in die Fenster. Ich schlenderte zum Fluß hinab und leistete Charley Gesellschaft, kehrte um, rasierte mich sogar und nahm ein Schwammbad im Eimer. Die Sonne stand inzwischen schon recht hoch am Himmel. Ich ging zum Speiseraum hinüber und trat ein. Der Kühlschrank summte, Wasser tropfte aus dem Hahn in das kalte Waschwasser im Spülbekken. Eine neugeborene fette Fliege mit schweren Flügeln krabbelte ärgerlich über die Plastikpastetchenhülle. Um 9.30 Uhr fuhr ich ab. Niemand war gekommen, nichts hatte sich geregt. Auf dem Schild stand immer noch »Geöffnet« und »Zimmer frei«. Ich fuhr über die Eisenbrücke und ließ die Stahlplatten klappern. Das ausgestorbene Etablissement beunruhigte mich, und wenn ich es mir recht überlege, tut es das immer noch.

Auf der langen Fahrt waren Zweifel oft meine Begleiter. Ich habe stets die Reporter bewundert, die über ein Gebiet herfallen können, mit Schlüsselpersonen verhandeln, Schlüsselfragen stellen, Meinungen sammeln und dann einen logischen Bericht abfassen, der sehr den Straßenkarten ähnelt. Ich bewundere diese Kunst und mißtraue ihr zugleich als Spiegel der Wirklichkeit. Ich meine, es gibt zu viele Wahrheiten. Was ich hier niederschreibe, ist so lange wahr, bis ein anderer die gleiche Strecke fährt und die Welt nach seinem Bild ordnet. In der Literaturkritik hat der Kritiker keine andere Wahl, als das Opfer seiner Aufmerksamkeit so zu verwandeln, daß es die Größe und Gestalt seiner selbst hat.

Ich mache mir nicht vor, ich hätte es in diesem Bericht mit unveränderlichen Größen zu tun. Vor langer Zeit besuchte ich die altehrwürdige Stadt Prag, und zur gleichen Zeit war Joseph Alsop dort, der mit Recht berühmte Schilderer von Orten und Ereignissen. Er sprach mit gutunterrichteten Leuten, mit Beamten und Botschaftern; er las Berichte und sogar Verordnungen, während ich in meiner liederlichen Art mit Schauspielern, Zigeunern, Vagabunden herumzog. Joe und ich flogen in der gleichen Maschine nach Hause, und unterwegs erzählte er mir von Prag. Sein Prag hatte nichts, aber auch gar nichts mit der Stadt zu tun, die ich gesehen und gehört hatte. Es war einfach nicht der gleiche Ort, und doch waren wir beide ziemlich gute Beobachter, und wir brachten zwei Städte mit nach Hause, zwei Wahrheiten. Deshalb behaupte ich von diesem Bericht nicht, er schildere das Amerika, das Sie vorfinden werden. So vieles gibt es zu sehen, doch unsere Morgenaugen sehen eine andere Welt als unsere Nachmittagsaugen, und unsere ermüdeten Abendaugen können nur eine müde Abendwelt wahrnehmen.

An meinem letzten Tag in New England – es war ein Sonntagmorgen in einer Stadt in Vermont – rasierte ich mich, zog einen Anzug an, putzte meine Schuhe, schrubbte meine Zähne und hielt nach einer Kirche Ausschau, die ich besuchen konnte. Mehrere schied ich aus Gründen aus, an die ich mich jetzt nicht mehr erinnere, aber als ich eine John-Knox-Kirche sah, bog ich in eine Seitenstraße ein, parkte Rosinante außer Sichtweite, gab Charley Instruktionen, wie er den Wagen zu bewachen hatte, und schritt mit Würde in die Kirche aus blendend weißen Schindeln. Ich setzte mich in die hinterste Reihe des blankgescheuerten Andachtsortes. Die Gebete waren aufs Wesentliche gerichtet, lenkten die Aufmerksamkeit des Allmächtigen auf gewisse Schwächen und unheilige Neigungen, von denen ich weiß, daß auch ich sie habe, und von denen ich nur annehmen konnte, daß auch die anderen Versammelten sie teilten.

Der Gottesdienst tat meinem Herzen und hoffentlich auch meiner Seele gut. Es war lange her gewesen, seit ich etwas Derartiges gehört hatte. Wir haben uns daran gewöhnt, wenigstens in den Großstädten, von unseren psychiatrischen Seelsorgern zu erfahren, daß unsere Sünden in Wirklichkeit gar keine Sünden, sondern Entgleisungen sind, die von Kräften, über die wir keine Gewalt haben, in Szene gesetzt werden. Solchen Humbug gab es in dieser Kirche nicht. Der Pfarrer, ein Mann aus Eisen mit stählernem Blick und einem Organ wie ein Preßluftbohrer, begann mit einem Gebet und versicherte uns, daß wir eine elende Bagage seien. Recht hatte er. Wir waren von Anfang an nicht viel wert gewesen, und dank unseren ruchlosen Bemühungen waren wir immer davongekommen. Nachdem er uns auf diese Weise weichgemacht hatte, stimmte er eine glorreiche Predigt an, eine Feuer-und-Schwefel-Predigt. Als er dargelegt hatte, daß wir, oder vielleicht war nur ich gemeint, keinen Pfifferling wert waren, malte er uns mit eherner Gewißheit aus, was uns erwarten würde, wenn wir nicht einen grundlegenden Wandel vollzögen, worauf er allerdings wenig Hoffnung hatte. Er sprach als Experte über die Hölle, und zwar nicht über die leisetreterische Hölle unserer verweichlichten Welt, sondern über eine gut ausstaffierte, weißglühende Hölle, die von erstklassigen Fachleuten bedient wird. Dieser ehrwürdige Mann machte uns begreiflich, was ein ordentliches, tüchtiges Kohlenfeuer ist, das von einer Schar Teufel geschürt wird, die mit ganzem Herzen bei der Arbeit sind, und das Objekt ihrer Arbeit war ich. Mir war wunderbar wohl zumute. Seit einigen Jahren war Gott für uns ein Kumpel gewesen, der mit uns gemeinsame Sache machte, was ebenso unbefriedigend ist wie ein Vater, der mit seinem Sohn Softball spielt. Aber diesem Gott von Vermont war ich so wichtig, daß er keine Mühe scheute, mir den Teufel auszutreiben. Er zeigte mir meine Sünden in einem neuen Licht. Glaubte ich bisher, sie seien klein, häßlich und gemein und würden am besten mit Stillschweigen übergangen, so gab ihnen dieser Seelenhirt Größe und Taufrische. Ich hatte seit einigen Jahren nicht besonders viel von mir gehalten, aber wenn meine Sünden dieses Format hatten, dann bestand Grund zum Stolz. Ich war kein unartiges Kind, sondern ein Sünder erster Ordnung und würde meinen Lohn bekommen.

Ich fühlte mich geistig so belebt, daß ich fünf Dollar auf den Teller legte und danach vor der Kirche dem Pfarrer und so vielen Gemeindemitgliedern wie möglich herzlich die Hände schüttelte. Das gab mir ein wunderbares Gefühl des Böseseins, das bis Dienstag anhielt. Ich erwog sogar, Charley zu verprügeln, damit auch er ein ähnliches Hochgefühl erlebe, denn Charley ist nur um ein geringes weniger sündig als ich. Überall im Land besuchte ich sonntags die Kirche und lernte jede Woche eine andere Sekte kennen, aber nirgends fand ich die Qualität jenes Predigers aus Vermont. Er schmiedete eine Religion, die Dauer haben und nicht der Vergänglichkeit anheimfallen sollte.

Bei Rouses Point überquerte ich die Grenze des Staates New York. Ich hielt mich so nahe wie möglich an den Ontario-See, da ich vorhatte, mir die Niagarafälle anzusehen, die ich noch nicht kannte, und dann einen Abkürzungsweg durch Kanada zu fahren, von Hamilton nach Windsor, den Erie-See im Süden lassend, um bei Detroit wieder die Vereinigten Staaten zu betreten – ein kleiner Triumph über die Geographie. Wir wissen natürlich, daß jeder unserer Staaten ein Individuum ist und sich dessen rühmt. Nicht zufrieden mit ihrem Namen, legen sie sich erläuternde Titel bei – der Empirestaat, der Gartenstaat, der Granitstaat –, Titel, die sie stolz tragen und die nicht gerade für Understatement sprechen. Aber nun erfuhr ich zum erstenmal, daß jeder Staat außerdem seinen eigenen Prosastil pflegt, der einem auf den Schildern an den Highways in die Augen springt. Wenn man Staatsgrenzen überquert, kommen einem diese Unterschiede des Idioms zum Bewußtsein. Die New-England-Staaten informieren kurz, benützen einen knappen, lakonischen Stil, in dem keine Worte und nur wenige Buchstaben vergeudet werden. Der Staat New York schreit einen fortgesetzt an. Tu dies! Tu das! Links einordnen! Rechts einordnen! Alle paar Meter ein gebieterischer Befehl. In Ohio sind die Schilder gütiger. Sie geben freundlichen Rat, sie klingen eher wie Vorschläge. Manche Staaten pflegen einen schwülstigen Stil, wodurch man sich mit der größten Leichtigkeit verirrt. Es gibt Staaten, die einem mitteilen, was für Straßenverhältnisse man antreffen wird, während man es in anderen selbst herausfinden muß. Aber fast überall hat man das Adverb zugunsten des Adjektivs aufgegeben. »Drive slow! Drive safe!«

Ich lese begierig alle Schilder am Straßenrand, die auf historische Merkwürdigkeiten hinweisen, und ich finde, daß die Prosa eines Staates auf diesen Gedenktafeln am glorreichsten, am lyrischsten ist. Ich habe ferner festgestellt, wenigstens erschien es mir so, daß die Staaten mit der kürzesten Geschichte und den wenigsten weltbewegenden Ereignissen die meisten Gedenktafeln errichten, die auf historische Begebenheiten hinweisen. Manche Staaten im Westen rühmen sich sogar halbvergessener Morde und Bankeinbrüche. Städte, die nicht hinter anderen zurückstehen wollen, preisen stolz ihre gefeierten Söhne, und der Reisende wird durch Schilder und Transparente informiert – Geburtsort von Elvis Presley, von Cole Porter, von Alan P. Huggins. Das ist nicht neu, ich glaube mich zu erinnern, daß im alten Griechenland Kleinstädte harte Kämpfe über die Frage ausfochten, welche der Geburtsort Homers sei. Ich habe es selbst erlebt, wie eine zornbebende Bürgerschaft Sinclair Lewis ausgeliefert haben wollte, damit sie ihn teeren und federn könnte, nachdem er den Roman ›Die Hauptstraße‹ geschrieben hatte. Und heute brüstet sich Sauk Centre als seine Vaterstadt. Wir als Nation hungern ebensosehr nach Geschichte, wie es einst England tat, als Geoffrey of Monmouth seine ›Geschichte der britischen Könige‹ ausheckte, von denen er viele selbst erfand, um das wachsende Bedürfnis zu befriedigen. Und wie die Staaten und Gemeinden, so hat auch der einzelne Amerikaner seinen Hunger nach einer anständigen Verbindung mit der Vergangenheit. Ahnenforscher rackern sich zu Tode und durchforschen die Geschlechter nach Körnchen von Größe. Vor nicht allzulanger Zeit wurde bewiesen, daß Dwight D. Eisenhower von der königlichen Linie Britanniens abstammt, ein Beweis dafür, wenn er überhaupt notwendig war, daß jeder von jedermann abstammt. Mein Großvater erinnerte sich noch an die Zeit, als die damals kleine Stadt, in der ich geboren wurde, eine Schmiede in einem Morast war; aber sie gedenkt mit jährlichem Gepränge ihrer ruhmreichen Vergangenheit mit spanischen Dons und Rosen speisenden Señoritas, die im Bewußtsein der Öffentlichkeit den kleinen, versprengten Stamm Raupen und Heuschrecken essender Indianer, die in Wirklichkeit unsere ersten Siedler waren, ausgelöscht haben.

Ich finde das interessant, aber es weckt Mißtrauen gegenüber der Geschichte als der Überlieferung der Wirklichkeit. An diese Dinge dachte ich, als ich die Gedenktafeln im Land las, und auch daran, wie die Mythen die Fakten verdrängen. Auf einer sehr niedrigen Stufe erlebte ich selbst das Entstehen eines Mythos. Als ich durch meine Geburtsstadt kam, sprach ich mit einem uralten Mann, der mich als Kind gekannt hatte. Er sah mich noch lebhaft vor Augen, ein dürres, frierendes Kind, das eines frostigen Morgens an seinem Haus vorbeilief, den dünnen Mantel mit Sicherheitsnadeln über der schmächtigen Brust zusammengehalten. Das ist in kleinem Rahmen der gegebene Stoff für Mythen – das arme, leidende Kind, das zur Berühmtheit aufsteigt, natürlich in kleinem Maßstab. Ich erinnere mich nicht an die Episode, aber ich weiß, daß sie unmöglich wahr sein kann. Meine Mutter war eine leidenschaftliche Knopfannäherin. Ein abgerissener Knopf war mehr als Schlamperei, es war eine Sünde. Wenn ich meinen Mantel mit Nadeln zusammengesteckt hätte, dann wäre eine Tracht Prügel fällig gewesen. Die Geschichte konnte nicht wahr sein, aber dem alten Herrn gefiel sie so gut, daß ich ihn nie hätte überzeugen können, deshalb versuchte ich es gar nicht erst. Wenn meine Heimatstadt mich mit Sicherheitsnadeln sehen möchte, kann ich sie durch nichts davon abbringen und zumal nicht von der Wahrheit überzeugen.

Im Staate New York, dem Empirestaat, regnete es kalt und erbarmungslos, wie die Gedenktafelschreiber es formulieren würden. Ja, der lästige Regenguß ließ meinen beabsichtigten Besuch bei den Niagarafällen überflüssig erscheinen. Ich hatte mich hoffnungslos in den Straßen einer kleinen, aber endlosen Stadt verirrt. Ich glaube, es war in der Nähe von Medina. Ich fuhr an den Straßenrand und schlug meine Landkarte auf. Aber wer herausfinden will, wohin er fahren muß, muß zuerst wissen, wo er ist. Und ich wußte es nicht. Die Wagenfenster waren vom Regen undurchsichtig. Der Radioapparat spielte leise. Plötzlich klopfte es ans Fenster, die Tür wurde aufgerissen und ein Mann schlüpfte auf den Sitz neben mir. Er war ziemlich rot im Gesicht und roch stark nach Whisky. Er trug rote Hosenträger über dem langen grauen Unterhemd.

»Schalten Sie das verdammte Ding ab«, sagte er und schaltete mein Radio dann selbst aus. »Meine Tochter hat Sie vom Fenster aus gesehen. Wir dachten, Sie seien in Nöten.« Er warf einen Blick auf meine Landkarten. »Schmeißen Sie das Zeug weg. Wo wollen Sie hin?«

Ich weiß nicht, weshalb man solch eine Frage nicht wahrheitsgemäß beantworten kann. Die Wahrheit war, daß ich wegen des starken Verkehrs und weil die überholenden Wagen Wasserfontänen an meine Windschutzscheibe schleuderten, von dem großen Highway 104 abgebogen und über kleinere Straßen gefahren war. Ich wollte zu den Niagarafällen. Weshalb konnte ich es nicht zugeben? Ich blickte auf die Karte und sagte: »Ich möchte nach Erie, Pennsylvania.«

»Gut«, sagte er. »Jetzt werfen Sie das Zeug weg. Sie wenden, fahren bis zur zweiten Verkehrsampel, dann sind Sie bei der Egg Street. Dort biegen Sie links ab, fahren ungefähr zweihundert Meter auf der Egg Street und biegen dann rechts ab. Das ist eine winkelige Straße. Sie kommen zu einer Überführung, aber Sie fahren nicht hinüber, sondern biegen links ein und fahren so herum – sehen Sie? So!« Seine Hand machte eine kreisende Bewegung. »Gut. Wenn die Kurve aufhört, gabeln sich drei Straßen. An der linken Gabel steht ein großes rotes Haus; in diese Straße fahren Sie nicht hinein. Sie fahren rechts hinein. Haben Sie's bis dahin?«

»Selbstverständlich«, sagte ich, »kein Problem.«

»Gut, dann wiederholen Sie es, damit ich weiß, daß Sie richtig fahren.«

Ich hatte seit der Kurve nicht mehr zugehört. »Vielleicht sagen Sie's mir lieber noch einmal.«

»Dacht' ich mir's doch. Sie wenden, fahren zwei Verkehrsampeln weiter bis zur Egg Street, biegen dort links ein und nach zweihundert Metern rechts in eine winkelige Straße, fahren bis zur Überführung, aber nicht hinüber.«

»Jetzt ist mir alles klar«, sagte ich rasch. »Ich danke Ihnen vielmals, daß Sie mir behilflich waren.«

»Zum Teufel, ich habe Sie ja noch nicht einmal aus der Stadt hinausbugsiert.«

Nun, er bugsierte mich aus der Stadt, und zwar über eine Route, neben der der Weg in das Labyrinth von Knossos wie eine Schnellstraße erscheint, selbst wenn ich sie mir hätte einprägen, geschweige denn ihr folgen können. Als er endlich zufrieden und bedankt war, stieg er aus und schlug die Tür hinter sich zu. Aber ich bin dermaßen feige, daß ich tatsächlich wendete, weil ich wußte, daß er mir vom Fenster aus nachsehen würde. Ich fuhr zwei Straßen zurück und schlug mich dann wieder auf den Highway 104, Verkehr hin, Verkehr her.

Die Niagarafälle sind wirklich hübsch. Sie sehen wie eine große Version des alten Bond-Reklameschildes am Times Square aus. Ich bin froh, daß ich dort gewesen bin, denn wenn mich künftig jemand fragt, ob ich die Niagarafälle kenne, kann ich es bejahen, und ich spreche die Wahrheit.

Als ich meinem Ratgeber sagte, ich wolle nach Erie, Pennsylvania, hatte ich nicht die Absicht, dorthin zu fahren, aber es stellte sich heraus, daß ich doch nach Erie mußte. Ich hatte über den Hals von Ontario kriechen und nicht nur Erie, sondern auch Cleveland und Toledo umgehen wollen.

Nach reicher Erfahrung kann ich sagen, daß ich alle Völker liebe und alle Regierungen hasse, und nirgends wird mein eingefleischter Anarchismus mehr geweckt als an Grenzen, wo geduldige und tüchtige Diener der Öffentlichkeit ihre Pflichten versehen, die Einreise- und Zollbestimmungen betreffen. Ich habe in meinem ganzen Leben noch nie etwas geschmuggelt. Weshalb steigt dann dieses unangenehme Schuldgefühl in mir auf, wenn ich mich einer Zollschranke nähere? Ich überquerte eine Brücke, bezahlte Wegegeld und fuhr durchs Niemandsland bis zu einer Stelle, wo das Sternenbanner neben dem Union Jack stand. Die Kanadier waren sehr liebenswürdig. Sie fragten, wohin ich führe und für wie lange, inspizierten flüchtig Rosinante und kamen dann auf Charley zu sprechen.

»Haben Sie für den Hund eine Bescheinigung, daß er gegen Tollwut geimpft ist?«

»Nein. Wie Sie sehen, ist er schon alt. Er ist vor einigen Jahren geimpft worden.«

Ein anderer Beamter kam dazu. »Dann raten wir Ihnen, nicht mit ihm die Grenze zu überqueren.«

»Aber ich fahre doch nur ein kurzes Stück durch Kanada und dann wieder in die Staaten.«

»Das verstehen wir gut«, sagten sie freundlich. »Sie können mit ihm nach Kanada einreisen, aber die Staaten lassen ihn nicht wieder hinein.«

»Praktisch bin ich noch in den Staaten, und niemand wollte bis jetzt ein Impfzeugnis sehen.«

»Aber wenn er die Grenze überquert hat und wieder zurück will.«

»Also gut. Wo kann ich ihn impfen lassen?«

Sie wußten es nicht. Ich hätte mindestens zwanzig Meilen zurückfahren, einen Tierarzt ausfindig machen, Charley impfen lassen und wiederkommen müssen. Ich wollte durch Kanada fahren, um Zeit zu sparen, doch das hätte die ersparte Zeit und noch mehr geschluckt.

»Bitte verstehen Sie, es liegt an Ihrer Regierung, nicht an unserer. Wir raten Ihnen nur. Es ist Vorschrift.«

Ich glaube, deshalb hasse ich die Regierungen, alle Regierungen. Überall erlassen sie Vorschriften und Verordnungen, und die Gesetzeshüter verleihen ihnen Nachdruck. Man kann nicht dagegen an, es ist keine Wand, an die man erbittert mit den Fäusten hämmern kann. Ich bin sehr für Impfungen, ich finde sogar, man sollte sie zur Pflicht machen; die Tollwut ist eine furchtbare Krankheit. Und doch ertappte ich mich dabei, daß ich das Gesetz haßte und alle Regierungen, die Gesetze machen. Nicht auf die Spritze kam es an, sondern auf das Zeugnis. Und so ist es gewöhnlich mit Regierungen – nicht auf das Faktum kommt es an, sondern auf den kleinen Papierfetzen. Es waren so liebenswürdige, freundliche, hilfsbereite Männer. Und sie hatten Zeit an der Grenze. Sie setzten mir eine Tasse Tee vor und gaben Charley ein halbes Dutzend Kekse. Es tat ihnen offenbar ernstlich leid, daß ich nach Erie, Pennsylvania, mußte, weil mir ein Stück Papier fehlte. Ich wendete und fuhr auf das Sternenbanner und eine andere Regierung zu. Bei der Herausfahrt hatte man mich nicht gestoppt, jetzt war die Barriere unten.

»Sind Sie amerikanischer Staatsbürger?«

»Ja, Sir, hier ist mein Paß.«

»Haben Sie etwas zu verzollen?«

»Ich bin nicht im Ausland gewesen.«

»Haben Sie ein Tollwutimpfzeugnis für den Hund?«

»Auch er war nicht im Ausland.«

»Aber Sie kommen aus Kanada.«

»Ich bin nicht in Kanada gewesen.«

Ich sah, wie sein Blick stählern wurde, die Augenbrauen senkten sich mißtrauisch. Von Zeitersparnis konnte keine Rede sein. So wie es jetzt aussah, verlor ich mehr Zeit, als wenn ich gleich über Erie, Pennsylvania, gefahren wäre.

»Kommen Sie bitte mit ins Büro.«

Ich glaube, eine ähnliche Wirkung hatte es, wenn nachts die Gestapo an die Tür klopfte. Es ruft Angst, Zorn und ein Schuldgefühl hervor, ob man nun etwas Unrechtes getan hat oder nicht. Meine Stimme nahm den schneidenden Tonfall des gerechten Zorns an, der unweigerlich Mißtrauen erweckt.

»Bitte kommen Sie mit mir ins Büro.«

»Ich versichere Ihnen, ich war nicht in Kanada. Wenn Sie aufgepaßt hätten, wüßten Sie, daß ich wieder umgekehrt bin.«

»Hier hinein, bitte, Sir.«

Dann ins Telefon: »New Yorker Nummernschild soundso. Ja. Lastwagen mit Wohnaufsatz. Ja – ein Hund.«

Und dann zu mir: »Was für ein Hund?«

»Ein Pudel.«

»Ein Pudel – ich sagte Pudel. Hellbraun.«

»Blau«, warf ich ein.

»Hellbraun. In Ordnung. Danke.«

Ich hoffe wirklich, ich empfand nicht eine gewisse Enttäuschung über meine Unschuld.

»Er sagt, Sie hätten die Grenze nicht überschritten.«

»Wie ich Ihnen schon sagte.«

»Kann ich Ihren Paß sehen?«

»Warum? Ich habe das Land nicht verlassen und werde es nicht verlassen.« Aber ich gab ihm trotzdem meinen Paß. Er blätterte ihn durch, las die Sichtvermerke von anderen Reisen, prüfte mein Foto und schlug dann das gelbe Pockenimpfzeugnis auf, das an den Rückendeckel geheftet war. Ganz unten auf der letzten Seite entdeckte er mit blassem Bleistift hingekritzelte Buchstaben und Zahlen. »Was ist das?«

»Ich weiß nicht. Darf ich mal sehen? Ach richtig! Das ist nur eine Telefonnummer.«

»Was tut die in Ihrem Paß?«

»Ich glaube, ich hatte gerade kein Notizpapier. Ich weiß nicht einmal mehr, wessen Nummer es ist.«

Jetzt hatte er mich ertappt, und er wußte es. »Wissen Sie nicht, daß es verboten ist, den Paß zu verunstalten?«

»Ich werde es ausradieren.«

»Sie dürfen nichts in Ihren Paß schreiben. Das ist verboten.«

»Ich will es auch nie wieder tun. Ich verspreche es.« Und ich wollte ihm versprechen, daß ich nie wieder lügen oder stehlen oder mit Personen von lockerer Moral Umgang pflegen wollte, daß ich nicht meines Nächsten Weib begehren wollte, alles wollte ich versprechen. Er schloß energisch meinen Paß und gab ihn mir zurück. Ich bin überzeugt, ihm war wohler zumute, als er die Telefonnummer entdeckt hatte. Man denke, er hätte mich nach all seiner Mühe in keiner Weise für schuldig befinden können, und das an einem Tag, an dem nichts los war.

»Vielen Dank, Sir«, sagte ich. »Darf ich jetzt weiterfahren?«

Er machte eine freundliche Handbewegung. »Bitte sehr«, sagte er.

So kam es, daß ich nach Erie, Pennsylvania, fuhr, und Charley war schuld daran. Ich fuhr über die hohe Eisenbrükke und hielt an, um den Brückenzoll zu zahlen. Der Mann beugte sich aus dem Schalterfenster. »Fahren Sie nur zu«, sagte er. »Das geht auf Rechnung des Hauses.«

»Wieso?«

»Ich habe Sie vor einer Weile auf der anderen Seite hinüberfahren sehen. Ich habe auch den Hund gesehen. Ich wußte, daß Sie wiederkommen.«

»Warum haben Sie nichts gesagt?«

»Es glaubt's ja doch keiner. Fahren Sie zu. Ein Weg ist kostenlos.«

Sehen Sie, er vertrat nicht die Regierung. Die Regierung dagegen bringt es fertig, daß man sich winzig und erbärmlich vorkommt und einige Zeit braucht, bis man das Selbstgefühl wiedergewonnen hat. An jenem Abend stiegen Charley und ich im grandiosesten Motel ab, das wir finden konnten, einem Haus, das sich nur Reiche leisten können, einem Vergnügungspalast mit Restaurant und Zimmerbedienung. Ich bestellte Eis und Soda, mixte mir einen Scotch mit Soda und dann noch einen. Dann ließ ich den Kellner kommen, bestellte Suppe, ein Steak und für Charley ein Pfund rohe Hamburger und gab ein rücksichtslos hohes Trinkgeld. Ehe ich einschlief, memorierte ich all das, was ich dem Grenzbeamten hätte sagen sollen, und manches davon war unerhört scharfsinnig und schneidend.

Ich hatte auf der Fahrt von Anfang an die großen betonierten und geteerten Schnellstraßen, »thruways«, oder »super-highways« genannt, gemieden. Sie haben in den einzelnen Staaten verschiedenerlei Namen. Ich hatte mir in New England Zeit gelassen, der Winter kam merklich näher, und ich sah mich schon in North Dakota eingeschneit. Ich scherte auf die U. S. 90 ein, einen breiten »super-highway«, den vielspurigen Träger der Güter der Nation. Rosinante ratterte dahin. Als Mindestgeschwindigkeit war auf dieser Straße ein Tempo vorgeschrieben, das ich bis jetzt überhaupt noch nicht gefahren war. Der Wind fegte von Steuerbord heran, ich spürte seine hämmernden Schläge, die den Wagen manchmal ins Wanken brachten. Ich hörte den Sturm an den Kanten meines Wohnaufsatzes pfeifen. Anweisungen kreischten mich vom Straßenrand her an: »Nicht anhalten!« »Weiterfahren!« »Geschwindigkeit beibehalten!« Lastwagen, so lang wie Güterzüge, fuhren donnernd vorbei und erzeugten Böen wie Faustschläge. Diese großen Straßen sind für den Gütertransport geschaffen. Sie taugen nicht, wenn man die Landschaft sehen will. Man ist ans Steuerrad gefesselt, der Blick ist auf den Vordermann gerichtet und auf den Rückspiegel wegen des Hintermanns und auf den Seitenspiegel wegen des Wagens oder Lastwagens, der gerade überholt. Gleichzeitig muß man alle Schilder lesen, damit man ja keine Anweisung und keinen Befehl übersieht. Hier gibt es keine Verkaufsstände, die Melonensaft feilbieten, keine Antiquitätenläden, keine Produkte von Landwirtschaft und Industrie. Wenn diese Schnellstraßen einmal das ganze Land durchziehen, und das wird und muß eines Tages der Fall sein, dann wird man von New York nach Kalifornien fahren können, ohne das geringste zu sehen.

In regelmäßigen Abständen liegen Raststätten, wo es warme und kalte Speisen, Benzin und Öl, Postkarten, Picknicktische, Mülltonnen gibt, und alles ist appetitlich und sauber. Die Ruhe- und Waschräume sind hygienisch und derart mit Desodorierungs- und Reinigungsmitteln geschwängert, daß man erst nach geraumer Zeit den Geruchssinn wiedergewinnt. Die Bezeichnung Desodorierungsmittel ist irreführend, denn sie beseitigen einen Geruch nicht, sondern ersetzen ihn durch einen anderen, und der Ersatzgeruch muß stärker und durchdringender sein als der, den er verdrängt. Ich hatte mein Land zu lange vernachlässigt. Die Zivilisation hatte sich in meiner Abwesenheit beachtlich weiterentwickelt. Ich erinnere mich an die Zeit, als man eine Münze in einen Schlitz warf und dafür Kaugummi oder eine Rolle Bonbons bekam. Aber in diesen Speisepalästen standen Verkaufsmaschinen, die gegen verschiedenerlei Münzen Taschentücher, Reisenecessaires, Haarspray und Kosmetika, Verbandkästen, schmerzstillende Mittel wie Aspirin, milde Arzneien und Aufputschmittel lieferten. Ich war von diesen Maschinen fasziniert. Angenommen, man möchte Limonade trinken. Man wählt sich eine Sorte aus – »Sungrape« oder »Cooly Cola« –, drückt auf einen Knopf, wirft eine Münze ein und tritt einen Schritt zurück. Ein Pappbecher erscheint, das Getränk fließt ein, bis es einen halben Zentimeter unter dem Becherrand steht – ein kaltes, erfrischendes, garantiert synthetisches Getränk. Bei Kaffee ist es noch interessanter, denn wenn die heiße schwarze Flüssigkeit eingeschenkt ist, schießt ein Strahl Milch herab, und ein Tütchen mit Zucker fällt neben den Becher. Aber die Maschine, die heiße Suppe ausschenkt, ist der Gipfel. Man wählt unter zehn Sorten – Erbsensuppe, Nudelsuppe mit Huhn, Beef mit Gemüse – und wirft eine Münze ein. Ein grollendes Summen ertönt aus dem Giganten, und ein Schild mit der Aufschrift »Erwärmung« leuchtet auf. Nach einer Minute blinkt ein rotes Licht, bis man eine kleine Klappe öffnet und den Papierbecher mit siedend heißer Suppe herausnimmt.

Dies ist der Höhepunkt unserer Art der Zivilisation. Die Restaurants mit den großen runden Theken und den Stühlen aus Kunstleder sind ebenso hygienisch wie die Toiletten und ihnen auch sonst nicht unähnlich. Alles, was eingepackt werden kann, ist in durchsichtigen Plastikhüllen versiegelt. Das Essen ist ofenfrisch, hygienisch und schmeckt nach nichts. Es wurde nicht von Menschenhand berührt. Ich dachte wehmütig an gewisse Gerichte in Frankreich und Italien, die durch unzählige Menschenhände gegangen waren.

Diese Raststätten, in denen man sich ausruhen kann und Speisen und Reiseproviant erhält, werden durch Rasen und Blumen verschönt. Vor den Gebäuden, dicht bei der Straße, sind die Parkplätze für Personenwagen und ganze Regimenter Tanksäulen. Auf der Rückseite parken die Lastwagen, riesige Überlandtransporter, und dort haben sie auch ihren Wartungsdienst. Da Rosinante, technisch gesehen, zu den Lastwagen zählt, parkte ich auf der Rückseite und freundete mich bald mit den Lastwagenfahrern an. Die Fernfahrer sind eine Rasse, die außerhalb des sie umgebenden Lebens steht. In irgendeiner Stadt, in irgendeinem Dorf leben ihre Frauen und Kinder, während die Männer mit Lebensmitteln und Produkten aller Art das Land durchqueren. Obwohl mein Vehikel, verglichen mit den Transportungeheuern, winzig war, zeigten sich die Fernfahrer freundlich und hilfsbereit.

Ich erfuhr, daß es in den Raststätten Duschen gab, Seife und Handtücher, und daß ich hier jederzeit parken und nächtigen konnte, wann ich wollte. Diese Männer pflegten mit den Ortsansässigen kaum Umgang, doch als eifrige Radiohörer wußten sie Neuigkeiten und Ereignisse der Lokalpolitik aus allen Teilen des Landes zu berichten. Die Raststätten und Tankstellen an den Schnellstraßen werden vom jeweiligen Staat verpachtet; aber es gibt auch einige, die von Privatunternehmern unterhalten werden, und diese gewähren Rabatt auf Kraftstoff, Bettstellen, Bäder und stille Ecken zum Tratschen. Da die Fernfahrer ihr eigenes Leben führen und nur mit ihresgleichen verkehren, hätten diese Raststätten es mir möglich gemacht, das Land zu durchqueren, ohne je mit einem Einheimischen in Verbindung zu kommen. Die Fernfahrer kreuzen durch das Land, ohne dazuzugehören. Selbstverständlich haben sie in den Orten, in denen ihre Familien leben, auch Wurzeln – Klubs, Tanzereien, Liebesaffären, Morde.

Ich mochte die Fernfahrer, wie ich überhaupt immer etwas für Spezialisten übrig habe. Durch sie lernte ich ein Vokabular der Straße kennen, das sich um Reifen, Federn und Ladegewichte dreht. Sie haben entlang der Routen ihre Stammlokale, wo sie die Tankwarte und Kellnerinnen kennen und sich gelegentlich mit befreundeten Fernfahrern treffen. Das Symbol der Gemeinsamkeit ist die Tasse Kaffee. Ich hielt oft an, um Kaffee zu trinken, nicht weil es mich danach gelüstet hätte, sondern weil ich eine Verschnaufpause und eine Abwechslung von der endlos rollenden Straße haben mußte. Man braucht Kraft, Geschick und Konzentration, um einen Lastwagen weite Strecken zu fahren, sosehr auch die Arbeit durch Luftdruckbremsen und hydraulische Steuerung erleichtert wird. Es wäre interessant und mit modernen Testmethoden leicht zu erfahren, wieviel Energie der Fuß aufbringen muß, wenn man sechs Stunden lang einen Lastwagen fährt. Als Ed Ricketts und ich zusammen Meerestiere sammelten und am Strand Steine umdrehten, versuchten wir einmal, das Gewicht zu schätzen, das wir an einem normalen Sammeltag hoben. Die Steine, die wir umwendeten, waren nicht groß – sie wogen zwischen drei und fünfzig Pfund. Wir schätzten, daß an einem guten Tag, wenn wir wenig Kraft aufboten, jeder von uns zwischen vier und zehn Tonnen Steine hob. Nun denke man an das kleine, unmerkliche Drehen des Steuerrades, bei dem vielleicht jedesmal nur ein Druck von einem Pfund ausgeübt wird, und an den wechselnden Druck des Fußes aufs Gaspedal, vielleicht nicht mehr als ein halbes Pfund – aber im Laufe von sechs Stunden ergibt das eine enorme Summe. Außerdem sind die Schulter- und Halsmuskeln dauernd, und wenn nur unbewußt, angespannt, der Blick wandert ständig von der Straße zum Rückspiegel, man muß tausend Entschlüsse fassen, die sich so tief im Unterbewußtsein abspielen, daß das Bewußtsein nichts davon merkt. Der Verbrauch an Energie und Nerven- und Muskelkraft ist enorm. Die Kaffeepause ist deshalb in vielerlei Hinsicht eine Erholung.

Ich saß oft mit diesen Männern zusammen, hörte ihren Gesprächen zu und stellte hin und wieder Fragen. Wie ich bald merkte, durfte ich nicht erwarten, daß sie das Land, durch das sie fuhren, kannten. Abgesehen von den Raststätten, haben sie keinen Kontakt mit ihm. Es fiel mir auf, wie sehr sie Seeleuten ähneln. Ich mußte daran denken, wie ich mich bei meiner ersten Ozeanreise darüber wunderte, daß die Männer, die um die ganze Welt fuhren und die Häfen fremder und exotischer Länder kannten, so wenig von dieser Welt wußten. Auf langen Strecken sind die Fernfahrer zu zweit und wechseln sich ab. Wer frei hat, schläft oder liest Taschenbücher. Unterwegs interessieren sie sich ausschließlich für den Motor, das Wetter und dafür, wie sie die Geschwindigkeit beibehalten, damit der Fahrtenplan eingehalten wird. Manche fahren bestimmte Strecken hin und zurück, während andere Einzelaufträge erledigen. Sie führen ein Leben, von dem die seßhaften Menschen an den Routen der großen Transportstraßen wenig wissen. Ich erfuhr nur gerade so viel über diese Männer, daß ich gern noch mehr über sie wissen möchte.

Wenn man jahrelang Auto fährt wie ich, geht schließlich fast alles mechanisch vonstatten. Fast die ganze Fahrtechnik liegt tief im maschinenartig arbeitenden Unterbewußtsein verborgen. Deshalb bleibt ein großer Teil des Bewußtseins zum Nachdenken frei. Und woran denkt man während der Fahrt? Auf kurzen Strecken vielleicht an die Ankunft am Ziel oder daran, was vor der Abfahrt geschah. Besonders auf langen Fahrten bleibt viel Raum für Tagträume oder sogar, so Gott will, für Gedanken. Niemand kann wissen, womit sich andere Leute in dieser Lage beschäftigen. Ich selbst habe Häuser entworfen, die ich nie bauen werde, habe Gärten geplant, die ich nie anlegen werde, habe mir eine Methode ausgedacht, wie ich den weichen Schlamm und die vermoderten Muscheln vom Grund meiner Bucht auf mein Anwesen bei Sag Harbor heraufpumpen und dann das Salz daraus entfernen könnte, so daß ich fruchtbare Erde gewönne. Ich weiß nicht, ob ich es einmal tun werde oder nicht, aber ich habe es während der Fahrt bis ins kleinste durchdacht, bis zur Art der Pumpe und der Entsalzungsanlage und den Prüfungsmethoden, mit denen ich die Verminderung des Salzgehaltes kontrollieren wollte. Ich habe beim Fahren Schildkrötenfallen erfunden, lange, ausführliche Briefe geschrieben, die ich nie zu

Papier brachte, geschweige denn abschickte. Wenn das Radio spielte, rief die Musik Erinnerungen an ferne Zeiten und Orte wach mit allen Mitwirkenden und Requisiten, so lebhafte Erinnerungen, daß sogar jedes Wort eines Dialogs wieder erstand. Und ich habe ebenso vollständige und überzeugende künftige Szenen geplant – Ereignisse, die sich nie abspielen werden. Ich habe im Geiste Kurzgeschichten geschrieben, mich über meinen Humor amüsiert, war über Aufbau oder Inhalt betrübt oder angeregt.

Ich kann nur vermuten, daß der einsame Mann seine Fahrtenträume mit Freunden bevölkert, daß sich der ungeliebte Mann mit hübschen und liebevollen Frauen umgibt und daß Kinder durch die Träume des kinderlosen Vaters geistern. Und wie steht es mit den Gefilden der Reue? Wenn ich nur dies getan, wenn ich nur jenes nicht gesagt hätte – mein Gott, alles wäre vielleicht anders gekommen. Da ich diese Möglichkeit in meinem eigenen Inneren fand, kann ich sie bei anderen vermuten, aber ich werde es nie bestimmt wissen, denn niemand spricht darüber. Und deshalb blieb ich während meiner Fahrt, auf der ich doch Beobachtungen anstellen wollte, sooft es ging auf zweitrangigen Straßen, wo es viel zu hören, zu sehen und zu riechen gab, und mied die großen, breiten Verkehrsadern, die das Ich mit tröstlichen Tagträumen umgarnen. Ich fuhr auf die breite, eintönige U.S. 90, die über Buffalo und Erie nach Madison, Ohio, führt, kam dann auf der ebenso breiten und schnellen U.S. 20 an Cleveland und Toledo vorbei nach Michigan.

Auf diesen Straßen sah ich außerhalb der Industriezentren viele »mobile homes«, die von Spezialschleppern gezogen werden. Und da ich mich ohnehin über diese fahrbaren Häuser auslassen wollte, kann ich auch jetzt gleich auf sie zu sprechen kommen. Schon zu Beginn meiner Fahrt war mir diese neue Schöpfung unter der Sonne und ihre große Zahl aufgefallen. Und da im ganzen Land immer mehr solche Wagen auftauchen, sind einige Bemerkungen und vielleicht etliche Spekulationen über sie angebracht. Es handelt sich nicht um Wohnwagenanhänger, die vom eigenen Wagen gezogen werden, sondern um schimmernde Gebilde, so lang wie Pullmanwagen. Schon zu Anfang meiner Reise hatte ich die Verkaufsplätze bemerkt, doch dann fielen mir auch die Parkgelände auf, wo sie in beunruhigender Beharrlichkeit stehen. In Maine gewöhnte ich es mir an, abends bei den fahrbaren

Häusern anzuhalten und mich mit den Verwaltern und Bewohnern dieser neuen Unterkunftsart zu unterhalten, denn sie gesellen sich gern zu ihresgleichen.

Es sind prächtige Behausungen mit Aluminiumhäuten, doppelten Wänden, guter Wärmeisolierung; oft sind sie mit Hartholz verkleidet. Manche sind zwölf Meter lang. Sie haben zwei bis fünf Zimmer, sind vollständig eingerichtet mit Klimaanlage, Toilette, Bad und dem unvermeidlichen Fernsehapparat. Auf dem Parkgelände sieht man zuweilen sehr schöne Gartenanlagen, und die fahrbaren Heime sind mit allem Nötigen versehen. Ich sprach mit ihren Bewohnern. Sie waren begeistert. Ein fahrbares Heim wird zum Standort gefahren, auf einer Rampe installiert, eine dicke Kanalisationsröhre aus Gummi an der Unterseite befestigt, Wasser- und Stromleitung angeschlossen, die Fernsehantenne aufgestellt, und die Familie hat ihren Wohnsitz. Mehrere Verwalter erklärten übereinstimmend, im vergangenen Jahr sei jedes vierte neue Haus in Amerika ein fahrbares Heim gewesen. Die Gebühren an Platzmiete plus Kosten für Wasser und Elektrizität sind gering. Der Telefonanschluß wird einfach dadurch hergestellt, daß man einen Stecker in eine Büchse steckt. Manchmal ist auf dem Parkgelände ein Laden. Wenn nicht, dann ist immer einer der Supermärkte in der Nähe, die es überall im Lande gibt. Parkschwierigkeiten in den Städten haben die Kaufhäuser veranlaßt, sich auf dem offenen Land niederzulassen, wo sie außerdem gegen städtische Steuern gefeit sind. Das gleiche gilt für die Autoheimbesitzer. Die Tatsache, daß diese Häuser fahrbar sind, bedeutet nicht unbedingt, daß sie tatsächlich gefahren werden. Manchmal bleiben ihre Besitzer jahrelang an einem Ort, pflanzen Gärten an, bauen kleine Mauern aus Schlackensteinen, hängen Markisen auf und stellen Gartenmöbel hinaus. Diese Art der Lebensführung war mir neu. Die Häuser sind nicht billig, sondern oft sogar recht teuer und luxuriös. Ich habe einige besichtigt, die zwanzigtausend Dollar kosten und all die tausend Annehmlichkeiten enthalten, mit denen wir leben – Spül-, Wasch- und Trockenmaschinen, Kühlschränke und Tiefkühltruhen.

Die Besitzer führten mich bereitwillig durch ihre Häuser, und sie taten es mit Stolz. Die Räume waren zwar klein, aber wohlproportioniert. Alle erdenklichen Geräte waren eingebaut. Breite Fenster, manchmal sogar sogenannte Rundsichtfenster, verhinderten, daß man sich eingeengt vorkam. Die

Schlafzimmer waren geräumig, und es war unglaublich viel Abstellraum vorhanden. Es kam mir wie eine rasch um sich greifende Revolution in der Lebensführung vor. Was veranlaßt eine Familie, in solch einem Heim zu leben? Nun, es ist bequem, alles ist nahe beisammen, es ist leicht zu reinigen und leicht zu heizen.

In Maine hörte ich: »Ich mag nicht mehr in der alten Bruchbude hausen, durch die der Wind pfeift, und ich habe die vielen kleinen Abgaben für dies und jenes satt. Jetzt haben wir es warm und behaglich, und im Sommer sorgt die Klimaanlage für Kühlung.«

»Was kostet so ein Mobil im allgemeinen?«

»Das ist verschieden, aber die meisten liegen zwischen zehn- und zwanzigtausend Dollar.«

»Kaufen so viele Leute wegen der Unsicherheit auf dem Arbeitsmarkt diese Wohneinheiten?«

»Manche vielleicht. Wer weiß schließlich, was morgen kommt? Mechaniker, Ingenieure, Architekten, Buchhalter wohnen in ›mobile homes‹, ab und zu sogar ein Arzt oder Zahnarzt. Wenn eine Firma oder eine Fabrik schließt, sitzt man nicht mit einem Besitz da, den man nicht los wird. Angenommen, man hat eine Stellung, kauft sich ein Haus, und es kommt eine Flaute. Dann ist das Haus nichts mehr wert. Wer ein fahrbares Heim hat, mietet eine Zugmaschine, zieht weiter und hat nichts verloren. Vielleicht braucht man es nie zu tun, aber schon das Gefühl, daß man es könnte, ist beruhigend.«

»Und wie sind die Kaufbedingungen?«

»Man kann sie auf Raten kaufen, genau wie Personenwagen. Es ist, als ob man Miete bezahlt.«

Und dann entdeckte ich den allergrößten Kaufanreiz – ein Faktum, das fast das gesamte amerikanische Leben beherrscht. Die »mobile homes« werden jedes Jahr verbessert. Wem es wirtschaftlich gut geht, der tauscht sein Heim gegen ein neues Modell um, genau wie einen Personenwagen, sofern er es sich leisten kann. Es ist eine Prestigefrage. Der Verkaufswert liegt relativ höher als bei Personenwagen, und es gibt bereits einen Markt für gebrauchte »mobile homes«. Nach ein paar Jahren kann eine weniger bemittelte Familie das einst teure Haus erwerben. Es ist leicht zu unterhalten, braucht nie einen neuen Anstrich, da die Außenwände normalerweise aus Aluminium sind, und man ist nicht von den schwankenden Grundstückspreisen abhängig.

»Und wie steht es mit Schulen?«

Der Schulomnibus holt die Kinder am Wohnplatz ab und bringt sie wieder zurück. Der Hausherr fährt mit dem Familienwagen zur Arbeit, und abends fährt die Familie gemeinsam ins Autokino. Es ist ein gesundes Leben draußen in der Natur. Die Zahlungen sind, auch wenn sie hoch und mit Zinsen garniert sind, nicht schlimmer, als wenn man eine Wohnung mietet, wo man überdies noch mit dem Hauswirt wegen der Heizung Scherereien hat. Und wo kann man eine so komfortable Parterrewohnung mieten, vor deren Tür außerdem noch Platz für den Wagen ist? Wo können die Kinder einen Hund haben? Charley entdeckte zu seinem Entzücken, daß fast in jedem fahrbaren Haus ein Hund war. Zweimal wurde ich in ein solches Heim zum Abendessen eingeladen, und mehrmals sah ich mir im Fernsehen ein Football-Spiel an. Ein Verwalter erzählte mir, daß es in seiner Branche vor allem darauf ankommt, ein Grundstück ausfindig zu machen und zu kaufen, wo man guten Fernsehempfang hat. Da ich keinerlei Anschlüsse wie Kanalisation, Wasser oder Elektrizität brauchte, zahlte ich einen Dollar, wenn ich für eine Nacht auf einem solchen Platz residierte.

Der erste Eindruck, der sich mir aufdrängte, war der, daß die Bewohner dieser fahrbaren Wohneinheiten die Beständigkeit weder erreichen noch wünschen. Sie kaufen nicht für Generationen, sondern nur für die Zeit, bis ein neues Modell herauskommt, das sie sich leisten können. Man trifft die fahrbaren Einheiten keineswegs nur auf den Parkplätzen an. Hunderte sah ich neben Farmhäusern stehen, und man erklärte mir den Grund. Es gab eine Zeit, da es üblich war, wenn der Sohn heiratete und eine Frau und später Kinder zusätzlich in der Farm untergebracht werden mußten, das alte Farmhaus mit einem neuen Flügel oder mindestens mit einem Anbau zu versehen. Heute nimmt in vielen Fällen das »mobile home« die Stelle des Neubaus ein. Ein Farmer, von dem ich Eier und selbstgeräucherten Schinken kaufte, schilderte mir die Vorteile. Jede Familie genießt jetzt eine Abgeschlossenheit, die vorher nicht möglich war. Die alten Leute werden nicht von schreienden Säuglingen nervös gemacht. Das Schwiegermutterproblem ist gelöst, denn die neue Tochter hat ihren eigenen Bereich und kann in ihrer Familie ungestört schalten und walten. Wenn sie wegziehen, und fast alle Amerikaner ziehen weg oder wollen es tun, lassen sie keine leeren und daher überflüssigen Räume zurück. Das Verhältnis zwischen den Generationen hat sich wesentlich gebessert. Der Sohn kommt als Gast in das Elternhaus, und die Eltern sind Gäste im Haus des Sohnes.

Dann gibt es die Einsiedler, und ich habe auch mit ihnen gesprochen. Wenn man durchs Land fährt, sieht man beispielsweise hoch auf einem Hügel, an einer Stelle, von der man eine umfassende Aussicht genießt, ein einzelnes »mobile home«. Andere verbergen sich unter Bäumen an einem Fluß oder See. Diese Einzelgänger haben ein winziges Stück Land gepachtet. Sie brauchen gerade so viel, daß die Wohneinheit darauf Platz findet, und das Wegerecht, um zu ihr zu gelangen. Manchmal gräbt der Einsiedler einen Brunnen und eine Senkgrube und pflanzt einen kleinen Garten an; andere transportieren ihr Wasser in großen Ölfässern. Manche legen eine enorme Erfindergabe an den Tag und montieren ihren Wassertank höher als die Wohneinheit und stellen die Verbindung mit Kunststoffschläuchen her, so daß sie dank der Schwerkraft fließendes Wasser haben.

Eines der Abendessen, zu denen ich in ein solches Heim eingeladen wurde, war in einer tadellosen Küche zubereitet worden, deren Wände mit Kunststoffkacheln verkleidet waren. Das Abwaschbecken war aus rostfreiem Stahl; Herd und Backofen waren in die Wand eingelassen. Als Brennstoff wurde Butangas benützt oder ein anderes Flaschengas, das es überall zu kaufen gibt. Wir aßen in einer Speiseecke, die mit Mahagonifurnier getäfelt war. Ich habe während der Reise nie besser und komfortabler gegessen. Als eigenen Beitrag hatte ich eine Flasche Whisky mitgebracht. Meinen Gästen gefiel ihr jetziges Leben, und sie wollten es um keinen Preis wieder so haben wie früher. Der Mann arbeitete als Automechaniker etwa vier Meilen entfernt und verdiente gut. Die beiden Kinder gingen jeden Morgen zum Highway, wo sie von einem gelben Schulomnibus abgeholt wurden. Als wir nach dem Essen in tiefen, bequemen, mit Schaumgummi gepolsterten Sesseln saßen und ein Glas Scotch mit Soda tranken, während in der Küche das Wasser in die elektrische Spülmaschine lief, stellte ich eine Frage, die mich die ganze Zeit gequält hatte. Ich war bei guten, vernünftigen, intelligenten Menschen. »Eine unserer Lieblingsvorstellungen betrifft die Wurzeln, das Aufwachsen auf der Heimaterde oder in einer Gemeinschaft«, sagte ich. Wie dachten sie darüber, daß ihre Kinder ohne Wurzeln aufwuchsen? War dies gut oder schlecht, vermißten sie etwas oder nicht?

Der Vater, ein gutaussehender Mann mit hellem Teint und dunklen Augen, antwortete: »Wie viele Leute haben denn heute das, was Sie meinen? Was für Wurzeln hat man in einem Mietshaus im elften Stock? Was für Wurzeln hat man in einer Siedlung mit ein paar hundert oder tausend kleinen Häusern, die alle gleich aussehen? Mein Vater kam aus Italien«, sagte er. »Er ist in der Toskana aufgewachsen, und zwar in einem Haus, das seine Familie vielleicht schon seit tausend Jahren bewohnt hatte. Da haben Sie Ihre Wurzeln; kein fließendes Wasser, keine Toilette, und gekocht wurde mit Holzkohle oder abgeschnittenen Weinranken. Sie hatten dort zwei Räume – eine Küche und ein Schlafzimmer, in dem alle schliefen, der Großvater, der Vater und sämtliche Kinder. Keiner hatte einen Platz zum Lesen, zum Alleinsein, und hat es nie gehabt. War das vielleicht besser? Wenn Sie meinen alten Herrn vor die Wahl gestellt hätten, ich wette, er hätte seine Wurzeln abgeschnitten und so gelebt wie wir.« Er deutete auf das behagliche Zimmer. »Und er hat sie abgeschnitten und ist nach Amerika gekommen. Er wohnte in einem Mietshaus in New York – nur ein Zimmer, ohne Aufzug, kaltes Wasser, keine Heizung. Dort bin ich zur Welt gekommen. Ich wuchs auf der Straße auf, bis mein alter Herr Arbeit in den Weinfeldern im Staate New York bekam. Er verstand etwas vom Wein, aber das war auch das einzige, wovon er eine Ahnung hatte. Bei meiner Frau war es ähnlich. Sie ist irischer Abstammung. Auch ihre Familie hatte Wurzeln.«

»In einem Torfmoor«, warf die Frau ein. »Wir haben uns von Kartoffeln ernährt.« Sie blickte liebevoll durch die Tür in ihre schöne Küche.

»Vermissen Sie nicht irgendwie die Beständigkeit?«

»Wer hat schon Beständigkeit? Fabriken schließen, man zieht weiter. Anderswo sind gute Zeiten und Chancen, dann geht man dorthin, wo es besser ist. Wer Wurzeln hat, sitzt da und hungert. Denken Sie an die Pioniere. Das waren Nomaden. Land urbar machen, verkaufen, weiterziehen. Ich habe gelesen, wie Lincolns Familie auf einem Floß nach Illinois kam. Ihr einziges Kapital waren ein paar Fässer Whisky. Wie viele amerikanische Kinder bleiben dort, wo sie geboren wurden, wenn sie weg können?«

»Sie haben gründlich darüber nachgedacht.«

»Ich brauchte nicht darüber nachzudenken. So ist es eben. Ich habe einen sicheren Beruf. Solange es Autos gibt, habe ich auch Arbeit. Wenn die Firma, bei der ich jetzt bin, Pleite macht, dann muß ich sehen, daß ich neue Arbeit bekomme. Jetzt bin ich in drei Minuten an meinem Arbeitsplatz. Soll ich dann zwanzig Meilen fahren, nur weil ich Wurzeln habe?«

Später zeigten sie mir Zeitschriften, die eigens für die Bewohner der »mobile homes« gedruckt werden, mit Kurzgeschichten und Gedichten, und mit Ratschlägen für ein erfolgreiches Leben in der fahrbaren Einheit, wie man undichte Stellen repariert, wie man seinen Parkplatz wählt, wenn man es sonnig oder kühl haben will. In den Anzeigen wurden faszinierende Geräte zum Kochen, Putzen, Waschen, Möbel, Betten und Kinderbettstellen angeboten. Außerdem brachten diese Zeitschriften ganzseitige Fotos von neuen Modellen, eines großartiger und schöner als das andere.

»Es gibt heute schon Tausende, und es wird Millionen geben«, sagte der Vater.

»Joe ist ein Träumer«, bemerkte seine Frau. »Er denkt sich immer etwas Neues aus. Erzähl ihm von deinen Plänen, Joe.«

»Es wird Sie nicht interessieren.«

»Doch, nur zu!«

»Nun, es ist kein Hirngespinst, wie sie sagt. Es hat Hand und Fuß, und ich mache mich bald daran. Ich werde ein wenig Kapital aufnehmen, aber das zahlt sich aus. Ich habe mich schon bei den Gebrauchtwagenhändlern nach einer Wohneinheit umgesehen, die ich zu dem Preis bekomme, den ich bezahlen will. Ich nehme die Eingeweide heraus und richte eine Reparaturwerkstatt ein. Genug Werkzeug habe ich schon. Dann schaffe ich mir einen Vorrat an kleinen Ersatzteilen, Schläuchen und dergleichen an. Sie können sicher sein, daß die Wagenparks immer größer werden. Manche ›Mobilehome‹-Besitzer haben sogar zwei Wagen. Ich miete mir in der Nähe ein paar Quadratmeter Boden und bin im Geschäft. Eines ist bei Autos gewiß: Es ist fast immer etwas kaputt, das repariert werden muß. Und ich habe mein Haus direkt neben der Werkstatt und kann dadurch einen Vierundzwanzig-Stunden-Service anbieten.«

»Das klingt vielversprechend«, sagte ich.

»Und wenn das Geschäft nachläßt«, fuhr Joe fort, »ziehe ich eben dorthin, wo es besser ist.«

»Joe hat sich auf dem Papier schon genau aufgezeichnet, wo

alles hin muß, jeder Schraubenschlüssel, jeder Bohrer, und er will sich sogar ein Elektroschweißgerät anschaffen. Joe ist ein guter Schweißer.«

»Ich nehme alles zurück, Joe«, sagte ich. »Ich glaube, Sie haben Ihre Wurzeln in einem Schmierfettnapf.«

»Es könnte einem schlechter gehen. Ich habe es genau durchdacht. Und wenn die Kinder größer sind, können wir den Winter über im Süden arbeiten und im Sommer im Norden.«

»Joe ist sehr tüchtig«, sagte seine Frau. »Er hat dort, wo er jetzt arbeitet, schon seine eigenen Stammkunden. Manche kommen fünfzig Meilen weit hergefahren, damit Joe ihre Wagen repariert.«

»Ja, ich bin ein guter Mechaniker«, bestätigte Joe.

Auf dem großen Highway in der Nähe von Toledo unterhielt ich mich mit Charley über das Thema Wurzeln. Er hörte zu, antwortete aber nicht. Bei dem üblichen Denkschema über Wurzeln haben ich und die meisten Menschen zwei Dinge außer acht gelassen. Könnte es sein, daß die Amerikaner ein rastloses Volk sind, ein fahrendes Volk, niemals mit dem Ort zufrieden, den sie sich ausgesucht haben? Die Pioniere, die Einwanderer, die den Kontinent besiedelt haben, waren in Europa die Rastlosen gewesen. Die mit Wurzeln Behafteten blieben zu Hause und sind immer noch dort. Aber jeder einzelne von uns, abgesehen von den Negern, die als Sklaven hierhergebracht wurden, stammt von den Rastlosen ab, von den Unsteten, die nicht zu Hause bleiben wollten. Wäre es nicht merkwürdig, wenn wir diese Neigung nicht geerbt hätten? Und wir haben sie geerbt. Doch das ist die zweite Frage. Die erste lautet: Was sind Wurzeln, und seit wann haben wir welche? Was bedeutet unsere Geschichte, wenn unsere Spezies seit ein paar Millionen Jahren existiert? Unsere Urahnen folgten dem Wild, zogen mit der Nahrung weiter, die sie jagten, flohen vor ungünstigem Wetter, vor Eis und den wechselnden Jahreszeiten. Nach zahllosen Jahrtausenden zähmten sie bestimmte Tiere und lebten mit ihrem Nahrungsmittelvorrat. Dann mußten sie dem Gras folgen, das ihre Herden ernährte, und so ergaben sich endlose Wanderungen. Erst als die Landwirtschaft aufkam – und das ist, an der gesamten Geschichte gemessen, nicht sehr lange her –, nahm ein bestimmter Ort Bedeutung und Wert an und bot Beständigkeit. Aber das Land ist ein Sachvermögen, und Sachvermögen gelangen nur in wenige Hände. Daher kam es, daß der Mensch Land besitzen wollte und gleichzeitig Arbeitskräfte, denn jemand mußte es bestellen. Wurzeln bildeten sich durch den Landbesitz, durch das Eigentum an unbeweglichen Gütern. So gesehen sind wir eine rastlose Spezies, die erst seit ganz kurzer Zeit Wurzeln geschlagen hat, und sie gehen nicht sehr tief. Vielleicht haben wir die Wurzeln als psychische Notwendigkeit überschätzt. Vielleicht ist der Drang in die Fremde desto größer, das Verlangen, der Wille, der Hunger danach, anderswo zu sein, desto tiefer.

Charley hatte meinen Folgerungen nichts hinzuzufügen. Außerdem war er in einem jämmerlichen Zustand. Ich hatte mir geschworen, ihn zu kämmen und zu scheren, damit er schön bliebe, und ich hatte es nicht getan. Sein Fell war verfilzt und starrte vor Dreck. Pudel verlieren genauso wenig Haare wie Schafe. Sooft ich auch für den Abend den löblichen Vorsatz hatte, ihn zu pflegen, immer war ich mit etwas anderem beschäftigt. Außerdem stellte sich heraus, daß er sehr allergisch war, was ich vorher nicht gewußt hatte. Eines Abends war ich auf einen Lastwagenabstellplatz gefahren, wo riesige Viehtransportwagen ausgemistet wurden; rund um den Abstellplatz zogen sich Dungberge, die mit Fliegenwolken bedeckt waren. Trotz der Mückengitter an Rosinantes Fenstern gelangten die Fliegen zu Millionen herein, krochen in Ecken und Winkel und waren nicht zu vertreiben. Zum erstenmal holte ich den Zerstäuber heraus und sprühte Insektengift. Daraufhin bekam Charley einen so heftigen und langen Niesanfall, daß ich ihn schließlich hinaustragen mußte. Am nächsten Morgen war die Kabine voller schläfriger Fliegen. Ich sprühte noch einmal, und Charley erlitt abermals einen Anfall. Danach sperrte ich ihn jedesmal, wenn Fliegen eingedrungen waren, hinaus und lüftete gründlich aus, wenn die Biester ausgemerzt waren. Ich hatte noch nie eine so heftige Allergie miterlebt.

Ich war lange nicht mehr im Mittelwesten gewesen und sammelte daher viele Eindrücke, als ich durch Ohio, Michigan und Illinois fuhr. Vor allem fiel mir die ungeheure Bevölkerungszunahme auf. Aus Dörfern waren Städte geworden, und Städte waren zu Großstädten angewachsen. Auf den Straßen herrschte starker Verkehr; die Städte waren dermaßen überfüllt, daß man alle Aufmerksamkeit brauchte, um nicht jemanden anzurempeln oder angerempelt zu werden. Der zweite Eindruck war der von einer elektrisch geladenen Energie, einer

Kraft, einem Strom, der so mächtig war, daß er betäubend wirkte. Wo man hinsah, war diese Energie zu spüren, sei es im Guten oder Schlechten. Ich glaube nicht im entferntesten, daß die Menschen, die ich in New England kennengelernt und gesprochen habe, unfreundlich oder unhöflich waren. Sie sprachen kurz und bündig und warteten gewöhnlich darauf, daß der Neuankömmling den Anfang machte. Fast unmittelbar nachdem ich die Grenze von Ohio überquert hatte, schienen mir die Menschen offener zu sein und mehr aus sich herauszugehen. Die Kellnerin in einem Straßenlokal wünschte mir einen guten Morgen, noch ehe ich grüßen konnte, besprach mit mir die Zusammenstellung des Frühstücks, als sei sie mit Leib und Seele dabei, ließ sich lebhaft über das Wetter aus und erzählte sogar etwas über sich selbst, ohne daß ich sie fragen mußte. Fremde unterhielten sich ungezwungen und ohne Zurückhaltung miteinander. Ich hatte vergessen, wie reich und schön die Landschaft ist – die dunkle Humusschicht, die Pracht der großen Bäume, das Seengebiet von Michigan, so anziehend wie eine gutgewachsene, gut gekleidete und mit schönen Juwelen geschmückte Frau. Hier wirkte das Land freigebig und offen, und vielleicht hat dies auf die Menschen abgefärbt.

Es war unter anderem der Zweck meiner Reise, zu lauschen, Idiome, Akzente, Sprachrhythmen wahrzunehmen, Untertöne und Betonungen zu hören. Denn die Redeweise sagt einem viel mehr als Worte und Sätze. Ich lauschte überall. Mir schien, als sei der Lokaldialekt im Schwinden begriffen. Vierzig Jahre Radio und zwanzig Jahre Fernsehen müssen das bewirkt haben. Der Kontakt mit der Außenwelt muß durch einen langsamen, unvermeidlichen Prozeß die lokale Färbung zerstören. Ich kann mich noch an eine Zeit erinnern, in der ich an der Redeweise eines Menschen sofort erkannte, woher er stammte. Dies wird immer schwieriger, und in absehbarer Zeit wird es unmöglich sein. Selten sieht man ein Haus oder Gebäude, auf das nicht stachelige Fühler montiert sind. Die Radio- und Fernsehsprache ist standardisiert. Es ist vielleicht ein besseres Englisch, als wir es je gesprochen haben. So wie unser Brot, das geknetet, gebacken, verpackt und verkauft wird, ohne den Einflüssen des Zufalls oder menschlicher Unzulänglichkeit ausgesetzt zu sein, unweigerlich gut und unweigerlich geschmacklos ist, so wird auch unsere Sprache *eine* Sprache werden.

Ich, der ich Worte liebe und die unendlichen Möglichkeiten der Worte, bin über diesen unvermeidlichen Vorgang bekümmert. Denn mit dem Lokalakzent wird auch das Lokalkolorit verschwinden. Die Idiome, die besonderen Wendungen, die eine Sprache bereichern und mit der Poesie eines Ortes und der Zeit färben, wird es dann nicht mehr geben. An ihre Stelle wird eine Nationalsprache treten, eingewickelt und verpackt, standardisiert und ohne Geschmack. In den Jahren, seit ich zum letztenmal das Land belauscht hatte, war eine große Veränderung eingetreten. Auf der Reise nach Westen über die nördlichen Routen hörte ich kein einziges Mal mehr einen echten Lokaldialekt, bis ich nach Montana kam. Das ist einer der Gründe, weshalb ich mich wieder in Montana verliebte. An der Westküste fand ich das verpackte Englisch wieder. Im Südwesten hat man das Lokale noch im Griff, aber der Griff lockert sich. Der tiefe Süden hält natürlich eisern an seinen Regionalausdrücken fest, wie er auch einige andere Anachronismen hegt und pflegt; aber keine Region kann sich lange gegen den Highway, die Hochspannungsleitungen, das nationale Fernsehen behaupten. Was ich beklage, ist vielleicht nicht wert, daß man es erhält, aber ich bedauere den Verlust trotzdem.

Wenn ich auch gegen die Standardisierung unserer Lebensmittel, unserer Lieder, unserer Sprache und letztlich unserer Seelen protestiere, so weiß ich doch, daß in den alten Tagen nur in wenigen Häusern gutes Brot gebacken wurde. Mit Mutters Kochkunst war es, von seltenen Ausnahmen abgesehen, nicht weit her; die gute, unpasteurisierte Milch, die mit Fliegen und Dung in Berührung gekommen war, wimmelte von Bakterien, das gesunde Leben der alten Zeit war mit Schmerzen belastet, mit jähem Tod aus unbekannten Ursachen, und die wohlklingende Lokalsprache, der ich nachtrauere, war das äußere Zeichen des Analphabetentums und des Unwissens. Doch es liegt in der Natur des Menschen, eine kleine Brücke in die Zeit schlagen zu wollen. Aber ich kann getrost sagen, daß wir Fettleibigkeit gegen den Hunger eingetauscht haben, und beide Möglichkeiten sind tödlich. Und die Veränderungen haben keine Grenzen. Wir können uns nicht ausmalen, wie das Leben und Denken des Menschen in hundert oder schon in fünfzig Jahren beschaffen sein wird. Zumindest ich kann es nicht. Meine größte Weisheit ist vielleicht das Bewußtsein, daß ich es nicht weiß. Wirklich übel daran sind diejenigen, die ihre Zeit damit vergeuden, die Entwicklung anhalten zu wollen, denn sie können nur die Bitternis des Versagens erleben, niemals die Freude am Gelingen.

Als ich durch die großen Bienenstöcke der Produktion oder nahe an ihnen vorbeifuhr – Youngstown, Cleveland, Akron, Toledo, Pontiac, Flint und später South Bend und Gary –, wurden meine Augen und mein Geist von den phantastischen Ausmaßen der Produktionsenergie geschunden, von dem komplizierten Gefüge, das dem Chaos ähnelt und doch keines sein kann. So blickt man auf einen Ameisenhaufen hinab und erkennt keine Methode, keine Richtung und keinen Sinn im Gewimmel der hin und her hastenden Bewohner. Das Wunderbare daran war, daß ich danach wieder über eine stille Landstraße fahren konnte, die mit Bäumen gesäumt war, an eingezäunten Feldern vorbei, an Kühen, daß ich Rosinante neben einem See mit klarem, sauberem Wasser parken konnte und hoch über mir die Pfeile der nach Süden ziehenden Enten und Gänse sah. Dort konnte Charley mit seiner empfindsamen Forschernase seine eigene Literatur über Büsche und Baumstämme lesen und Botschaften hinterlassen, die in der endlosen Zeit vielleicht so wichtig sind wie dieses Gekritzel, das ich hier auf vergängliches Papier schreibe. Dort in der Ruhe, während der Wind die Zweige bewegte und den Spiegel der Wasserfläche aufrauhte, kochte ich in meinen wegwerfbaren Aluminiumpfannen unwahrscheinliche Gerichte, machte Kaffee, der so stark und dick war, daß ein Eisennagel darin geschwommen wäre, und saß auf meiner Hintertreppe und dachte darüber nach, was ich gesehen hatte, und versuchte, mir ein Bild zu machen, um die erdrückende Menge dessen, was ich gesehen und gehört hatte, zu ordnen.

Ich will Ihnen sagen, wie es war. Besuchen Sie die Uffizien in Florenz, den Louvre in Paris, und Sie sind so erschlagen von der Vielfalt, die einst die Größe ausmachte, daß Sie bekümmert weggehen, mit einem Gefühl, als hätten Sie Verstopfung. Und wenn Sie dann allein sind und zurückdenken, dann ordnen sich die Leinwände, manche scheidet Ihr Geschmack oder Ihr Auffassungsvermögen aus, aber andere stehen klar und deutlich vor Ihnen. Dann können Sie noch einmal hingehen und sich das einzelne Stück betrachten, ungestört von der Aufdringlichkeit der vielen. Wenn die Konfusion überwunden ist, kann ich den Prado in Madrid betreten und an Tausenden von Bildern vorbeigehen, die nach meiner Aufmerksamkeit schreien, ohne sie zu sehen, und ich kann einen Freund besuchen – einen nicht sehr großen Greco, ›San Pablo con un Libro‹. Paulus hat das Buch gerade geschlossen. Seine Finger sind noch zwischen den Seiten, die er zuletzt gelesen hat, und in seiner Miene steht das Verwundern und der Wille zu begreifen, nachdem das Buch geschlossen ist. Vielleicht ist das Verstehen immer erst nachher möglich. Als ich vor Jahren im Wald arbeitete, sagte man von den Holzfällern, sie dächten im Hurenhaus ans Holzfällen und im Wald an den Sex. So versuchte ich, mich in den berstenden Produktionszentren des Mittelwestens zurechtzufinden, während ich allein an einem See im nördlichen Michigan saß.

Als ich so in aller Ruhe inmitten des Schweigens dasaß, hielt ein Jeep auf der Straße an, und der gute Charley unterbrach seine Arbeit und stieß sein Gebell aus. Ein junger Mann in Stiefeln, Kordhosen und einem rotschwarz gemusterten Wintermantel kam auf mich zu. Er sprach mit dem harten, unfreundlichen Tonfall eines Mannes, der eine lästige Pflicht zu erfüllen hat.

»Haben Sie nicht gesehen, daß das Land hier eingezäunt ist? Das ist Privatbesitz.«

Normalerweise hätte sein Tonfall den Zunder in mir angesteckt. Ich wäre ärgerlich aufgebraust, und dann hätte er mich mit Genuß und gutem Gewissen vertreiben können. Wir hätten uns vielleicht sogar in einen erbitterten und giftigen Streit eingelassen. Das wäre nur normal gewesen. Durch die Ruhe und die Schönheit der Gegend antwortete ich nur zögernd, und durch das Zögern starb mein Ärger vollends ab. »Ich dachte mir gleich, daß es Privatbesitz sein muß«, sagte ich. »Ich wollte mich gerade nach jemandem umsehen, den ich um Erlaubnis bitten und dem ich vielleicht eine Gebühr bezahlen kann.«

»Der Eigentümer will nicht, daß man hier kampiert. Die Leute lassen Papier liegen und zünden Feuer an.«

»Ich kann's ihm nicht verdenken. Ich weiß, was sie für eine Schweinerei hinterlassen.«

»Haben Sie das Schild an dem Baum dort gesehen? Betreten, jagen, angeln, kampieren verboten.«

»Allerdings«, sagte ich, »das klingt ernst. Wenn Sie mich hinauswerfen müssen, dann kann man eben nichts machen. Ich gehe friedlich. Aber ich habe gerade eine Kanne Kaffee gemacht. Glauben Sie, Ihr Boß hätte etwas dagegen, wenn ich ihn vorher trinke? Und hätte er was dagegen, wenn ich Ihnen eine Tasse anbiete? Danach könnten Sie mich um so rascher fortjagen.«

Der junge Mann grinste. »Zum Teufel! Sie machen ja kein Feuer und lassen keinen Abfall liegen.«

»Ich tue etwas viel Schlimmeres. Ich will Sie mit einer Tasse Kaffee ködern. Und nicht nur das, ich schlage sogar vor, daß wir einen Tropfen Old Granddad hineintun.«

Jetzt lachte er. »Lassen Sie mich zuerst den Jeep von der Straße wegfahren.«

Das ganze übliche Schema geriet durcheinander. Er saß im Schneidersitz auf dem mit Kiefernnadeln bedeckten Boden und trank seinen Kaffee. Charley schnüffelte sich näher und ließ sich sogar anfassen, und das kommt bei Charley selten vor. Er läßt sich von Fremden sonst nicht anrühren, er ist dann gar nicht in Reichweite. Aber die Finger des jungen Mannes fanden genau die Stelle hinter Charleys Ohren, wo er so gern gekrault wird, und er seufzte zufrieden und setzte sich.

»Was tun Sie – gehen Sie jagen? Ich habe die Gewehre in Ihrem Wagen gesehen.«

»Ich bin nur auf der Durchreise. Wissen Sie, wenn man eine Stelle sieht, die einem gefällt, und man hat gerade die richtige Müdigkeit in den Knochen, dann kann man einfach nicht anders als anhalten.«

»Ja, ich weiß, was Sie meinen. Einen netten Wagen haben Sie.«

»Mir gefällt er, und Charley gefällt er auch.«

»Charley? Ich habe noch nie von einem Hund gehört, der Charley heißt. Sehr angenehm, Charley.«

»Ich möchte nicht, daß Sie mit Ihrem Chef Scherereien bekommen. Glauben Sie, ich sollte jetzt verduften?«

»Wozu denn? Er ist gar nicht da. Ich vertrete ihn. Sie stellen ja nichts an.«

»Ich bin unbefugt hier eingedrungen.«

»Neulich hat einer hier kampiert, der war irgendwie hier oben nicht ganz richtig. Als ich herkam und ihn fortjagen wollte, sagte er etwas Komisches. Er sagte: ›Unbefugtes Betreten ist kein Verbrechen. Ich bin kein Delinquent.‹ Er hat behauptet, das sei nur eine Übertretung. Können Sie mir sagen, was er damit gemeint hat? Er war sicher nicht ganz richtig.«

»Keine Ahnung«, sagte ich. »Ich bin ja hier oben richtig. Geben Sie Ihre Tasse her, ich wärme den Kaffee noch mal auf.«

Ich wärmte ihn auf zweierlei Weise auf.

»Sie machen feinen Kaffee«, sagte mein Gastgeber.

»Bevor es dunkel wird, muß ich einen Parkplatz finden. Wissen Sie irgendwo an der Straße eine Stelle, wo man mich über Nacht bleiben läßt?«

»Wenn Sie dort drüben hinter die Kiefern fahren, sieht Sie von der Straße aus kein Mensch.«

»Aber dann lasse ich mir eine Übertretung zuschulden kommen.«

»Ja. Wenn ich nur wüßte, was das heißt.«

Er fuhr im Jeep voraus und half mir im Kieferngehölz eine ebene Stelle suchen. Als es dunkel war, besuchte er mich, bewunderte Rosinantes Inneres, und wir tranken zusammen ein paar Glas Whisky und erzählten uns ein paar Lügen. Es war ein netter Besuch. Ich zeigte ihm künstliche Köder, die ich bei Abercrombie und Fitch gekauft hatte, und schenkte ihm einen, dazu gab ich ihm ein paar ausgelesene Krimis, alle voller Sex und Sadismus, und ein Exemplar der Zeitschrift ›Field and Stream‹. Dafür lud er mich ein, so lange zu bleiben, wie ich wollte, und sagte, er käme am nächsten Tag herüber, damit wir zusammen ein wenig angelten. Ich nahm die Einladung für mindestens einen Tag an. Es ist nett, wenn man Freunde hat. Außerdem wollte ich über alles nachdenken, was ich gesehen hatte, die riesigen Fabrikanlagen, das Hasten und Treiben. Der Wächter des Sees war ein einsamer Mann und um so einsamer, weil er eine Frau hatte. Er zeigte mir ihr Foto hinter Plastik in seiner Brieftasche, eine recht hübsche blonde Frau, die nach Kräften versuchte, den Bildern in den Illustrierten zu gleichen, ein Mädchen der kosmetischen Produkte, der Dauerwellen, Haarshampoos, Mundwasser, Hautpflegemittel. Sie haßte es, draußen in der Provinz zu sein, und sehnte sich nach dem mondänen und herrlichen Leben in Toledo oder South Bend. Ihr einziger Kontakt mit der Welt waren die Hochglanzseiten der Zeitschriften ›Charme‹ und ›Glamour‹. Eines Tages würde sie sich ihren Willen erschmollen. Ihr Mann würde eine Stelle in irgendeinem großen, lärmenden Organismus des Fortschritts finden, und fortan würden sie glücklich leben bis an das Ende ihrer Tage. Dies alles entnahm ich kleinen, indirekten Aufwallungen während seines Gesprächs. Sie wußte genau, was sie wollte, und er wußte es nicht; aber was er wollte, würde ihm sein ganzes Leben lang weh tun. Nachdem er mit seinem Jeep weggefahren war, lebte ich für ihn sein Leben, und es hüllte mich in einen Nebel der Verzweiflung ein. Er wollte seine hübsche kleine Frau haben, und er wollte noch etwas anderes und konnte nicht beides bekommen.

Charley hatte einen so lebhaften Traum, daß er mich aufweckte. Seine Beine zuckten, als laufe er, und er stieß kleine, juchzende Schreie aus. Vielleicht träumte er, er jage ein gigantisches Kaninchen und könne es nicht ganz erreichen. Vielleicht wurde auch er selbst in seinem Traum gejagt. Auf Grund der zweiten Annahme streckte ich die Hand aus und weckte ihn, aber der Traum muß sehr heftig gewesen sein. Er brummte vor sich hin und beklagte sich und trank eine halbe Schale Wasser, ehe er wieder einschlief.

Der Wächter kam bald nach Sonnenaufgang wieder. Er brachte eine Angelrute mit, und ich nahm meine eigene von der Wand und montierte eine Spinnrolle an. Dann mußte ich meine Brille suchen, um den grell angemalten Köder anzubringen. Die Nylonschnur ist durchsichtig, sie soll für Fische unsichtbar sein; jedenfalls ist sie für mich gänzlich unsichtbar, wenn ich keine Brille habe.

»Aber ich habe keinen Angelschein«, sagte ich.

»Egal, wahrscheinlich fangen wir doch nichts.«

Er hatte recht, wir fingen nichts.

Wir gingen am Ufer entlang, warfen die Schnur und gingen weiter und taten alles, von dem wir wußten, daß es das Interesse von Barschen oder Hechten weckt. Mein Freund sagte immer wieder: »Sie sind schon da, wenn wir es ihnen nur verständlich machen könnten.« Aber es gelang uns nicht. Wenn sie da waren, dann sind sie immer noch dort. So geht es mir meistens, wenn ich angle, aber es macht mir trotzdem Spaß. Ich habe einfache Bedürfnisse. Es liegt mir nichts daran, ein mächtiges Symbol des Schicksals an die Angelschnur zu bekommen und durch einen titanischen Kampf am Fischteich meine Männlichkeit zu beweisen. Aber manchmal habe ich nichts gegen ein paar bereitwillige Fische von Bratpfannengröße. Zur Mittagszeit lehnte ich die Einladung, zum Essen zu kommen und die Frau kennenzulernen, ab. Ich konnte es kaum mehr erwarten, bis ich meine eigene Frau traf. Deshalb fuhr ich weiter.

Wenn vor nicht allzu langer Zeit ein Mann in See stach, dann hörte er für zwei oder drei Jahre oder auch für immer zu existieren auf. Und wenn die Treckwagen aufbrachen, um den Kontinent zu durchqueren, dann konnte es geschehen, daß die zurückbleibenden Freunde und Verwandten nie wieder von ihnen hörten. Das Leben ging weiter, Probleme wurden gelöst, Entschlüsse gefaßt. Sogar ich kann mich noch an die Zeit erinnern, als ein Telegramm nur eines bedeuten konnte – einen Todesfall in der Familie. Innerhalb eines kurzen Menschenlebens hat das Telefon dies alles geändert. Wenn dieser konfuse Bericht den Eindruck erweckt, als hätte ich alle Verbindungsfäden zu den Familienfreuden und -sorgen durchschnitten, die von den augenblicklichen Missetaten und dem neuen Zahn des Sprößlings bis zu den geschäftlichen Erfolgen und Sorgen reichen, dann täuscht das. Dreimal in der Woche rief ich von einer Bar, einem Supermarkt oder von einer mit Reifen und Werkzeug vollgepfropften Werkstatt in New York an und stellte meine Identität in Zeit und Raum wieder her. Drei oder vier Minuten lang hatte ich einen Namen und stand den Pflichten, Freuden und Enttäuschungen gegenüber, die ein Mann hinter sich herzieht wie einen Kometenschweif. Es war, wie wenn man ständig von einer Dimension in die andere überwechselt, ein merkwürdiges Erlebnis, als ob man kurz in ein bekanntes und doch fremdes Gewässer taucht.

Wir hatten vereinbart, daß meine Frau nach Chicago geflogen kam, wo ich meine Fahrt kurz unterbrechen wollte. In zwei Stunden, wenigstens in der Theorie, würde sie ein Segment der Erde überfliegen, das ich in wochenlanger Fahrt durchquert hatte. Ich wurde ungeduldig, hielt mich an die große, gebührenpflichtige Straße, die an der Nordgrenze von Indiana entlangführt, fuhr an Elkhart, South Bend und Gary vorbei. Die Art der Straße bestimmt die Art der Fahrt. Die gerade Strecke, das Zischen des Verkehrs, die gleichbleibende Geschwindigkeit wirken hypnotisch, und während die Meilen unter einem wegrollen, macht sich eine unmerkliche Erschöpfung breit. Tag und Nacht gehen ineinander über. Die untergehende Sonne ist weder eine Einladung noch ein Befehl anzuhalten, denn der Verkehr rollt unablässig weiter.

Spät am Abend hielt ich vor einer Raststätte, aß ein belegtes Brötchen an der großen Theke, die durchgehend geöffnet ist, und ging mit Charley über gepflegten Rasen. Ich schlief eine Stunde, wachte jedoch lange vor Tagesanbruch wieder auf. Ich hatte Stadtkleidung, Hemden und Schuhe mitgebracht, aber einen Koffer hatte ich vergessen, in dem ich sie vom Wagen ins Hotelzimmer hätte tragen können. Andererseits wußte ich nicht, wo ich einen Koffer hätte unterbringen sollen. Unter einer Straßenlampe fand ich einen sauberen Pappkarton und packte meine Wäsche hinein. Meine sauberen weißen Hemden schlug ich in Straßenkarten ein und band das Paket mit Angelschnur zu.

Da ich meine Neigung kenne, im Gedröhn und Gedränge des Verkehrs in Panik zu verfallen, fuhr ich lange vor Tagesanbruch in Chicago ein. Ich wollte zum Hotel Ambassador East, wo ein Zimmer für mich reserviert war, doch selbstverständlich verfuhr ich mich. Schließlich kam ich auf den genialen Einfall, ein Taxi zu mieten, das mir vorausfuhr. Natürlich war ich vorher ganz nahe an meinem Hotel vorbeigefahren. Wenn der Portier und die Pagen mein Fahrzeug ungewöhnlich fanden, dann ließen sie sich nichts anmerken. Ich reichte meine Anzüge auf den Kleiderbügeln hinaus, meine Schuhe im Waidsack und die Hemden in den Straßenkarten von New England. Rosinante wurde in eine Garage außer Sichtweite gebracht. Charley mußte einen Hundezwinger aufsuchen, um aufbewahrt, gebadet und geschoren zu werden. Trotz seines Alters ist er ein eitler Hund und läßt sich gern schönmachen. Aber als er merkte, daß er allein gelassen werden sollte, und dies in Chicago, brach sein üblicher Aplomb in sich zusammen, und er jaulte zornig und verzweifelt auf. Ich verschloß meine Ohren und ging rasch ins Hotel.

Ich glaube, ich bin im Ambassador East gut und im günstigen Sinne bekannt, aber dies letztere konnte leicht anders werden, wenn ich in zerknitterter Jagdkleidung, unrasiert, mit von der Reise leicht verschmutztem Hemd und von der Nachtfahrt entzündeten Augen ankam. Zwar hatte ich ein Zimmer bestellt, aber es wurde erst um Mittag frei. Man setzte mir die mißliche Lage des Hotels eingehend auseinander. Ich hatte Verständnis und verzieh der Direktion. Dann schilderte ich meine eigene Lage, daß ich nämlich gern ein Bad und ein Bett gehabt hätte. Da ich das nicht bekommen konnte, erklärte ich mich bereit, mich im Foyer in einen Sessel zu setzen und dort zu schlafen, bis mein Zimmer frei wäre.

Ich sah den gequälten Blick des Geschäftsführers. Sogar mir war klar, daß ich keine Zierde für dieses elegante und teure

Etablissement war. Er zitierte einen Unterdirektor herbei, vielleicht durch Telepathie, und gemeinsam arbeiteten wir eine Lösung aus. Ein Herr war eben abgereist, um ein frühes Flugzeug zu erreichen. Sein Zimmer war noch nicht gesäubert und gerichtet, aber ich konnte es gern benutzen, bis meines frei war. So wurde das Problem mit Intelligenz und Geduld gelöst, und jeder hatte, was er wollte – ich konnte ein heißes Bad nehmen und schlafen, und dem Hotel war der Greuel erspart, mich im Foyer zu haben.

Das Zimmer war unberührt, seit sein vorheriger Bewohner abgereist war. Ich sank in einen bequemen Sessel, um die Schuhe auszuziehen, und ich zog sogar einen aus, ehe ich allerlei bemerkte und dann noch mehr und immer mehr. In erstaunlich kurzer Zeit vergaß ich das Bad und den Schlaf und war intensiv mit dem Einsamen Harry beschäftigt.

Wo ein Tier ruht oder vorbeigeht, hinterläßt es abgeknickte Grashalme, Fußspuren und vielleicht Losung, aber ein Mensch, der für eine Nacht ein Zimmer bewohnt, hinterläßt seinen Charakter, seine Biographie, seine jüngste Geschichte und manchmal seine Zukunftspläne und Hoffnungen. Außerdem glaube ich, daß das Wesen eines Menschen in die Wände eindringt und langsam wieder freigelassen wird. Dies könnte eine Erklärung für Geistererscheinungen und ähnliche Manifestationen sein. Meine Schlüsse sind vielleicht falsch, aber offenbar bin ich für Menschenspuren empfänglich. Außerdem gebe ich unumwunden zu, daß ich unverbesserlich neugierig bin. Ich bin noch nie an einem nicht verhangenen Fenster vorbeigegangen, ohne hineinzusehen, ich habe noch nie bei einem Gespräch, das mich nichts anging, weggehört. Ich kann dies damit begründen und sogar rechtfertigen, daß ich in meinem Metier über die Menschen Bescheid wissen muß. Aber ich glaube, im Grunde bin ich einfach neugierig.

Als ich in diesem ungerichteten Zimmer saß, nahm der Einsame Harry langsam Gestalt an. Aus dem, was der eben abgereiste Gast zurückgelassen hatte, gewann ich ein Bild von ihm. Natürlich hätte Charley mit seiner Nase noch wesentlich mehr erfahren. Aber Charley war in einem Hundezwinger und bereitete sich aufs Geschorenwerden vor. Trotzdem sehe ich Harry so deutlich vor mir wie jeden Menschen, den ich kennengelernt hatte, und deutlicher als manchen unter ihnen. Er ist keine einmalige Persönlichkeit, ja, er gehört sogar zu einer ziemlich großen Gruppe. Deshalb wird man ihn bei jeder Erforschung Amerikas berücksichtigen müssen. Ehe ich ihn zusammensetze und ehe einige Männer nervös werden, möchte ich erklären, daß er nicht Harry heißt. Er wohnt in Westport, Connecticut. Diese Information entnehme ich den Wäschereimarken von mehreren Hemden. Ein Mann wohnt normalerweise dort, wo er seine Hemden waschen läßt. Ich vermute, daß er nach New York zur Arbeit fährt. Seine Reise nach Chicago war in erster Linie eine Geschäftsreise, bei der er sich einige althergebrachte Vergnügungen gegönnt hat. Ich kenne seinen Namen, denn er hat auf Hotelbriefpapier einige Male seine Unterschrift geprobt, und jede Unterschrift unterschied sich ein wenig von der anderen. Dies scheint darauf hinzudeuten, daß er in der Geschäftswelt nicht so recht selbstsicher ist, doch dafür sprachen noch andere Anzeichen.

Er begann einen Brief an seine Frau, der ebenfalls im Papierkorb landete: »Liebling, alles geht glatt vonstatten. Versuchte heute, Deine Tante anzurufen, bekam aber keine Antwort. Schade, daß Du nicht hier bist. Das ist eine einsame Stadt. Du hast vergessen, meine Manschettenknöpfe einzupacken. Ich habe mir ein billiges Paar bei Marschall Field gekauft. Ich schreibe dies, während ich auf den Anruf von C. E. warte. Hoffentlich bringt er den Vertr. . .«

Es ist gut, daß Liebling nicht hereinschneite, um Chicago für Harry weniger einsam zu machen. Sein Gast war nicht C. E. mit einem Vertrag, sondern eine Brünette, die einen sehr blassen Lippenstift benützte – Zigarettenstummel im Aschenbecher und der Rand eines Whiskyglases verrieten es. Sie tranken Jack Daniel's, eine ganze Flasche – die leere Flasche, sechs Flaschen Soda und ein Kübel, in dem Eis gewesen war. Sie benützte ein schweres Parfüm und blieb nicht über Nacht – das zweite Kissen war zerdrückt, aber niemand hatte darauf geschlafen, außerdem waren keine Lippenstiftspuren an den weggeworfenen Papiertüchern. Ich möchte gern denken, daß sie Lucille hieß – ich weiß nicht weshalb. Vielleicht weil sie so hieß und heißt. Sie war eine nervöse Freundin, sie rauchte Harrys Filterzigaretten, und zwar von jeder nur ein Viertel, dann zündete sie eine neue an. Aber sie drückte sie nicht ordentlich aus, sondern zerquetschte sie, so daß die Enden ausfransten. Lucille trug einen jener Hüte, die von eingenähten Kämmen gehalten werden. Ein Kamm war herausgefallen. Dieser und eine Haarnadel neben dem Bett sagten mir, daß Lucille brünett ist. Ich weiß nicht, ob Lucille eine Professionelle ist oder nicht, aber jedenfalls ist sie erfahren. Sie hat etwas angenehm Geschäftsmäßiges an sich. Sie ließ nicht so viel liegen, wie es eine Amateurin getan hätte. Sie betrank sich auch nicht. Ihr Glas war leer, aber die Vase mit den roten Rosen – eine Aufmerksamkeit der Direktion – roch nach Jack Daniel's, und das tat den Rosen keineswegs gut. Ich wüßte gern, worüber Harry und Lucille gesprochen haben. Ich wüßte gern, ob sie ihm die Einsamkeit vertrieben hat. Irgendwie bezweifle ich es. Ich glaube, beide haben das getan, was man von ihnen erwartete. Harry hätte seinen Whisky nicht hinunterstürzen sollen, sein Magen verträgt das nicht – zwei leere Päckchen Tums Natron im Papierkorb. Ich glaube auch, sein Geschäft ist heikel und schlägt auf den Magen. Der Einsame Harry mußte die Flasche ausgetrunken haben, nachdem Lucille gegangen war. Er hatte einen Kater – zwei Röhrchen Bromkalium im Badezimmer.

Dreierlei beunruhigt mich am Einsamen Harry. Erstens glaube ich nicht, daß es ihm Spaß gemacht hat; zweitens glaube ich, daß er tatsächlich einsam war, vielleicht sogar chronisch; und drittens tat er absolut nichts Unberechenbares – er zerbrach kein Glas, keinen Spiegel, beging keinen Gewaltakt, hinterließ keinen physischen Beweis der Freude. Ich bin mit einem Schuh umhergehumpelt, um Harry kennenzulernen. Ich sah sogar unter das Bett und in den Schrank. Er hatte nicht einmal eine Krawatte vergessen. Harry tat mir leid.

Chicago bedeutete eine Unterbrechung meiner Reise. Ich nahm wieder meinen Namen an, meine Identität und meinen Status als glücklicher Ehemann. Meine Frau kam zu ihrem kurzen Besuch aus dem Osten geflogen. Ich freute mich über die Abwechslung, stand wieder in meinem gewohnten Leben, dem ich trauen kann, doch hier stoße ich auf eine literarische Schwierigkeit.

Chicago unterbrach die Kontinuität. Dergleichen ist im Leben erlaubt, aber nicht in Büchern. Deshalb übergehe ich Chicago, denn es gehört nicht hierher, paßt nicht ins Bild. Während der Fahrt war es angenehm und schön; in dieses Buch würde es nur einen Fremdkörper hineintragen.

Als diese Reisepause vorüber war und wir uns verabschiedet hatten, mußte ich die gleiche Einsamkeit wie beim erstenmal von vorn durchmachen, und es war nicht weniger schmerzlich. Gegen das Einsamsein gibt es anscheinend kein anderes Heilmittel als allein zu sein.

Charley war zwischen drei Gefühlen hin- und hergerissen – zwischen dem Zorn auf mich, weil ich ihn im Stich gelassen hatte, der Freude beim Anblick von Rosinante und purem Stolz über sein Äußeres. Denn wenn Charley gekämmt, geschoren und gewaschen ist, dann ist er so zufrieden mit sich wie ein Mann in einem guten Maßanzug oder eine Frau, die eben im Schönheitssalon eine neue Patina bekam. Sie alle können glauben, sie seien durch und durch so schön. Charleys getrimmte Stöckelbeine waren prächtig anzusehen, seine Kappe aus silberblauem Fell war schneidig, und er trug den Pinsel seines Schwanzes wie einen Tambourstab. Eine Pracht von einem gekämmten und getrimmten Schnurrbart gab ihm die Erscheinung und die Haltung eines französischen Wüstlings aus dem 19. Jahrhundert und verbarg außerdem diskret seine krummen Vorderzähne. Zufällig weiß ich, wie er ohne Maßanzug aussieht. Eines Sommers, als sein Fell stumpf und verfilzt geworden war, schor ich ihn bis auf die Haut. Seine kräftigen Beinsäulen erwiesen sich als spindeldürre, nicht allzu gerade Stecken; wenn das Brustfell fehlt, sieht man den Hängebauch des alternden Herrn. Aber wenn sich Charley seiner jammervollen Mängel bewußt war, ließ er es sich nicht anmerken. Wenn die Manieren den Mann ausmachen, dann machen Manieren und eine gute Schur einen Pudel. Er saß aufrecht und vornehm auf seinem Sitz und gab mir zu verstehen, daß Verzeihung zwar nicht unmöglich sei, daß ich mich aber ins Zeug legen müßte.

Ich weiß genau, daß er ein Schwindler ist. Als unsere Jungen noch kleiner waren, statteten wir ihnen einmal im Sommerlager den tödlichen Elternbesuch ab. Als wir gerade gehen wollten, sagte uns eine Dame, sie müsse rasch weg, damit ihr Sohn nicht hysterisch würde. Und mit tapferen, aber zitternden Lippen floh sie blindlings und verbarg ihre Gefühle, um ihr Kind zu retten. Der Junge sah ihr nach, wandte sich dann unendlich erleichtert seiner Bande und seiner Beschäftigung zu und wußte, daß auch er die Komödie mitgespielt hatte. Und ich weiß bestimmt, daß Charley fünf Minuten, nachdem ich ihn verlassen hatte, neue Freunde gefunden hatte und es sich wohl sein ließ. Aber eines täuschte Charley nicht vor. Er war froh, daß er wieder unterwegs war, und für einige Tage war er eine Zierde.

Illinois bescherte uns einen wunderbar klaren, frischen Herbsttag. Wir fuhren rasch nach Norden in Richtung Wisconsin, durch schönes Land mit prachtvollen Feldern und herrlichen Bäumen, ein gepflegtes Gentleman-Land mit weißen Zäunen. Ich glaube bestimmt, es wird durch Sondereinkünfte gestützt. Es schien mir nicht die Geschäftigkeit eines Landes zu haben, das sich und seinen Besitzer ernährt. Es erinnerte eher an eine schöne Frau, welche die Unterstützung und Hilfe vieler Gesichtsloser braucht, nur damit es weitergeht. Aber dieser Umstand macht sie nicht weniger reizvoll – sofern man sie sich leisten kann.

Es ist möglich, sogar wahrscheinlich, daß man etwas über einen Ort hört, daß man es glaubt, es weiß und trotzdem nichts darüber weiß. Ich war noch nie in Wisconsin gewesen, aber mein ganzes Leben lang hatte ich darüber gehört. Ich hatte Käse aus Wisconsin gegessen, manche Sorten gehören zu den besten der Welt, und ich muß auch schon Bilder gesehen haben wie jedermann. Weshalb war ich dann nicht auf die Schönheit dieses Landstrichs vorbereitet, auf den Abwechslungsreichtum der Felder, Hügel, der Wälder und Seen? Heute glaube ich, daß ich es wegen der enormen Mengen an Milchprodukten, die dieser Staat liefert, für eine einzige große Viehweide gehalten hatte. Ich hatte noch nie eine Landschaft gesehen, die sich so rasch ändert, und weil ich es nicht erwartet hatte, versetzte mich alles, was ich sah, in Entzükken. Ich weiß nicht, wie es dort in anderen Jahreszeiten ist, im Sommer mag es vielleicht stickig und drückend heiß sein, im Winter vielleicht grimmig kalt, aber als ich Wisconsin Anfang Oktober zum ersten und einzigen Mal sah, lag buttergelbes Sonnenlicht darüber, und die Luft war nicht dunstig, sondern so klar, daß jeder Baum sich von anderen abhob und die Hügel nicht ineinander übergingen, sondern allein dastanden. Das Licht drang in die Dinge ein, so daß ich glaubte, ich könne tief in sie hineinsehen. Ich habe das nur noch in Griechenland erlebt. Jetzt fiel mir ein, daß man mir berichtet hatte, Wisconsin sei ein schöner Staat. Trotzdem war ich nicht darauf vorbereitet. Es war ein zauberhafter Tag. Das Land strotzte. Die fetten Kühe und Schweine glänzten vor dem Grün, auf den Feldern stand das Korn in kleinen Pyramiden, und wo ich hinsah, waren Kürbisse.

Ich weiß nicht, ob es in Wisconsin ein Käseprobierfest gibt, aber ich als Käseliebhaber finde, so etwas müßte es geben. Überall gab es Käse, in Käsezentralen, Käsefilialen, Käsegeschäften und Käseverkaufsständen, vielleicht gab es sogar Käse-Eiskrem. Ich halte alles für möglich, seit ich ein Reklameschild für Schweizerkäse-Konfekt gesehen habe. Schade, daß ich nicht anhielt und Schweizerkäse-Konfekt probierte. Jetzt kann ich niemanden davon überzeugen, daß es das tatsächlich gibt, daß ich es nicht erfunden habe.

An der Straße fiel mir ein sehr großes Geschäft auf, die größte Seemuschelhandlung der Welt – und das in Wisconsin, das seit dem Präkambrium kein Meer mehr gesehen hat. Wisconsin ist eben voller Überraschungen. Ich hatte auch von den Wisconsin Dells schon gehört, war aber nicht auf die sonderbare Landschaft gefaßt, die von der Eiszeit modelliert worden war, ein seltsames, schwarzgrünes Land mit Flüssen und ausgewaschenem Fels. Wer hier unverhofft aufwachen würde, müßte glauben, er träume von einem anderen Planeten, denn dieses Land hat etwas Unirdisches an sich, oder es sei ein Bild aus einer Zeit, als die Welt noch viel jünger und ganz anders war. An die Ufer der verträumten Gewässer klammerte sich der Plunder unserer Zeit, die Motels, Würstchenstände, Kioske, in denen der billige Schund verkauft wird, den die Sommertouristen so lieben. Doch diese Inkrustationen waren über den Winter geschlossen und zugenagelt, und selbst wenn sie offen gewesen wären, glaube ich kaum, daß sie den Zauber der Wisconsin Dells hätten brechen können.

An jenem Abend hielt ich auf einem Hügel vor einer Fernfahrerraststätte an. Sie war von besonderer Art. Hier standen riesige Viehtransportwagen, und die Hinterlassenschaften ihrer letzten Fracht wurden ausgemistet. Rings türmten sich Dungberge, und über ihnen standen pilzförmige Fliegenwolken. Charley ging lächelnd umher und schnüffelte verzückt wie eine Amerikanerin in einer französischen Parfümerie. Ich kann gegen seine Vorliebe nichts sagen. Die Geschmäcker sind eben verschieden. Und die Gerüche waren kräftig und erdhaft, aber nicht ekelerregend. Als die Dämmerung sich vertiefte, ging ich mit Charley zwischen diesen Bergen des Entzückens hindurch zum Kamm des Hügels und sah in ein kleines Tal hinab, das darunter lag. Es war ein verblüffender Anblick. Ich dachte zuerst, das stundenlange Fahren hätte mein Sehvermögen beeinträchtigt oder meine Urteilskraft getrübt, denn die dunkle Erde dort unten schien sich zu bewegen und zu pulsieren, zu atmen. Es war kein Wasser, aber es war gekräuselt wie eine schwarze Flüssigkeit. Ich ging rasch den Berg hinab, um das Trugbild zu beseitigen. Die Talsohle war mit Truthähnen bedeckt, es mußten Millionen sein. Sie standen so dicht, daß sie einen geschlossenen Teppich bildeten. Ich war sehr erleichtert. Dies war natürlich ein Reservoir für den Thanksgiving Day.

Es liegt in der Natur der Truthähne, daß sie sich abends nahe aneinanderdrängen. Ich erinnere mich aus meiner Jugendzeit daran, wie sich die Truthähne auf unserer Ranch in Klumpen in den Zypressen zusammendrängten, unerreichbar für Wildkatzen und Kojoten, meines Wissens das einzige Anzeichen dafür, daß Truthähne überhaupt eine Art Intelligenz besitzen. Wenn man sie kennt, kann man sie nicht lieben, denn sie sind eitel und hysterisch. Sie versammeln sich in verwundbaren Gruppen und brechen auf Gerüchte hin in Panik aus. Sie sind von sämtlichen Krankheiten befallen wie anderes Geflügel, und dazu von einigen, die sie selbst erfunden haben. Ich glaube, Truthähne gehören zum manisch-depressiven Typ. Sie kollern und plustern sich auf, schlagen ein Rad, breiten in amouröser Prahlerei die Flügel aus, und im nächsten Moment stürzen sie feige davon. Es ist kaum zu fassen, wie sie mit ihren wilden, klugen und mißtrauischen

Vettern verwandt sein können. Aber hier, wo sie zu Tausenden saßen, bedeckten sie den Boden und warteten darauf, bis sie auf den amerikanischen Servierbrettern auf dem Rücken lagen.

Ich weiß, es ist eine Schande, daß ich noch nie die prächtigen Zwillingsstädte St. Paul und Minneapolis gesehen habe, aber um wieviel größer ist die Schande, daß ich sie auch jetzt noch nicht kenne, obwohl ich durch sie gefahren bin. Als ich in ihre Nähe kam, geriet ich in eine große Verkehrsbrandung, in Wellen aus Kombiwagen und Brecher aus röhrenden Lastwagen. Ich möchte gern wissen, weshalb ich scheitere, wenn ich eine Route zu gründlich plane, während ich ohne die geringsten Schwierigkeiten durchkomme, wenn ich in seliger Ahnungslosigkeit aufbreche, ohne auf die Richtung zu achten. Am frühen Morgen hatte ich Landkarten studiert und sorgfältig den Weg markiert, den ich fahren wollte. Ich hatte einen ehrgeizigen Plan – ich wollte auf dem Highway 10 nach St. Paul und dann elegant über den Mississippi fahren. Die S-Kurve, die der Mississippi dort macht, hätte es mir ermöglicht, dreimal den Fluß zu überqueren. Nach dieser angenehmen Spritztour wollte ich durch das Golden Valley fahren, angelockt von seinem Namen. Nichts scheint einfacher zu sein, und vielleicht ist es auch zu schaffen, aber nicht für mich.

Zuerst prallte der Verkehr heran wie eine Gezeitenwelle und trug mich mit, eine Art Strandgut, das vorn an einen Tankwagen gebunden war, der einen halben Häuserblock lang war. Hinter mir kam eine riesenhafte Betonmischmaschine auf Rädern, und ihre enorme Mischtrommel drehte sich während der Fahrt. Zu meiner Rechten war etwas, das ich als Atomkanone einschätzte. Wie gewöhnlich ergriff mich die Panik, und ich verirrte mich. Wie ein erschöpfter Schwimmer schob ich mich nach rechts und bog in eine stille Straße ein, nur um von einem Schutzmann angehalten zu werden, der mir eröffnete, daß die Durchfahrt für Lastwagen und ähnliches Ungeziefer hier verboten sei. Er drängte mich zurück in den Mahlstrom.

Ich fuhr stundenlang und konnte keinen Moment den Blick von den Mammuten abwenden, zwischen denen ich eingekeilt war. Ich muß den Fluß überquert haben, aber ich sah ihn nicht. Nicht ein einziges Mal habe ich ihn gesehen. Ich habe weder St. Paul gesehen noch Minneapolis. Ich sah nichts als einen Fluß aus Lastwagen, ich hörte nichts als das Röhren von Motoren. Die mit Dieselabgasen geschwängerte Luft stach mir in die Lungen. Charley bekam einen Hustenanfall, und ich hatte nicht einmal Zeit, ihm auf den Rücken zu klopfen. An einer Ampel sah ich, daß ich mich auf einer Evakuierungsroute befand. Ich begriff das erst nach einiger Zeit. In meinem Kopf drehte es sich. Ich hatte jegliche Orientierung verloren. Aber das Schild »Evakuierungsroute« kam wieder. Es ist die Straße für die Flucht vor der Bombe, die noch nicht gefallen ist. Hier, mitten im Mittelwesten, eine Fluchtstraße, eine Straße, die von der Angst gebaut wurde. Im Geist sah ich es vor mir, denn ich habe schon flüchtende Menschen gesehen, die Straßen bis zum Stillstand verstopft, die Massenflucht über die Klippe, die wir selbst geschaffen haben. Und plötzlich dachte ich an das Tal mit den Truthähnen und fragte mich, wie ich die Stirn haben konnte, die Truthähne dumm zu nennen. Sie haben uns sogar eines voraus. Sie schmecken gut.

Ich brauchte fast vier Stunden, bis ich die Zwillingsstädte durchquert hatte. Einige Viertel davon sollen schön sein. Das Golden Valley habe ich nicht gefunden. Auch war Charley keinerlei Hilfe. Er hat nichts mit einer Rasse zu tun, die ein Ding bauen konnte, vor dem sie fliehen muß. Er hat kein Bedürfnis, den Mond zu besuchen, um nur ja wegzukommen. Mit unseren Dummheiten konfrontiert, nimmt Charley sie so, wie sie sind – als Dummheiten.

Irgendwann in diesen Tollhausstunden muß ich noch einmal den Fluß überquert haben, denn ich war wieder auf der U.S. 10 und fuhr auf dem Ostufer des Mississippi nach Norden. Nun kam offenes Land, und ich hielt erschöpft vor einem Straßenrestaurant an. Es war ein deutsches Restaurant, komplett mit Würstchen und Sauerkraut, und Maßkrüge hingen in Reihen über der Theke, blitzblank und unbenützt. Zu dieser Tageszeit war ich der einzige Gast. Die Kellnerin war keine Brunhilde, sondern ein mageres, griesgrämiges kleines Ding, entweder ein junges, abgehärmtes Mädchen oder eine sehr flinke alte Frau, ich konnte es nicht unterscheiden. Ich bestellte Bratwurst und Sauerkraut und sah genau, wie der Koch ein Würstchen aus einem Cellophanbeutel nahm und es in kochendes Wasser warf. Das Bier kam in einer Dose. Die Bratwurst war furchtbar und das Kraut eine beleidigende, wässerige Schweinerei.

»Könnten Sie mir vielleicht helfen?« fragte ich das alte Mädchen.

»Was haben Sie?«

»Ich glaube, ich habe mich ein bißchen verirrt.«

»Inwiefern?«

Der Koch beugte sich aus seinem Fenster und stützte den nackten Ellbogen auf die Serviertheke.

»Ich will nach Sauk Centre, aber es sieht nicht so aus, als ob ich es fände.«

»Wo kommen Sie her?«

»Aus Minneapolis.«

»Was suchen Sie dann auf dieser Seite des Flusses?«

»Vielleicht habe ich mich schon in Minneapolis verirrt.«

Sie sah den Koch an. »Er hat sich in Minneapolis verirrt.«

»Kein Mensch kann sich in Minneapolis verirren«, erklärte der Koch. »Ich bin dort geboren und weiß es.«

Die Kellnerin sagte: »Ich bin aus St. Cloud, und ich kann mich in Minneapolis nicht verirren.«

»Vielleicht habe ich ein besonderes Talent dafür, jedenfalls möchte ich nach Sauk Centre.«

Der Koch sagte: »Wenn er auf einer Straße bleiben kann, dann kann er sich nicht verirren. Sie sind jetzt auf der Zweiundfünfzig. Fahren Sie hinüber nach St. Cloud und bleiben Sie auf der Zweiundfünfzig.«

»Liegt Sauk Centre an der Zweiundfünfzig?«

»Wo sonst! Sie müssen hier in der Gegend fremd sein, wenn Sie sich in Minneapolis verirren. Ich könnte mich nicht einmal mit verbundenen Augen verirren.«

»Könnten Sie sich in Albany oder San Francisco verirren?« fragte ich ein wenig unwirsch.

»Ich bin noch nie dort gewesen, aber ich wette, ich würde mich nicht verirren.«

»Ich war mal in Duluth«, sagte die Kellnerin, »und Weihnachten fahre ich nach Sioux Falls. Ich hab' dort eine Tante.«

»Hast du nicht auch in Sauk Centre Verwandte?« fragte der Koch.

»Doch, aber das ist nicht so weit weg – er redet ja von San Francisco. Mein Bruder ist bei der Marine. Er ist in San Diego. Haben Sie Verwandte in Sauk Centre?«

»Nein, ich möchte es nur einmal sehen. Sinclair Lewis ist dort geboren.«

»Aha! Ja, richtig. Sie haben ein Schild aufgestellt. Ich glaube, es kommt eine ganze Menge Leute deswegen. Es ist für die Stadt ein Segen.«

»Er war der erste, der mir über die Gegend hier erzählt hat.«

»Wer war das doch gleich?«

»Sinclair Lewis.«

»Aha! Ja, richtig. Kennen Sie ihn?«

»Nein, ich habe ihn nur gelesen.«

Ich bin sicher, sie wollte fragen: »Wen?«, aber ich kam ihr zuvor. »Sie sagten, ich soll nach St. Cloud hinüberfahren und auf der Zweiundfünfzig bleiben?«

»Ich glaube kaum, daß der Dingsda noch dort ist.«

»Ich weiß. Er ist tot.«

»Was Sie nicht sagen!«

In Sauk Centre stand tatsächlich ein Schild: »Geburtsort von Sinclair Lewis.« Ich fuhr rasch durch und bog nach Norden auf den Highway 71 ein, der nach Wadena führt. Es wurde dunkel, und ich fuhr weiter in Richtung Detroit Lakes. Ich sah ein Gesicht vor mir, ein mageres, zerrunzeltes Gesicht wie ein Apfel, der zu lange in der Hürde gelegen hatte, ein einsames Gesicht, krank vor Einsamkeit.

Ich hatte ihn nicht sehr gut gekannt. Und ich hatte ihn nie in den stürmischen Tagen getroffen, als man ihn »Red« nannte. Gegen Ende seines Lebens rief er mich einige Male in New York an, und dann aßen wir zusammen im »Algonquin«. Ich nannte ihn Mr. Lewis – und das tue ich im Geiste immer noch. Er trank nicht mehr und hatte keinen Spaß am Essen, aber hin und wieder wurden seine Augen stählern.

Als Oberschüler hatte ich seine ›Hauptstraße‹ gelesen. Und ich erinnere mich noch, was für einen grimmigen Haß dieses Buch in der Gegend hervorrief, wo er geboren war.

Ging er zurück?

Er fuhr nur hin und wieder durch. Der wirklich gute Autor ist ein toter Autor. Er kann niemanden mehr überraschen, er kann niemanden mehr verletzen. Als ich ihn das letzte Mal sah, schien er noch runzliger geworden zu sein. Er sagte: »Ich friere. Ich friere immer. Ich gehe nach Italien.«

Und das tat er, und dort starb er, und ich weiß nicht, ob es wahr ist oder nicht, aber ich habe gehört, er sei allein gestorben. Und jetzt ist er ein Segen für die Stadt. Jetzt zieht er Touristen an. Jetzt ist er ein guter Autor.

Wenn in Rosinante Platz gewesen wäre, hätte ich die WPA*-Führer der Staaten eingepackt, alle achtundvierzig Bände. Ich besitze sie alle, obwohl manche sehr selten sind. Wenn ich mich recht erinnere, wurden in North Dakota nur achthundert Exemplare gedruckt, in South Dakota nur fünfhundert. Die ganze Serie stellte das gründlichste Handbuch über die Vereinigten Staaten dar, das je zusammengetragen wurde, und nichts, was seither erschien, ist ihm auch nur annähernd ebenbürtig. Die Serie wurde während der Depression von den besten Autoren Amerikas geschrieben, die, falls das möglich ist, noch deprimierter waren als alle anderen, während ihr ureigenster Eßinstinkt blieb. Aber diese Bücher waren Roosevelts Opposition ein Dorn im Auge. Wenn die W. P. A.-Arbeiter sich auf ihre Schaufeln stützten, dann stützten sich die Autoren auf ihre Federn, mit dem Ergebnis, daß in einigen Staaten die Druckstöcke vernichtet wurden, nachdem ein paar wenige Exemplare ausgedruckt waren. Das ist eine Schande, denn es waren Muster an planmäßiger, dokumentierter und gutgeschriebener Information über geologische, historische und wirtschaftliche Fakten. Wenn ich meine Führer mitgebracht hätte, dann hätte ich zum Beispiel Detroit Lakes, Minnesota, aufgeschlagen, wo ich Rast machte, und ich hätte erfahren, weshalb die Stadt Detroit Lakes heißt, wer ihr wann diesen Namen gegeben hat und warum. Ich kam dort spät am Abend an, und ich weiß nicht mehr darüber als Charley.

Am nächsten Tag sollte ein lange gehegter Wunsch in Erfüllung gehen und Früchte tragen.

Merkwürdig, wie ein Ort, den man noch nie besucht hat, so sehr von einem Besitz ergreifen kann, daß schon sein Name etwas in einem anklingen läßt. Solch ein Ort war für mich Fargo, North Dakota. Zunächst denkt man vielleicht an den Namen Wells-Fargo, aber mein Interesse geht bestimmt tiefer. Wenn Sie eine Karte der Vereinigten Staaten zur Hand nehmen und sie in der Mitte falten, so daß der Ostrand über dem Westrand liegt, und die Karte scharf kniffen, dann liegt Fargo genau im Knick. Auf doppelseitigen Karten in Atlanten geht Fargo manchmal im Buchfalz verloren. Das ist vielleicht keine sehr wissenschaftliche Methode, wenn man die Mitte des Landes finden will, aber sie erfüllt ihren Zweck. Doch

* Works Progress Administration

Fargo ist für mich außerdem die Schwester der legendären Orte der Erde, verwandt mit jenen märchenhaft fernen Gefilden, die Herodot, Marco Polo und Mandeville erwähnen. Soweit ich mich zurückerinnern kann, war an einem kalten Tag Fargo für mich der kälteste Ort des Kontinents. Während Hitzeperioden berichteten die Zeitungen, in Fargo sei es noch heißer als anderswo, oder es sei nasser oder trockener oder tiefer eingeschneit. Das ist wenigstens mein Eindruck. Aber ich weiß, daß ein Dutzend oder ein halbes Hundert Städte in verletztem Zorn aufstehen und mir Behauptungen und Zahlen vorhalten werden, mit denen sie beweisen, daß sie ein wesentlich extremeres Klima auszuhalten haben als Fargo. Ich entschuldige mich im voraus. Zur Besänftigung verletzter Gefühle muß ich zugeben, daß es ein goldener Herbsttag war, als ich durch Moorhead, Minnesota, fuhr und über den Red River nach Fargo auf der anderen Seite des Flusses kam. In der Stadt herrschte wie überall der gleiche Verkehr, sie war ebenso mit Neon aufgeputzt, ebenso verstopft und quirlend vor Aktivität wie jede andere aufstrebende Stadt mit 46000 Seelen. Die Landschaft unterschied sich nicht von der in Minnesota jenseits des Flusses. Ich fuhr wie gewöhnlich durch die Stadt, sah wenig außer dem Lastwagen vor mir und dem Thunderbird im Rückspiegel. Es ist schlimm, wenn man seine Mythen so erschüttert bekommt. Würden Samarkand oder China oder Japan das gleiche Schicksal erleiden, wenn man sie besuchte? Als ich die Außenviertel und den äußeren Ring aus Altmetall und Scherben hinter mir hatte und durch Mapleton gefahren war, fand ich am Maple River einen hübschen Rastplatz nicht weit von Alice – was für ein schöner Name für eine Stadt, Alice! Es hatte 1950 hundertzweiundsechzig Einwohner und bei der letzten Volkszählung hundertvierundzwanzig. Soviel zur Bevölkerungsexploision in Alice. Jedenfalls fuhr ich am Maple River in ein kleines Wäldchen am Fluß – ich glaube, es waren Ahornbäume, die sich über das Wasser beugten – und leckte meine mythologischen Wunden. Und ich stellte zu meiner Befriedigung fest, daß Fargo als Faktum in keiner Weise mein geistiges Bild von ihm zerstört hat. Ich sah Fargo noch so wie früher – unter zuckenden Blitzen, in drückender Hitze, mit Staub bedeckt. Ich kann mit Freuden berichten, daß in dem Kampf zwischen Realität und Romantik die Realität nicht die Stärkere ist.

Obwohl es noch früh am Tag war, kochte ich ein aufwendiges Mittagessen, ich weiß nicht mehr, was es war. Charley, der noch Spuren seiner Chicagoer Verschönerung trug, watete ins Wasser und wurde so dreckig, wie er vorher gewesen war.

Nach dem tröstlichen Beisammensein in Chicago mußte ich mich von neuem an das Alleinsein gewöhnen. Das dauert seine Zeit. Doch hier am Maple River, nicht weit von Alice, lernte ich es wieder. Charley hatte mir in einer beneidenswert überlegenen Art verziehen, aber nun nahm er auch wieder seine alte Beschäftigung auf. Der Rastplatz am Ufer war wohltuend. Ich holte meine Mülleimerwaschmaschine heraus und spülte die Wäsche, die nun zwei Tage lang im Waschmittel getanzt hatte. Und da ein leichter Wind wehte, hängte ich meine Leintücher auf einige niedere Büsche zum Trocknen auf. Ich weiß nicht, was für Büsche es waren, aber die Blätter rochen stark nach Sandelholz, und es gibt nichts Besseres als aromatisierte Leintücher. Ich machte auf gelbes Papier einige Notizen über die Natur und das Wesen der Einsamkeit. Die Notizen wären im normalen Verlauf der Dinge verlorengegangen wie immer, aber gerade diese Blätter kamen lange Zeit später wieder zum Vorschein. Sie waren um eine Flasche Ketchup geschlagen und mit Gummiband daran befestigt. Die erste Notiz lautet: »Verhältnis zwischen Zeit und Einsamkeit.« Und ich erinnerte mich noch an den Gedankengang. Wenn man einen Begleiter hat, dann stellt einen dies in die Zeit, und zwar in die Gegenwart. Aber wenn die Einsamkeit sich auf einen herabsenkt, dann gehen Vergangenheit, Gegenwart und Zukunft ineinander über. Eine Erinnerung, ein gegenwärtiges Ereignis und eine Vorausschau spielen sich alle gleichermaßen in der Gegenwart ab.

Die zweite Notiz ist unter einem Flecken Ketchup oder Catsup verborgen, aber die dritte hat es in sich. Sie lautet: »Rückkehr zur Freude-Schmerz-Basis«, und das geht auf eine Beobachtung aus einer anderen Zeit zurück.

Schon vor einigen Jahren machte ich einmal Erfahrungen mit der Einsamkeit. Zwei aufeinanderfolgende Jahre war ich den Winter über acht Monate lang allein in der Sierra Nevada am Lake Tahoe. Ich war Verwalter eines Sommer-Landsitzes, solange er eingeschneit war. Und ich machte damals einige Beobachtungen. Ich stellte fest, daß meine Empfindungen im Laufe der Zeit abstumpften. Normalerweise pfeife ich gern. Ich stellte das Pfeifen ein. Ich hörte auf, mich mit meinen

Hunden zu unterhalten, und ich glaube, daß die Feinheiten des Gefühls allmählich verschwanden, bis ich schließlich nur noch entweder Freude oder Schmerz empfand. Dann schien mir, daß die feinen Schattierungen des Gefühls und der Reaktionen die Folge des menschlichen Umgangs sind, und daß sie ohne diesen langsam verblassen. Ein Mann, der nichts zu sagen weiß, hat auch keine Worte. Kann auch das Gegenteil der Fall sein? Findet ein Mann, der keinen Menschen hat, zu dem er etwas sagen könnte, deshalb keine Worte, weil er keine Worte braucht? Hin und wieder las man Berichte über Säuglinge, die von Tieren aufgezogen wurden – zum Beispiel von Wölfen. Es wurde berichtet, daß die Kinder auf allen vieren krochen, Laute von sich gaben, die sie von ihren Nähreltern lernten, und vielleicht dachten sie sogar nach Wolfsart. Nur durch die Imitation entwickeln wir uns zur Originalität. Nehmen wir zum Beispiel Charley. Er hatte immer Umgang mit gebildeten, sanftmütigen, belesenen und vernünftigen Leuten, in Frankreich wie in Amerika. Charley gleicht als Hund ebensowenig einem Hund wie einer Katze. Er hat scharfe und empfindliche Sinne, und er kann Gedanken lesen. Ich weiß nicht, ob er die Gedanken anderer Hunde lesen kann, aber meine kann er lesen. Noch ehe ein Plan in mir auch nur halb ausgereift ist, weiß Charley Bescheid, und er weiß auch, ob er in den Plan eingeschlossen ist oder nicht. Daran besteht kein Zweifel. Ich kenne seinen verzweifelten und mißbilligenden Blick zu gut, wenn ich gerade gedacht habe, er muß zu Hause bleiben. Soviel zu den drei Notizen unter dem roten Fleck an der Ketchup-Flasche.

Bald streunte Charley stromabwärts und entdeckte einige weggeworfene Abfallbeutel, die er mit Kennerschaft durchging. Er beroch eine leere Bierdose, schnüffelte in die Öffnung hinein und lehnte sie ab. Dann nahm er die Papiertasche zwischen die Zähne und schüttelte sie vorsichtig, so daß weitere Schätze herausfielen, darunter ein Stück zerknülltes dikkes, weißes Papier.

Ich schlug es auseinander und glättete die zornigen Falten. Es war ein Gerichtsbefehl, adressiert an einen Jack Sowieso, worin ihm mitgeteilt wurde, wenn er seine rückständigen Alimente nicht bezahle, wäre das Gehorsamsverweigerung, und er würde sich strafbar machen. Das Gericht saß in einem der Oststaaten, und hier war ich in North Dakota. Ein armer Teufel, der durchgebrannt war. Er hätte diese Spur nicht zurücklassen sollen, falls jemand hinter ihm her war. Ich zog mein Feuerzeug heraus und verbrannte das Beweisstück im vollen Bewußtsein, daß ich die Gehorsamsverweigerung unterstützte. Guter Gott, die Fährten, die wir hinterlassen! Angenommen, jemand hätte die Ketchup-Flasche gefunden und versucht, mich auf Grund meiner Notizen zu rekonstruieren. Ich half Charley den Abfall durchsuchen, aber es war nichts Schriftliches mehr dabei, nur leere Konservendosen. Der Mann war kein Koch. Er lebte aus Büchsen, aber vielleicht tat seine frühere Frau das auch.

Es war erst kurz nach Mittag. Ich war so aufgeräumt und zufrieden, daß mir der Gedanke an die Weiterfahrt ein Greuel war. »Sollen wir hier übernachten, Charley?« Er musterte mich und wedelte mit dem Schwanz, wie ein Professor mit dem Bleistift droht, einmal nach links, einmal nach rechts und dann wieder in die Mitte. Ich setzte mich ans Ufer, zog Schuhe und Socken aus, hängte die Füße ins Wasser, das so kalt war, daß es brannte, bis die Eiseskälte unter die Haut drang und das Gefühl abstarb. Meine Mutter hatte geglaubt, wenn man die Füße in kaltes Wasser stellt, steige einem das Blut in den Kopf, so daß man besser denken kann. »Geben wir uns Rechenschaft, *mon vieux Chamal*«, sagte ich laut, »mit anderen Worten, ich bin wunderbar faul. Ich habe mich auf die Reise gemacht, weil ich etwas über Amerika erfahren wollte. Erfahre ich etwas? Wenn ja, was? Sieht es bis jetzt so aus, als würde ich mit einem Sack voll Schlußfolgerungen, einem Packen gelöster Rätsel heimkehren? Ich bezweifle es, aber vielleicht ist es doch möglich. Wenn ich nach Europa fahre und gefragt werde, wie Amerika ist, was soll ich dann antworten? Ich weiß nicht. Und was hast du auf Grund deiner Geruchsforschungen erfahren, mein Freund?«

Zwei komplette Schwanzwedler. Wenigstens ließ er die Frage nicht offen.

»Riecht Amerika bis jetzt überall gleich, oder gibt es Regionaldüfte?« Charley begann sich linksherum um sich selbst zu drehen, und dann drehte er sich achtmal rechtsherum, ehe er sich endlich niederließ und die Schnauze auf die Pfoten legte, den Kopf in Reichweite meiner Hand. Er hat nämlich Schwierigkeiten, wenn er sich hinlegen will. Als er jung war, wurde er einmal angefahren und brach sich die Hüfte. Er trug lange Zeit ein Gipskorsett. Jetzt, nachdem er den Höhepunkt seines Lebens überschritten hat, macht ihm die Hüfte zu schaffen, wenn er müde ist. Wenn er zu lange gerannt ist, hinkt er mit dem rechten Hinterbein. Wegen der langen Drehmanöver, die er vollführt, ehe er sich hinlegt, nennen wir ihn manchmal einen Drehpudel – zu unserer Schande. Wenn die Theorie meiner Mutter richtig war, dann dachte ich vorzüglich. Aber sie hatte auch gesagt: »Kalte Füße, warmes Herz.« Und das ist wieder etwas anderes.

Ich hatte ein gutes Stück abseits der Straße und von jedem Verkehr entfernt geparkt, um mich auszuruhen und mir Rechenschaft zu geben. Das ist mein Ernst. Ich hatte meine Bequemlichkeit nicht ein paar amüsanter Anekdoten wegen aufgegeben. Ich kam mit dem Wunsch, zu erfahren, wie Amerika ist, und ich war nicht sicher, ob ich auch nur das geringste erfuhr. Ich stellte fest, daß ich laut mit Charley sprach. Im Prinzip gefällt ihm das, aber in der Praxis schläfert es ihn ein.

»Unter uns Männern. Versuchen wir es mal mit dem, was meine Jungen ›diese ewigen Verallgemeinerungen‹ nennen würden. Nehmen wir das Essen, das man uns vorgesetzt hat. Es ist mehr als wahrscheinlich, daß es in den Städten, durch die wir gefahren sind, vom Verkehr gepeinigt, gute und vornehme Restaurants mit herrlichen Speisekarten gibt. Aber in den Lokalen an den Straßen war das Essen hygienisch, ohne Geschmack, ohne Farbe und überall absolut gleich. Es sieht fast so aus, als kümmere es die Gäste nicht, was sie essen, wenn es nur keinen Charakter hat, denn das brächte sie in Verlegenheit. Das gilt für alles bis auf das Frühstück, das unterschiedslos großartig schmeckt, wenn man sich an Schinken, Eier und Bratkartoffeln hält. Ich bekam in den Straßenlokalen kein einziges Mal ein wirklich gutes Essen oder ein wirklich schlechtes Frühstück. Der Schinken und die Würstchen waren gut, von der Fabrik hygienisch verpackt, die Eier frischgehalten durch Tiefkühlung, und Tiefkühlung gab es überall.« Ich könnte sogar sagen, das Straßenamerika sei das Frühstücksparadies, wenn eines nicht gewesen wäre. Hin und wieder sah ich ein Schild mit der Aufschrift »Hausmacherwurst« oder »Selbstgeräucherter Speck und Schinken« oder »Frische Eier«. Dann hielt ich an und ergänzte meine Vorräte. Wenn ich dann mein eigenes Frühstück zubereitete und meinen eigenen Kaffee kochte, stellte ich fest, daß der Unterschied kraß war. Ein frisches Ei schmeckt nicht im entferntesten wie das blasse Tiefkühl-Ei. Die Hausmacherwurst war scharf und duftete nach Gewürzen, und mein Kaffee war ein dunkles Glück. Kann ich also sagen, daß das Amerika, das ich sah, die Sauberkeit an oberste Stelle stellt auf Kosten des Geschmacks? Und – da alle unsere Wahrnehmungsorgane einschließlich des Geschmackssinnes nicht nur vervollkommnungsfähig, sondern auch abstumpfbar sind – daß der Geschmackssinn abnimmt, und daß starke, durchdringende oder fremdartige Geschmäcke Mißtrauen und Abneigung erregen und daher vermieden werden?

»Nehmen wir uns noch andere Gebiete vor, Charley. Nehmen wir die Bücher, Zeitschriften und Zeitungen, die wir überall ausgestellt gesehen haben. Die dominierende Publikation war neben den Lokalzeitungen, die ich gekauft und gelesen habe, das Comic-Heft. Es gab Regale voller Taschenbücher, darunter manche guten und großen Titel, aber die Schinken über Sex, Sadismus und Mord waren weitaus in der Überzahl. Die Großstadtzeitungen warfen ihre Schatten über weite Gebiete in der Umgebung, die ›New York Times‹ bis zu den Großen Seen, die ›Chicago Tribune‹ bis hierher nach North Dakota. Und hier, Charley, muß ich dich warnen, wenn du zu Verallgemeinerungen neigen solltest. Wenn dieses Volk seine Geschmacksnerven derart verkümmern läßt, daß es fade Speisen nicht nur annehmbar, sondern wünschenswert findet, wie steht es dann um das Gefühlsleben der Nation? Halten sie ihre Gefühlskost für so schal, daß sie vermittelst der Taschenbücher mit Sex und Sadismus gewürzt werden muß? Wenn dem so ist, weshalb verwenden sie dann außer Ketchup und Senf keine anderen Zutaten, um ihre Speisen zu verbessern?

Wir haben uns im ganzen Land die Lokalsendungen im Radio angehört, und außer ein paar Reportagen über Football-Spiele war die geistige Kost ebenso standardisiert, abgepackt und einförmig wie die Nahrung.« Ich stieß Charley mit dem Fuß an, damit er wach blieb.

Ich hatte vor allem hören wollen, wie die Leute politisch dachten. Diejenigen, die ich kennengelernt hatte, schwiegen sich über das Thema aus; anscheinend wollten sie nicht darüber sprechen, teils aus Vorsicht, wie mir schien, teils aus mangelndem Interesse. Ausgeprägte Meinungen äußerte man einfach nicht. Ein Ladenbesitzer gestand mir, daß er mit beiden Seiten Geschäfte tätigen mußte und sich deshalb den Luxus einer Meinung nicht leisten konnte. Er war ein ergrauender Mann in einem kleinen, tristen Laden, wo ich angehalten hatte, um eine Packung Hundekuchen und Pfeifentabak zu kaufen. Diesen Mann, dieses Geschäft findet man überall im Land, aber es war irgendwo in Minnesota. In den Augen des Mannes lag die Andeutung eines wehmütigen Zwinkerns, als erinnerte er sich daran, was Humor ist, sofern er nicht gegen das Gesetz verstößt. Deshalb wagte ich mich weiter vor. Ich sagte: »Also sieht es so aus, als wäre die natürliche Streitlust der Leute erlahmt. Aber das kann ich nicht glauben. Sie fließt einfach in einen anderen Kanal. Können Sie sich denken, Sir, was für ein Kanal das sein kann?«

»Sie meinen, wo sich die Leute Luft machen?«

»Ja. Wo machen sie sich Luft?«

Ich hatte mich nicht getäuscht, das Zwinkern war da, das kostbare, humorvolle Zwinkern. »Nun, Sir, wir haben hin und wieder einen Mord, oder wir lesen davon. Außerdem haben wir die World Series. Sie können jederzeit gegen die Pirates oder Yankees* vom Leder ziehen, aber ich glaube, das beste sind doch die Russen.«

»Sind die Leute hier so aufgebracht?«

»Und wie! Es vergeht kaum ein Tag, an dem nicht jemand über die Russen herzieht.« Irgendwie lockerte er sich ein wenig, erlaubte sich sogar ein Lächeln, das jederzeit in ein Räuspern verwandelt werden konnte, falls er eine ungute Reaktion sah.

»Kennt hier jemand Russen?« fragte ich.

Nun lachte er. »Natürlich nicht. Deshalb sind sie so unbezahlbar. Kein Mensch hat etwas an Ihnen auszusetzen, wenn Sie über die Russen schimpfen.«

»Weil wir keine Geschäfte mit ihnen machen?«

Er nahm ein Käsemesser vom Ladentisch, fuhr vorsichtig mit dem Daumen an der Schneide entlang und legte das Messer wieder hin. »Vielleicht liegt es daran. Beim Himmel, vielleicht liegt es daran. Wir machen keine Geschäfte mit ihnen.«

»Sie glauben also, wir brauchen die Russen nur als Ventil?«

»Das dachte ich ganz und gar nicht, Sir, aber ich will mir das überlegen. Ich weiß noch gut, wie die Leute alles an Mr. Roosevelt ausgelassen haben. Andy Larsen wurde rot vor Zorn über Roosevelt, als seine Hennen den Krupp bekamen. Jawohl, Sir«, sagte er mit wachsendem Eifer, »die Russen

* Baseballmannschaften der Nationalliga

haben schon eine Bürde zu tragen. Ein Mann streitet sich mit seiner Frau und gibt den Russen die Schuld.«

»Möglicherweise brauchen alle Leute die Russen. Ich wette, sogar in Rußland braucht man die Russen. Nur nennt man sie dort vielleicht Amerikaner.«

Er schnitt eine Scheibe Käse ab und streckte sie auf der Messerklinge aus. »Da haben Sie mir auf ganz heimtückische Weise was zum Nachdenken gegeben.«

»Ich dachte vielmehr Sie mir.«

»Inwiefern?«

»Wir haben uns über Handel und Meinungen unterhalten.«

»Na, vielleicht. Wissen Sie, was ich tun werde? Wenn Andy Larsen das nächstemal rot anläuft, gehe ich hin und sehe nach, ob die Russen etwa seinen Hennen etwas antun. Es war für Andy ein großer Verlust, als Mr. Roosevelt starb.«

Nun will ich nicht sagen, daß sehr viele Leute die Dinge so vernünftig sehen wie dieser Mann. Vielleicht tun sie es nicht. Aber vielleicht doch – auch im stillen Kämmerlein oder auf dem nichtberuflichen Sektor.

Charley hob den Kopf und röhrte warnend, ohne sich zu erheben. Dann hörte ich einen Motor näherkommen und wollte aufstehen, stellte aber fest, daß meine Füße im kalten Wasser schon lange eingeschlafen waren. Ich konnte sie überhaupt nicht mehr fühlen. Während ich sie rieb und massierte und sie zu schmerzhaften Nadelstichen erwachten, holperte eine bejahrte Limousine mit einem Wohnwagenanhänger, der wie eine Schildkröte aussah, von der Straße herab und ging am Ufer, ungefähr fünfzig Meter entfernt, in Position. Ich ärgerte mich über diesen Einbruch in mein Privatleben, aber Charley war entzückt. Er ging auf steifen Beinen mit kleinen, vorsichtigen, gezierten Schritten, um den Neuankömmling zu inspizieren, und wie es Hunde und Menschen an sich haben, sah er den Gegenstand seines Interesses nicht direkt an. Wenn es scheint, als mache ich mich über Charley lustig, dann beachten Sie bitte, was ich in der nächsten halben Stunde tat und was mein Nachbar tat. Jeder von uns beiden machte sich mit seinem Kram zu schaffen, langsam und bedächtig, jeder gab sehr acht, daß er den anderen ja nicht ansah, und warf doch verstohlene Blicke, taxierend, einschätzend. Der Mann war nicht jung, nicht alt, hatte aber einen forschen, federnden Gang. Er trug olivbraune Hosen und eine Lederjacke, einen Cowboyhut mit flachem Kopf und hochgeschlagener Krempe und Kinnband. Er hatte ein klassisches Profil, und sogar von ferne sah ich, daß er einen Bart trug, der in Koteletten überging und so mit seinem Haupthaar verschmolz. Mein eigener Bart ist auf das Kinn beschränkt. Es war rasch kühl geworden, und ich weiß nicht, ob ich einen kalten Kopf bekommen hatte oder ob ich in der Anwesenheit eines Fremden nicht barhäuptig sein wollte, auf jeden Fall setzte ich meine alte Seemannsmütze auf, machte eine Kanne Kaffee, ließ mich auf meiner Hintertreppe nieder und betrachtete alles mit großem Interesse, nur meinen Nachbarn nicht, der seinen Wohnwagen ausfegte und eine Schüssel Seifenwasser auskippte und es dabei betont vermied, mich anzusehen. Charleys Interesse wurde durch mehrere Grunz- und Bellaute, die aus dem Wohnwagen kamen, angelockt und festgehalten.

Wahrscheinlich haben alle Menschen ein Gefühl für den richtigen und angemessenen Zeitpunkt, denn ich hatte mich gerade dazu entschlossen, ihn anzusprechen, ja, ich wollte gerade aufstehen und zu ihm hinübergehen, als er auf mich zugeschlendert kam. Auch er hatte das Gefühl, daß die Periode des Wartens vorüber sei. Er ging mit gemessenem Schritt, der mich an etwas erinnerte, ich wußte nicht genau, an was. Er hatte eine schäbige Grandezza an sich. Zur Zeit der Ritterepen wäre er der Bettler gewesen, der sich als Königssohn entpuppt. Als er näherkam, erhob ich mich von meiner Blechtreppe und begrüßte ihn.

Er machte keine Verbeugung, und trotzdem hatte ich den Eindruck, als hätte er eine gemacht – entweder dies oder einen regelrechten Regiments-Salut.

»Guten Tag«, sagte er. »Wie ich sehe, sind Sie auch vom Metier.«

Ich glaube, ich sperrte den Mund auf. Seit Jahren hatte ich den Ausdruck nicht mehr gehört. »Nun, nein. Nein, das bin ich nicht.«

Jetzt war er verwirrt. »Nicht? Aber . . . mein Lieber, woher kennen Sie dann den Ausdruck?«

»Vielleicht war ich am Rande mit dabei.«

»Ah! Natürlich. Sicher hinter den Kulissen – Regisseur, Inspizient?«

»Niete«, sagte ich. »Hätten Sie gern eine Tasse Kaffee?«

»Mit Vergnügen!« Er ließ sich nicht entmutigen. Das ist das Nette an den Leuten aus dem Metier – sie lassen sich nie entmutigen. Er ließ sich auf dem Diwansitz hinter meinem

Tisch mit einer Grazie nieder, die ich während der ganzen Reise nicht erreichte. Ich legte zwei Plastikbecher und zwei Gläser auf, schenkte Kaffee ein und stellte die Whiskyflasche in bequeme Reichweite. Ich glaubte fast, seine Augen würden wäßrig, aber es konnten auch meine sein. – »Darf ich einschenken?«

»Ja, bitte – nein, kein Wasser.« Er reinigte sich den Gaumen mit schwarzem Kaffee und schlürfte dann behutsam den Whisky, während sein Blick in meiner Behausung umherschweifte. »Sehr nett haben Sie's hier, sehr nett.«

»Sagen Sie mir bitte, wie kamen Sie auf die Idee, ich sei beim Theater?«

Er lachte trocken. »Sehr einfach, Watson. Ich habe das Stück nämlich gespielt. Beide Rollen. Zuerst sah ich Ihren Pudel, und dann bemerkte ich Ihren Bart. Und beim Näherkommen sah ich, daß Sie eine Seemannsmütze mit dem königlich-britischen Emblem tragen.«

»Sprechen Sie deshalb das ›a‹ so korrekt aus?«

»Möglicherweise, alter Junge. Das wäre allerdings denkbar. Das kommt bei mir wie von selbst, ich merke es kaum.« Nun aus der Nähe sah ich, daß er nicht mehr jung war. Seine Bewegungen waren jugendlich, aber sein Teint und die Ränder seiner Lippen sprachen dafür, daß er in mittleren Jahren oder darüber war. Seine Augen, große, warme, braune Augen, deren Augäpfel gelb wurden, bestätigten es.

»Ihr Wohl«, sagte ich. Wir leerten unsere Gläser, spülten Kaffee nach, und ich schenkte noch einmal ein.

»Wenn es nicht zu persönlich ist oder schmerzliche Erinnerungen weckt – was haben Sie beim Theater getan?«

»Ich habe ein paar Stücke geschrieben.«

»Sind sie aufgeführt worden?«

»Ja. Sie sind durchgefallen.«

»Kenne ich Sie vielleicht?«

»Kaum. Bis jetzt hat mich niemand gekannt.«

Er seufzte. »Es ist ein schweres Metier. Aber wenn Sie am Angelhaken sind, dann sitzen Sie fest. Mich hat schon mein Großpapa geangelt, und mein Papa hat den Köder an den Haken gemacht.«

»Waren beide Schauspieler?«

»Und meine Mutter und Großmutter.«

»Herr, das nenne ich Showbusineß. Sind Sie jetzt –«, ich suchte nach dem rechten Wort – »im Ruhestand?«

»Keineswegs. Ich spiele.«

»Was denn, um Gottes willen, und wo?«

»Überall, wo ich ein Publikum zusammentrommeln kann. In Schulen, Kirchen, Klubs. Ich bringe Kultur, mache Rezitationsabende. Ich glaube, Sie hören, wie sich mein Partner dort drüben beklagt. Er ist auch sehr gut. Halb Airedale und halb Kojote. Er stiehlt mir den Applaus, wenn ihm danach zumute ist.«

Der Mann begann mir zu gefallen. »Ich wußte nicht, daß so etwas noch zieht.«

»Manchmal zieht es auch nicht mehr.«

»Machen Sie das schon lange?«

»In zwei Monaten sind es drei Jahre.«

»Überall im Land?«

»Überall, wo sich ein paar Leute zusammenfinden. Ich hatte über ein Jahr lang nur Agenturen abgeklappert und meine Ersparnisse aufgebraucht. Etwas anderes als spielen kommt für mich nicht in Frage. Es ist das einzige, was ich kann, das einzige, was ich je konnte. Vor langer Zeit gab es auf der Insel Nantucket eine Schauspielerkolonie. Mein Papa hatte dort ein hübsches Grundstück gekauft und ein Holzhaus darauf gestellt. Nun, das habe ich verkauft und mir dafür den Wagen da drüben angeschafft. Seither ziehe ich umher, und es gefällt mir. Ich glaube nicht, daß ich noch einmal zum Theater gehe. Natürlich, wenn es irgendwo eine Rolle für mich gäbe – aber zum Teufel, wer erinnert sich denn an einen, wenn eine Rolle zu vergeben ist?«

»Da haben Sie verdammt recht.«

»Ja, es ist ein hartes Metier.«

»Hoffentlich halten Sie mich nicht für neugierig, selbst wenn ich es wäre, aber ich wüßte gern, wie Sie das machen. Wie geht es vor sich, wie behandelt man Sie?«

»Man behandelt mich sehr gut. Und wie ich es mache, weiß ich eigentlich selbst nicht. Manchmal muß ich sogar einen Saal mieten und Anzeigen veröffentlichen, manchmal spreche ich mit dem Direktor einer High School.«

»Aber fürchten sich die Leute nicht vor Zigeunern, Vagabunden und Schauspielern?«

»Am Anfang schon, glaube ich. Zuerst halten sie mich für eine Art harmloses Ungeheuer. Aber ich bin ehrlich und verlange nicht viel, und nach kurzer Zeit packt sie der Stoff und nimmt sie gefangen. Ich respektiere nämlich den Stoff, wissen Sie. Darauf kommt es an. Ich bin kein Scharlatan, ich bin Schauspieler, ein guter oder ein schlechter, auf jeden Fall ein Schauspieler.« Sein Gesicht hatte vom Whisky und vom Eifer Farbe bekommen, vielleicht auch davon, daß er mit jemandem sprechen konnte, der von ferne ähnliche Erfahrungen gemacht hatte. Ich schenkte ihm diesmal mehr ein und sah mit Vergnügen seine Freude darüber. Er trank und seufzte. »So etwas bekommt man nicht oft vorgesetzt«, sagte er. »Ich hoffe, ich habe in Ihnen nicht den Eindruck erweckt, als schwimme ich im Geld. Manchmal ist es ein wenig hart.«

»Weiter, erzählen Sie mehr.«

»Wo war ich stehengeblieben?«

»Sie sagten, Sie respektieren Ihren Stoff, und Sie seien ein Schauspieler.«

»Ja, richtig. Wissen Sie, wenn Theaterleute in die Provinz kommen, dann sehen sie auf die Bauernlümmel herab. Es dauerte eine Weile, bis ich begriff, daß es keine Bauernlümmel sind, aber dann kam ich ganz gut voran. Ich lernte mein Publikum achten. Sie spüren das und arbeiten mit mir, nicht gegen mich. Wenn man sie einmal achtet, verstehen sie alles, was man ihnen vorsetzt.«

»Erzählen Sie mir von Ihrem Stoff. Womit arbeiten Sie?«

Er sah auf seine Hände, und ich bemerkte, daß sie gepflegt und sehr weiß waren, als trage er meistens Handschuhe. »Ich hoffe, Sie denken nicht, ich stehle den Stoff«, sagte er. »Ich bewundere die Vortragskunst von Sir John Gielgud, ich habe ihn einmal seinen Shakespeare-Monolog sprechen hören – ›The Ages of Man‹. Und dann habe ich eine Schallplatte davon gekauft. Was er mit Worten erreicht, mit dem Tonfall, mit Modulationen!«

»Und das verwenden Sie?«

»Ja, aber ich stehle es nicht. Ich setze den Leuten vorher auseinander, daß ich Sir John gehört habe und wie es auf mich gewirkt hat. Dann sage ich, ich wolle versuchen, ihnen einen Eindruck zu geben, wie er es macht.«

»Sehr klug.«

»Nun, es hilft, weil es der Vorstellung Würde verleiht. Shakespeare kostet keine Tantiemen, und dadurch stehle ich den Stoff nicht. Es ist, als ob ich ihn feiere, und das tue ich auch.«

»Und wie reagiert man?«

»Ich glaube, ich kenne mich jetzt ziemlich gut aus. Ich sehe, wie die Worte in die Menschen eindringen. Sie vergessen mich, und ihre Blicke richten sich nach innen, und ich bin für sie kein Ungeheuer mehr. Nun, was denken Sie?«

»Ich glaube, Gielgud würde sich freuen.«

»Oh! Ich habe ihm geschrieben und berichtet, was ich mache und wie ich es mache, einen langen Brief.« Er zog eine schäbige Brieftasche aus der Hüfttasche und entnahm ihr ein sauber gefaltetes Stück Aluminiumfolie, schlug es auf und entfaltete vorsichtig ein kleines Blatt Papier mit aufgedrucktem Namen. Die Antwort war mit Maschine geschrieben. Sie hieß: »Lieber ..., vielen Dank für Ihren freundlichen und interessanten Brief. Ich müßte kein Schauspieler sein, um das ehrliche Kompliment nicht würdigen zu können, das Ihre Arbeit bedeutet. Viel Glück und Gott segne Sie, John Gielgud.«

Ich seufzte und sah zu, wie er mit ehrfürchtigen Fingern den Brief zusammenfaltete, in seinen Panzer aus Metallfolie einschloß und wegsteckte. »Ich würde das nie jemandem zeigen, um auftreten zu dürfen«, sagte er. »Nie würde mir das einfallen.«

Ich bin überzeugt, daß er das nie täte.

Er schwenkte das Glas in der Hand und betrachtete den Whiskyrest, der darin übriggeblieben war, eine Geste, die oft die Aufmerksamkeit des Gastgebers auf die Leere des Glases lenken soll. Ich entkorkte die Flasche.

»Nein«, sagte er. »Für mich nicht mehr. Ich habe vor langer Zeit gelernt, daß die wichtigste und wertvollste Schauspieltechnik ein guter Abgang ist.«

»Aber ich möchte Sie gern noch mehr fragen.«

»Desto mehr Grund, abzugehen.«

Er trank den letzten Tropfen. »Man muß die Fragen offenlassen und einen guten, sauberen Abgang machen. Vielen Dank und guten Tag.«

Ich sah ihn leichtfüßig auf seinen Wohnwagen zugehen und wußte, daß eine Frage mich quälen würde. »Warten Sie einen Augenblick!« rief ich ihm nach.

Er blieb stehen und drehte sich um.

»Was hat der Hund dabei zu tun?«

»Oh, er macht ein paar Faxen«, sagte er. »Er sorgt dafür, daß die Vorstellung einfach bleibt. Er übernimmt die Rolle, wenn es flau wird.« Er ging weiter, auf seine Behausung zu.

So gab es ihn also noch – einen Beruf, älter als das Schreiben, einen Beruf, der wahrscheinlich noch leben wird, wenn das geschriebene Wort ausgestorben ist. Und alle die sterilen Wunder des Films, des Fernsehens und des Radios werden ihn nicht verdrängen können – einen lebendigen Mann vor einem lebendigen Publikum. Doch wie lebte er? Wer waren seine Gefährten und Freunde? Wie sah sein Privatleben aus? Er hatte recht gehabt. Sein Abgang verschärfte die Fragen.

Die Nacht war mit verschiedenen Vorzeichen beladen. Der grämliche Himmel verwandelte die kleine Wasserfläche in gefährliches Metall, und dann kam Wind auf – nicht der böige, jagende Wind der Meeresküste, den ich kenne, sondern ein gewaltiges, brausendes Dahinfegen, und im Umkreis von tausend Meilen war nichts, was ihn aufhalten konnte. Da mir dieser Wind fremd und deshalb unheimlich war, weckte er in mir unheimliche Gefühle. Nüchtern betrachtet, war er nur deshalb beunruhigend, weil ich ihn beunruhigend fand. Aber mit einem großen Teil unserer Erlebnisse, die wir unerklärlich finden, muß es ebenso sein. Ich weiß gewiß, daß viele Menschen solche Erfahrungen verheimlichen, aus Furcht, sie könnten sich lächerlich machen. Wie viele haben schon etwas gesehen, gehört oder empfunden, das ihren Sinn für das Ordnungsgemäße derart durcheinanderbrachte, daß sie das Ganze rasch wegschoben wie Schmutz unter den Teppich?

Was mich betrifft, so versuche ich, mich für solche Dinge, die ich nicht verstehen oder erklären kann, empfänglich zu halten, aber das ist in unserer geängstigten Zeit manchmal schwer. In diesem Augenblick in North Dakota zögerte ich weiterzufahren, aus einem Gefühl heraus, das letzten Endes Furcht war. Charley dagegen wollte weiter – ja, er machte solch einen Wirbel, daß ich ihm Vernunft zureden mußte.

»Hör zu, Hund! Ich habe das starke Bedürfnis, hierzubleiben, und zwar auf höheren Befehl. Wenn ich darüber hinwegkommen und weiterfahren sollte und wir im Schnee stekkenbleiben, würde ich sagen, ich hätte eine Warnung in den Wind geschlagen. Wenn wir hier bleiben und eingeschneit werden, wäre ich überzeugt, ich hätte eine prophetische Ader.«

Charley nieste und ging unruhig hin und her. »Also gut, *mon cur*, betrachten wir's von deiner Seite. Du willst weiterfahren. Angenommen, wir tun es, und in der Nacht stürzt ein Baum genau auf die Stelle, wo wir jetzt stehen. Dann würden die Blicke der Götter auf dir ruhen. Diese Möglichkeit besteht immer. Ich könnte dir viele Geschichten über treue Tiere erzählen, die ihren Herren das Leben gerettet haben, aber ich glaube, du langweilst dich nur, und ich werde dir nicht den Gefallen tun.« Charley warf mir seinen zynischsten Blick zu. Ich glaube, er ist weder Romantiker noch Mystiker. »Ich weiß, was du sagen willst. Wenn wir fahren und hier stürzt kein Baum um, oder wenn wir bleiben und werden nicht eingeschneit – was dann? Ich will dir sagen, was dann. Dann vergessen wir das Ganze, und das Gebiet der Prophetie erleidet keine Einbuße. Ich stimme dafür, daß wir bleiben. Du stimmst dafür, daß wir fahren. Da ich dem Gipfel der Schöpfung näher stehe als du und außerdem der Chef bin, gilt das, was ich sage.«

Wir blieben, und es schneite nicht, und kein Baum stürzte um. Deshalb vergaßen wir das Ganze und sind empfänglich für weitere mystische Erlebnisse, wenn sie sich einstellen sollten. Am nächsten Morgen waren die Wolken abgezogen und mein Geist teleskopisch klar. Ich ging mit Charley über dikken, knirschenden Reif. Wir brachen bald auf. Der Künstlerwagen war dunkel, aber der Hund bellte, als wir zur Straße rumpelten.

Jemand mußte mir schon über den Missouri bei Bismarck, North Dakota, erzählt haben, oder ich mußte darüber gelesen haben. Auf jeden Fall hatte ich dem keine besondere Beachtung geschenkt. Deshalb war der Anblick frappierend für mich. Hier müßte man eigentlich die Karte falten. Hier ist die Grenze zwischen Ost und West. Auf der Bismarck-Seite ist östliche Landschaft, östliches Gras, das Bild und der Geruch der Oststaaten. Jenseits des Missouri, auf der Mandan-Seite, ist reiner Westen mit braunem Gras, tief eingeschnittenen Flußläufen und nackten Gesteinsschichten. Die beiden Ufer des Flusses könnten tausend Meilen voneinander entfernt sein. Ich war auf die Missouri-Grenze nicht vorbereitet, und ich war auch nicht auf die Bad Lands gefaßt. Die Gegend trägt ihren Namen mit Recht. Sie sieht aus, als hätte ein böses Kind sie erschaffen. Solch eine Landschaft könnten die gefallenen Engel ersonnen haben, aus Boshaftigkeit dem Himmel gegenüber, trocken und schartig, öde und gefährlich und für mich mit unguten Vorahnungen angefüllt. Dieses Land strahlt etwas aus, daß man spürt, es schätzt die Menschen nicht und heißt sie nicht willkommen. Aber da Menschen nun einmal Menschen sind und ich dazugehöre, bog ich vom Highway auf eine ausgewaschene Straße ein und fuhr zwischen die steilen, einzeln stehenden Berge, aber so zaghaft, als platze ich in eine geschlossene Gesellschaft. Die Straße schlauchte die Reifen, und Rosinantes Federn ächzten gequält. Die gegebene Gegend für eine Kolonie von Einsiedlern oder eher Trollen. Und es ist merkwürdig, so wie ich mir in diesem Land unerwünscht vorkam, so muß ich mich jetzt dazu überwinden, darüber zu schreiben.

Schließlich sah ich einen Mann an einem Zaun mit doppeltem Stacheldraht lehnen. Der Draht war nicht an Pfählen befestigt, sondern an krummen Ästen, die im Boden staken. Der Mann trug einen dunklen Hut, Baumwollhosen und eine lange Jacke, die zum blassesten Blau ausgewaschen waren mit noch blasseren Stellen an Knien und Ellbogen. Seine hellen Augen glänzten im grellen Sonnenlicht, und seine Lippen waren so schuppig wie Schlangenhaut. Ein Gewehr lehnte neben ihm am Zaun, und ein Häufchen Felle und Federn lag auf dem Boden – Kaninchen und kleine Vögel. Ich hielt an, wollte mich mit ihm unterhalten, sah, wie sein Blick über Rosinante huschte, die Details aufnahm und wie seine Augen dann in ihre Höhlen zurückkehrten. Ich stellte fest, daß ich ihm nichts zu sagen wußte. Das »Es sieht nach einem frühen Winter aus« oder »Kann man hier irgendwo angeln?« schien nicht zu passen. Deshalb glotzten wir uns nur an.

»Tag!«

»Ja, Sir«, sagte er.

»Kann ich in der Nähe irgendwo Eier kaufen?«

»In der Nähe eigentlich nicht, es sei denn, Sie wollen bis Galva oder nach Beach hinauf fahren.«

»Sonst gibt's keine Eier hier?«

»In Pulverform. Meine Frau hat Eipulver.«

»Sind Sie schon lange hier?«

»Mhm.«

Ich wartete darauf, daß er etwas fragte oder sagte, damit das Gespräch weiterging, aber das tat er nicht. Als das Schweigen andauerte, fiel einem immer weniger ein, was man sagen konnte. Ich machte noch einen Versuch. »Ist es im Winter hier sehr kalt?«

»Ziemlich.«

»Sie reden zuviel.«

Er grinste. »Sagt meine Frau auch.«

»Wiedersehn«, sagte ich, legte den Gang ein und fuhr weiter. Ich konnte im Rückspiegel nicht erkennen, ob er mir nachblickte. Er war vielleicht kein typischer Badlander, aber er war einer der wenigen, die ich erwischte.

Nach einer kurzen Strecke hielt ich vor einem kleinen Haus, es mußte ein Teil einer ausrangierten Militärbaracke sein, jedoch weiß gestrichen und mit gelben Einfassungen. Es stand zwischen den sterbenden Resten eines Gartens mit erfrorenen Geranien und ein paar Chrysanthemenbüschen, kleinen gelben und rotbraunen Dingern. Ich ging über den Gartenweg auf das Haus zu, in der Gewißheit, daß mich hinter den weißen Vorhängen jemand beobachtete. Ich klopfte, und eine alte Frau kam an die Tür und gab mir das Glas Wasser, um das ich bat, und redete mir das Ohr weg. Sie lechzte danach zu reden, sie redete fanatisch. Sie erzählte von ihren Verwandten und Freundinnen, und daß sie sich nie eingewöhnen könnte, denn sie war nicht von hier, und von Rechts wegen gehörte sie auch nicht hierher. Sie stammte aus einem Land, wo Milch und Honig floß. Sie schwadronierte drauflos, als fürchte sie sich vor der Stille, die sich wieder über sie senken würde, sobald ich weg wäre. Während sie sprach, ging mir auf, daß sie sich vor dieser Gegend fürchtete, und darüber hinaus merkte ich, daß ich mich ebenfalls fürchtete. Ich spürte, daß ich hier ungern von der Nacht überrascht worden wäre.

Ich war wie auf der Flucht, ich machte mich hastig davon, fort von dieser unirdischen Landschaft. Doch dann änderte der Spätnachmittag alles. Als die Sonne sich zum Horizont senkte, verloren die einzeln stehenden Berge und steilen Talhänge, die Klippen und scharf modellierten Hügel und Schluchten ihr versengtes und furchterregendes Aussehen und leuchteten gelb und in üppigen Brauntönen und in hundert Variationen von Rot und Silbergrau. Und dies alles wurde durch kohlschwarze Streifen noch betont. Es war so schön, daß ich neben einem Dickicht aus verkrüppelten, windschiefen Zedern und Wacholderbüschen anhielt, und sofort wurde ich von Farben eingefangen und von der Klarheit des Lichts betäubt. Vor der untergehenden Sonne zeichneten sich die schartigen Berge dunkel und scharf ab, während im Osten, wohin sich das Licht ungehindert ergoß, die Landschaft vor Farben schrie. Die Nacht war alles andere als furchterregend. Sie war unaussprechlich schön, denn die Sterne waren nahe, und obwohl kein Mond schien, legte das Sternenlicht einen silbernen Glanz über den Himmel. Die trockene Frostluft stach in der Nase. Aus reinem Vergnügen sammelte ich einen Haufen trockene Zedernzweige und zündete um des Dufts des brennenden Holzes willen, und um die Zweige knistern zu hören, ein kleines Feuer an. Es baute eine Kuppel aus gelbem Licht über mir, und in der Nähe hörte ich ein Käuzchen jagen und Kojoten bellen, nicht heulen, sondern kurz und kichernd bellen, wie sie es in mondlosen Nächten tun. Dies ist eine der wenigen Gegenden, in denen ich die Nacht freundlicher fand als den Tag. Ich verstehe, daß Menschen immer wieder zu den Bad Lands hingezogen werden.

Ehe ich mich schlafen legte, breitete ich eine Landkarte auf meinem Bett aus, eine von Charley angeknabberte Landkarte. Beach war nicht weit, und es war der letzte Ort von North Dakota. Dann kam Montana, wo ich noch nie gewesen war. In der Nacht war es so kalt, daß ich statt des Schlafanzugs meine warme Unterwäsche anzog, und als Charley seine Pflichten getan, die Hundekuchen gefressen, seine gewohnte Gallone Wasser verkonsumiert hatte und schließlich zusammengerollt auf seinem Platz unter dem Bett lag, holte ich eine überzählige Decke heraus und deckte ihn zu – vollständig bis auf die Nasenspitze –, und er seufzte und räkelte sich und stöhnte vor ekstatischem Wohlbehagen. Ich mußte wieder einmal denken, wie doch jede felsenfeste Verallgemeinerung, die ich auf meiner Fahrt sammelte, durch eine andere ungültig gemacht wurde. In dieser Nacht waren aus den Bad Lands Good Lands geworden. Ich kann es nicht erklären, aber so war es.

Der nächste Teil meiner Fahrt war ein Liebesabenteuer. Ich bin in Montana verliebt. Für andere Staaten empfinde ich Bewunderung, Respekt, Anerkennung, sogar einige Zuneigung, aber bei Montana ist es Liebe, und es ist schwer, die Liebe zu erklären, wenn man liebt. Als ich vor Jahren von dem Glanz, der von der Königin aller Frauen ausging, hingerissen war, fragte mich mein Vater nach dem Grund, und ich fand, daß er blind sein müsse, weil er es nicht sah. Jetzt weiß ich natürlich, daß sie ein kleines Mädchen mit mausfarbenem Haar, sommersprossiger Nase und schorfigen Knien war und die Stimme einer Fledermaus und die liebevolle Freundlichkeit einer Krustenechse hatte, aber damals erhellte sie die Welt und mich. Mir scheint, Montana ist ein großes Stück Erhabenheit. Der Maßstab ist riesig, aber nicht überwältigend. Das Land strotzt vor Gras und Farben, und die Berge gehören zu der Art, wie ich Berge erschaffen würde, wenn das meine Aufgabe wäre. Montana kam mir so vor, wie sich ein kleiner Junge Texas vorstellt, wenn er Leute aus Texas reden hört. Hier vernahm ich zum erstenmal einen ausgesprochenen Lokalakzent, der nicht vom Televisionesischen beeinflußt war, eine langsame, warme Redeweise. Mir schien, daß es das hektische Treiben Amerikas in Montana nicht gab. Die Ruhe der Berge und des welligen Graslandes hatte sich den Bewohnern mitgeteilt. Es war Jagdsaison, als ich durch diesen Staat fuhr. Ich hatte den Eindruck, daß die Männer, mit denen ich sprach, nicht darauf aus waren, ein jährliches Gemetzel zu veranstalten, sondern daß sie nur auszogen, um eßbares Fleisch zu schießen. Außerdem fand ich, daß die Städte nicht nervöse Bienenstöcke waren, sondern Orte, in denen man leben konnte; aber auch hier kann meine Meinung von der Liebe beeinflußt sein. Die Leute hatten Zeit, ihre Beschäftigung zu unterbrechen und die schwindende Kunst des nachbarlichen Kontakts zu pflegen.

Ich merkte, daß ich nicht durch die Städte raste, um sie rasch hinter mich zu bringen, und stellte fest, daß ich gewisse Dinge kaufte, um so meinen Aufenthalt zu verlängern. In Billings erstand ich einen Hut, in Livingston eine Jacke, in Butte ein Gewehr, das ich nicht brauchte, eine Remington-Schlagbolzenbüchse Kaliber 222, gebraucht, aber wunderbar erhalten. Dann machte ich ein Zielfernrohr ausfindig, das ich unbedingt haben mußte. Ich stand dabei, während es auf das Gewehr montiert wurde, und lernte alle Leute im Laden kennen und alle Kunden, die eintraten. Als das Gewehr im Schraubstock und der Bolzen ausgebaut war, stellten wir das neue Zielfernrohr mit Hilfe eines Kamins ein, der drei Häuserblocks entfernt war, und als ich später mit dem Gewehr schoß, brauchte ich die Einstellung nicht zu ändern. Damit ging der größte Teil eines Vormittags herum, und das hauptsächlich deshalb, weil ich bleiben wollte. Ich stellte fest, daß die Liebe wie gewöhnlich nicht zu beschreiben ist. Montana hat mich verzaubert. Es strahlt Größe und Wärme aus. Wenn Montana eine Meeresküste hätte oder wenn ich ohne das Meer leben könnte, würde ich sofort hinziehen und um Einlaß bitten. Von allen Staaten ist er mir der liebste.

In Custer machten wir einen Abstecher nach Süden, um General Custer und Sitting Bull auf dem Schlachtfeld von Little Big Horn unsere Aufwartung zu machen. Ich glaube, es gibt keinen Amerikaner, der nicht Remingtons Gemälde vom letzten Gefecht des mittleren Zugs der Siebten Kavallerie im Kopf hat. Ich nahm den Hut ab und gedachte der tapferen Männer, und Charley grüßte sie auf seine Weise, aber mit großem Respekt, glaube ich.

Das östliche Montana und der Westen von Dakota sind altes Indianerterritorium, doch die Erinnerungen reichen auch hier nicht sehr weit zurück. Vor einigen Jahren hatte ich Charles Erskine Scott Wood zum Nachbarn, der ›Heavenly Discourse‹ geschrieben hat. Er war ein sehr alter Mann, als ich ihn kennenlernte, aber als junger Leutnant, der eben die Militärakademie absolviert hatte, nahm er unter General Miles an dem Feldzug gegen Häuptling Joseph teil. Seine Erinnerung daran war lebendig und traurig. Er sagte, es sei einer der tapfersten Rückzüge der Geschichte gewesen. Häuptling Joseph und die Nez Percés zogen sich mit ihren Squaws und Kindern, Hunden und ihrer ganzen Habe unter schwerem Beschuß über tausend Meilen weit zurück und versuchten, nach Kanada zu entkommen. Wood sagte, sie hätten jeden Schritt des Weges gegen die Übermacht gekämpft, bis sie schließlich von der Kavallerie des Generals Miles umzingelt und der größere Teil von ihnen getötet wurde. Es war die traurigste Pflicht, die er je erfüllt hatte, sagte Wood, und er hatte sich sein Leben lang die Achtung vor dem Kampfesmut der Nez Percés bewahrt. »Wenn sie ihre Familien nicht dabeigehabt hätten, dann hätten wir sie nie erwischt«, sagte er. »Und wenn sie uns an Zahl und Waffen ebenbürtig gewesen wären, dann hätten wir sie nie geschlagen. Das waren Männer! Richtige Männer.«

Ich muß gestehen, daß ich gegenüber Nationalparks etwas nachlässig bin. Ich habe noch nicht viele besucht. Vielleicht kommt es daher, daß in ihnen das Einmalige, das Spektakuläre, das Erstaunliche zu besichtigen ist – der größte Wasserfall, der tiefste Canyon, die höchste Klippe, das erstaunlichste Werk des Menschen oder der Natur. Ich sehe mir lieber ein gutes Foto von Brady als den Mount Rushmore an. Denn ich finde, daß wir nur die Launen unserer Nation und unserer Zivilisation einfrieden. Der Yellowstone-Nationalpark ist nicht typischer für Amerika als Disneyland.

Da dies meine Überzeugung ist, weiß ich nicht, weshalb ich scharf nach Süden abbog und eine Staatsgrenze überquerte, um mir den Yellowstone-Nationalpark anzusehen. Vielleicht tat ich es aus Angst vor meinen Nachbarn. Ich hörte sie schon sagen: »Was, Sie waren so nahe beim Yellowstone und sind nicht hingefahren? Sie müssen verrückt sein.« Vielleicht lag es auch an der amerikanischen Art des Reisens. Man fährt nicht so sehr, um etwas zu sehen, sondern damit man etwas erzählen kann. Was auch der Grund meines Besuches im Yellowstone-Nationalpark war, ich bin froh, daß ich dort gewesen bin, denn ich lernte Charley von einer Seite kennen, die mir sonst vielleicht immer verborgen geblieben wäre.

Ein sympathischer Nationalparkwächter ließ mich ein und sagte dann: »Was ist mit dem Hund? Hunde müssen an der Leine geführt werden.«

»Warum?« fragte ich.

»Wegen der Bären.«

»Sir«, sagte ich, »das ist ein einmaliger Hund. Er bringt sich nicht mit Zähnen und Krallen durchs Leben. Er achtet das Recht der Katzen, Katzen zu sein, wenn er sie auch nicht gerade schätzt. Er tritt lieber zur Seite, ehe er eine emsige Raupe stört. Es ist seine größte Sorge, jemand könnte auf ein Kaninchen deuten und ihm vorschlagen, er solle es jagen. Das ist ein Hund der Friedfertigkeit und der Gelassenheit. Ich glaube, Ihre Bären werden höchstens gekränkt sein, weil er sie ignoriert.«

Der junge Mann lachte. »Es geht mir nicht so sehr um die Bären. Aber sie haben eine Abneigung gegen Hunde gefaßt. Es könnte einer sein Vorurteil mit einem Prankenhieb demonstrieren, und dann hätten Sie keinen Hund mehr.«

»Ich schließe ihn hinten ein, Sir. Ich verspreche Ihnen, daß Charley keinen Aufruhr in der Bärenwelt verursacht, und ich als alter Bärenliebhaber auch nicht.«

»Ich zweifle nicht daran, daß Ihr Hund die besten Absichten hat«, sagte er. »Ich muß Sie nur warnen, denn unsere Bären haben die schlimmsten. Lassen Sie nichts Eßbares liegen. Sie stehlen nicht nur, sie können auch gefährlich werden, wenn man sie umerziehen will. Mit einem Wort, trauen Sie nicht ihren süßen Gesichtern, sonst könnten Sie übel zugerichtet werden. Und lassen Sie den Hund nicht frei herumlaufen. Bären verhandeln nicht.«

Wir fuhren in das Wunderland einer verrückt gewordenen

Natur, und Sie werden wohl oder übel glauben müssen, was geschah. Beweisen könnte ich es nur, wenn ich einen Bären da hätte. Nach knapp einer Meile sah ich einen Bären neben der Straße. Er kam gemächlich an den Straßenrand, als wolle er mitgenommen werden. Sofort ging in Charley eine Wandlung vor. Er jaulte zornig auf. Er fletschte die Zähne, zeigte sein krummes Gebiß, mit dem er nur mühsam einen Hundekuchen kleinbekommt, schleuderte dem Bären Beleidigungen ins Gesicht, woraufhin sich dieser aufrichtete und Rosinante zu überragen schien. Hastig kurbelte ich die Fenster hoch, bog nach links aus, streifte das Tier und fuhr weiter, während Charley neben mir raste und tobte und eingehend beschrieb, was er mit dem Bären anstellen würde, wenn er ihn zu fassen bekäme. Ich habe mich in meinem Leben noch nie so gewundert. Soviel ich weiß, hatte Charley bis jetzt keinen Bären gesehen, und er hat in seinem ganzen Leben die größte Duldsamkeit gegenüber jeglicher Kreatur bewiesen. Außerdem ist Charley ein Feigling, ein derart eingefleischter Feigling, daß er sogar gewisse Methoden erfunden hat, es zu verbergen. Und doch äußerte er mit aller Deutlichkeit den Wunsch, hinausgelassen zu werden, damit er den Bären beseitigen könnte, der tausendmal schwerer war als er. Ich verstand es nicht.

Ein Stück weiter zeigten sich zwei Bären, und die Wirkung verdoppelte sich. Charley benahm sich wie ein Irrer. Er sprang mich an, er fluchte und knurrte, fauchte und schnaubte. Ich weiß nicht, woher er fauchen kann. Wo hat er es gelernt? An Bären war kein Mangel, und die Straße wurde ein Alpdruck. Zum erstenmal in seinem Leben war Charley der Vernunft unzugänglich, ja er reagierte nicht einmal auf einen Klaps ans Ohr. Er wurde ein primitiver Mörder, der nach dem Blut seines Feindes dürstete, und dabei hatte er bis zu diesem Augenblick keine Feinde gehabt. Auf einer bärenlosen Strecke packte ich Charley am Kragen und schloß ihn in den Wohnaufsatz ein. Aber das nützte nichts. Wenn wir an Bären vorbeifuhren, sprang er auf den Tisch, scharrte am Fenster und wollte hinaus und sich auf sie stürzen. Ich hörte Konservendosen poltern, als er wütete. Die Bären brachten den Hyde in meinem jekyllköpfigen Hund zum Vorschein. Woran konnte es liegen? War es eine Erinnerung an die Zeit vor seiner Geburt, als der Wolf noch in ihm steckte? Ich kenne ihn gut. Ab und zu versucht er einen Bluff, aber es ist immer eine durchsichtige Lüge. Ich schwöre, daß dies kein Bluff war. Ich bin überzeugt, wenn ich ihn freigelassen hätte, wäre er über jeden Bären hergefallen, der uns begegnete, und er hätte entweder gesiegt oder den Tod gefunden.

Es war zu nervenaufreibend, ein beängstigendes Schauspiel, wie wenn man einen alten, ruhigen Freund verrückt werden sieht. Kein Naturwunder, weder steile Klippen und schäumende Gewässer noch dampfende Quellen konnten meine Aufmerksamkeit wecken, solange das Pandämonium weiterging. Etwa nach der fünften Begegnung gab ich es auf, wendete und trat den Rückzug an. Wenn ich die Nacht im Nationalpark verbracht hätte, und Bären wären von meiner Kocherei angelockt worden, ich wage mir nicht auszumalen, was geschehen wäre.

Am Tor ließ mich der Parkwächter hinaus. »Sie sind nicht lange geblieben. Wo ist der Hund?«

»Ich habe ihn hinten eingeschlossen. Ich muß mich bei Ihnen entschuldigen. Er hat das Herz und die Seele eines Bärentöters, und ich wußte es nicht. Bis jetzt stellte er sich schon einem unzureichend gebratenen Steak gegenüber zimperlich an.«

»Ja, ja. Das kommt vor«, sagte er. »Deshalb habe ich Sie gewarnt. Ein Bärenhund kennt seine Chancen. Aber ich habe einmal mitangesehen, wie ein pommerscher Spitz wie ein Tennisball durch die Luft flog.«

Ich fuhr rasch den gleichen Weg zurück, den ich gekommen war, und ich hielt ungern an, aus Furcht, es könnten einige inoffizielle, nichtamtliche Bären in der Nähe sein. Diese Nacht verbrachte ich in einer hübschen Autoraststätte in der Nähe von Livingston. Ich aß im Restaurant zu Abend, und als ich bei einem Glas in einem bequemen Sessel saß, meine gebadeten nackten Füße auf einem Teppich mit roten Rosen, sah ich mir Charley an. Er war wie betäubt. Seine Augen blickten in die Ferne, und er war völlig erschöpft, zweifellos seelisch. Er erinnerte mich an einen Mann, der aus einer langen, schweren Trunkenheit erwacht – leer, zerschlagen, zusammengebrochen. Er fraß nichts, lehnte sogar den Abendspaziergang ab, und sobald wir im Zimmer waren, ließ er sich auf den Boden fallen und schlief ein. In der Nacht hörte ich ihn winseln und japsen. Als ich das Licht anschaltete, deuteten seine Beine Laufbewegungen an, er zuckte und hatte die Augen weit aufgerissen, aber es war nur ein Nachtbär. Ich weckte ihn und gab ihm etwas Wasser. Danach schlief er ein und regte sich die ganze Nacht nicht mehr. Am Morgen war er immer noch müde. Ich möchte gern wissen, weshalb wir meinen, die Gedanken und Gefühle der Tiere seien einfach.

Ich erinnere mich daran, daß ich als Kind einmal den Ausdruck »Die große Wasserscheide« gehört hatte und von dem glorreichen Klang beeindruckt war, der dem Rückgrat eines Kontinents wohl anstand. Ich sah im Geist Wände in die Wolken aufsteigen, eine Art natürliche chinesische Mauer. Die Rocky Mountains sind zu groß, zu lang, zu wichtig, um beeindrucken zu müssen. In Montana, wohin ich zurückgekehrt war, steigen sie langsam an, und wenn die Markierung nicht gewesen wäre, hätte ich nicht gewußt, wann ich die Wasserscheide passiert hatte. Ich sah die Markierung im Vorbeifahren, hielt an, fuhr zurück, stieg aus und stellte mich breitbeinig darauf. Als ich so dastand und nach Süden sah, berührte es mich seltsam, daß Regen, der an meinem rechten Fuß niederfiel, in den Pazifischen Ozean fließen mußte, während der an meinem linken Fuß nach unzähligen Meilen schließlich seinen Weg zum Atlantik finden würde. Die Stelle war nicht eindrucksvoll genug, um eine so erstaunliche Tatsache glaubhaft zu machen.

Es ist unmöglich, in diesem Land nicht an die Männer zu denken, die es zum erstenmal durchquerten, an die französischen Forscher, Lewis und Clark und ihre Leute. Wir fliegen in fünf Stunden über dieses Land, überqueren es in einer Woche oder bummeln in einem Monat oder sechs Wochen durch, wie ich es getan habe. Lewis und Clark und ihre Männer brachen 1804 in St. Louis auf und kehrten 1806 zurück. Und wenn wir uns für mutig halten, sollten wir daran denken, daß in den zweieinhalb Jahren, in denen sie sich durch das wilde, unbekannte Land zum Pazifischen Ozean vorkämpften und wieder zurück, nur ein Mann starb und nur einer aufgab. Wir aber geraten aus dem Häuschen, wenn der Milchmann zu spät kommt, und wir sterben fast am Herzschlag, wenn der Aufzug streikt. Was dachten diese Männer, als sich eine wirklich neue Welt vor ihnen auftat? Oder kamen sie so langsam voran, daß der Eindruck sich verwischte? Ich kann nicht glauben, daß sie ungerührt blieben. Ihr Bericht an die Regierung ist ein erregtes und erregendes Dokument. Sie hatten sich nicht geirrt. Sie wußten, was sie entdeckt hatten.

Ich fuhr den Daumen von Idaho hinauf, durch richtige Berge, die steil anstiegen, mit Kiefern bewachsen und tief eingeschneit waren. Mein Radio gab keinen Ton von sich, und ich dachte, es sei kaputt, doch es lag nur daran, daß die hohen Berge die Rundfunkwellen abschnitten. Schneefall setzte ein, aber das Glück blieb mir treu, denn es war nur ein lustiges, leichtes Schneegestöber. Die Luft war weicher als auf der anderen Seite der großen Wasserscheide, und ich glaubte gelesen zu haben, daß die warmen Winde, die vom Kuro-Schio-Strom herkommen, tief ins Binnenland eindringen. Das Unterholz war dicht und tiefgrün, und überall hörte man Wasser rauschen. Die Straßen waren verlassen, nur hin und wieder begegnete ich einer Jagdgesellschaft mit roten Hüten und gelben Jacken, und manchmal war ein Reh oder ein Elch über die Kühlerhaube des Wagens drapiert. Ein paar Berghütten waren in die steilen Berghänge eingelassen. Ich mußte wegen Charley oft anhalten. Er bekam wachsende Schwierigkeiten, seine Blase zu entleeren, was ihm manchmal Schmerzen und immer Verlegenheit bereitete. Man bedenke, ein Hund von solchem Elan, so untadeligen Manieren, von *ton* und *enfin* von einer majestätischen Würde. Es tat nicht nur weh, es verletzte auch seinen Stolz. Ich hielt am Straßenrand an, ließ ihn herumlaufen und wandte ihm taktvoll den Rücken zu. Er brauchte sehr lange. Bei einem Menschen hätte ich gedacht, er habe Prostataentzündung. Charley ist ein älterer Herr französischer Herkunft. Und die beiden einzigen Leiden, die der Franzose zugibt, sind Prostataentzündung und eine angegriffene Leber.

Während ich auf ihn wartete und so tat, als studiere ich Pflanzen und kleine Wasserläufe, versuchte ich, meine Fahrt als Ganzes und nicht als eine Reihe von Vorfällen zu rekonstruieren. Was machte ich falsch? War es so, wie ich es mir vorgestellt hatte? Ehe ich aufbrach, hatten mich viele meiner Freunde angewiesen und instruiert, mir Befehle erteilt und eine Gehirnwäsche vorgenommen. Einer davon ist ein bekannter und geschätzter politischer Kommentator. Er war mit den Präsidentschaftskandidaten auf Wahlreisen gewesen, und als ich ihn traf, war er nicht glücklich, denn er liebt sein Land und fühlte den Wurm darin. Ich kann außerdem sagen, daß er ein aufrichtiger Mann ist.

Er sagte bitter: »Wenn du unterwegs irgendwo einen Mann mit Mumm triffst, dann merk dir den Ort. Ich möchte hin und den Mann kennenlernen. Ich habe nichts gesehen als

Feigheit und Opportunismus. Wir waren früher eine Nation von Giganten. Wo sind sie hin? Man kann eine Nation nicht mit einem Aufsichtsrat verteidigen. Dazu braucht man Männer. Wo sind sie?«

»Sie werden schon irgendwo sein«, sagte ich.

»Na schön, dann sieh zu, daß du ein paar auftreibst. Wir brauchen sie. Bei Gott, die einzigen Leute in unserem Land, die Mumm haben, sind offenbar die Neger. Wohlgemerkt«, sagte er, »ich will die Neger nicht aus dem Heldengeschäft heraushalten, aber der Teufel soll mich holen, wenn sie den ganzen Markt beherrschen. Verschaffe mir zehn weiße, tüchtige Männer, die sich nicht davor fürchten, eine Überzeugung zu haben, eine Idee oder eine eigene Meinung auf einem heiklen Gebiet, und ich habe das Fundament eines stehenden Heeres.«

Seine ehrliche Sorge beeindruckte mich, und deshalb horchte und schaute ich unterwegs. Und er hatte recht. Ich hörte nicht viele Überzeugungen. Ich sah nur zwei Schlägereien mit nackten Fäusten und fanatischer Regelwidrigkeit, und beide waren wegen Frauen entbrannt.

Charley kam und entschuldigte sich, weil er noch länger brauchte. Ich wollte, ich hätte ihm helfen können, aber er wollte allein sein. Noch etwas hatte mein Freund gesagt.

»Früher gab es ein Ding oder einen Gebrauchsartikel, dem wir großen Wert beigemessen haben. Er hieß die Menschen. Sieh zu, wo die Menschen sind. Ich meine nicht die geleckten Visagen, die man auf Zahnpasta- und Haarfärbemittel-Reklamen sieht. Auch nicht die Leute, deren Seelenheil am neuen Wagen hängt, und nicht die Erfolgsmenschen mit Herzkollaps. Vielleicht hat es ›die Menschen‹ nie gegeben. Aber wenn sie einmal existiert haben, dann war das der Artikel, über den in der Unabhängigkeitserklärung die Rede ist und über den Lincoln sprach. Wenn ich mir's recht überlege, habe ich ein paar gekannt, aber nicht viele. Wäre es nicht blödsinnig, wenn in der Verfassung von einem jungen Schnösel die Rede wäre, dessen Interessen sich in einem Flirt an der Straßenecke erschöpfen?«

»Vielleicht sind immer diejenigen die Menschen, die in der vorletzten Generation gelebt haben«, antwortete ich.

Charley war ziemlich steif. Ich mußte ihm in den Wagen helfen. Wir fuhren weiter in die Berge hinein. Ein ganz leichter, trockener Schnee wirbelte wie weißer Staub über die Straße, und ich fand, daß es nun früher Abend wurde. Dicht unter einer Paßhöhe hielt ich bei einer zusammengewürfelten Gruppe von Do-it-yourself-Hütten an, um zu tanken. Es waren quadratische Kästen, jeder mit einer Veranda, einer Tür und einem Fenster, und davor lagen nicht einmal Reste eines Gartens oder eines Kiesweges. Der Laden, die Reparaturwerkstatt und die Gaststube hinter den Tanksäulen gehörten zum Reizlosesten, was ich je gesehen hatte. Die blauen Reklameschilder waren alt, und die Fliegen vieler verflossener Sommer hatten darauf ihre Autogramme hinterlassen. »Pfannkuchen, wie Mutter sie machte oder gemacht hätte, wenn sie hätte kochen können.« – »Wir schauen Ihnen nicht in den Mund, schauen Sie nicht in unsere Küche.« – »Schecks ohne Fingerabdrücke werden nicht entgegengenommen.« Die alten Witze. Hier würde man kein Cellophan auf den Speisen sehen.

Niemand kam an die Zapfsäulen, deshalb ging ich in die Gaststube. Aus dem Hinterzimmer, vermutlich der Küche, hörte ich streitende Stimmen – eine tiefe Stimme und eine hellere Männerstimme, die hin und her keiften. »Jemand zu Hause?« rief ich, und die Stimmen verstummten. Dann kam ein stämmiger Mann heraus. Er hatte die Stirn noch gerunzelt.

»Wollen Sie was?«

»Volltanken. Aber wenn Sie eine Hütte freihaben, bleibe ich vielleicht über Nacht hier.«

»Suchen Sie sich eine aus. Es ist kein Mensch da.«

»Kann ich ein Bad nehmen?«

»Ich bringe Ihnen einen Kübel heißes Wasser. Winterpreis zwei Dollar.«

»Gut. Kann ich auch etwas zu essen bekommen?«

»Gebackenen Schinken mit Bohnen, Eiskrem.«

»Schön. Ich habe einen Hund dabei.«

»Das stört hier keinen. Die Häuser sind alle offen. Suchen Sie sich eins aus. Rufen Sie, wenn Sie was brauchen.«

Man hatte keine Mühe gescheut, die Hütten ungemütlich und häßlich zu machen. Das Bett war wackelig, die Wände waren schmutzig gelb, die Vorhänge glichen der Unterwäsche einer Schlampe. In dem geschlossenen Raum roch es halb nach Mäusen und Feuchtigkeit, halb nach Schimmel und altem, altem Staub, aber die Leintücher waren sauber, und durch ein wenig Lüften ließen sich die Erinnerungen an frühere Bewohner vertreiben. Eine Lampenglocke ohne Birne hing an der Decke. Geheizt wurde die Bude mit einem Petroleumofen.

Es klopfte, und ich ließ einen etwa zwanzigjährigen jungen

Mann herein, der graue Flanellhosen, zweifarbige Schuhe, ein getüpfeltes Halstuch und eine leichte Sportjacke mit dem Abzeichen einer High School von Spokane trug. Sein dunkles, glänzendes Haar war ein Meisterstück der Superfrisierkunst. Das Oberhaar war zurückgekämmt, und kreuz und quer darüber lagen lange Seitensträhnen, die gerade die Ohren frei ließen. Er war ein Schock für mich nach dem Menschenfresser an der Theke.

»Da haben Sie Ihr heißes Wasser«, sagte er, und seine Stimme klang nach einem neuen Streit. Die Tür stand offen. Er musterte Rosinante, und sein Blick blieb am Nummernschild haften.

»Sind Sie wirklich aus New York?«

»Ja.«

»Da möchte ich auch mal hin.«

»Von dort wollen alle Leute hierher.«

»Wozu? Hier ist doch nichts los. Hier kann man nur verrotten.«

»Wenn man verrotten will, kann man es überall.«

»Ich meine, hier ist kein Vorwärtskommen.«

»Worin wollen Sie denn vorwärtskommen?«

»Wissen Sie, hier gibt's kein Theater und keine Musik und keinen, mit dem man sich unterhalten kann. Man bekommt kaum die neuesten Zeitschriften, wenn man sie nicht abonniert.«

»Sie lesen also den ›New Yorker‹?«

»Woher wissen Sie das? Ich habe ihn abonniert.«

»Das ›Time‹-Magazin?«

»Selbstverständlich.«

»Dann brauchen Sie nicht weg.«

»Wie bitte?«

»Sie haben die Welt im Griff, die Welt der Mode, der Kunst und die Welt des Geistes, alles in Ihren eigenen vier Wänden. Wenn Sie weggingen, würde es Sie nur verwirren.«

»Man möchte eben selbst sehen«, sagte er.

»Ist das Ihr Vater?«

»Ja, aber ich bin eher wie eine Waise. Er hat nur fürs Angeln, Jagen und Trinken was übrig.«

»Und Sie?«

»Ich will in der Welt vorankommen. Ich bin zwanzig Jahre alt. Ich muß an meine Zukunft denken. Da schreit er schon wieder. Er kann nichts als schreien. Essen Sie mit uns?«

»Klar.«

Ich badete gemächlich in dem schmutzigen, verzinkten Kübel. Ich erwog kurz, New Yorker Kleider herauszukramen und für den Jungen ein Schauspiel aufzuführen, aber ich ließ den Gedanken fallen und entschied mich für einfache Hosen und ein Strickhemd.

Das Gesicht des stämmigen Besitzers war rot wie eine reife Himbeere, als ich an die Theke trat. Er schob mir das Kinn entgegen. »Weil ich nicht schon genug Scherereien habe, müssen Sie auch noch aus New York sein.«

»Ist das so furchtbar?«

»Für mich ja. Eben habe ich dem Jungen den Mund gestopft, und jetzt schüren Sie von neuem das Feuer.«

»Ich habe für New York keine Reklame gemacht.«

»Nein, aber Sie kommen von dort, und jetzt ist er wieder ganz aus dem Häuschen. Ach was, es hat ja doch keinen Zweck. Er ist sowieso zu nichts zu gebrauchen. Kommen Sie, Sie können hinten mit uns essen.«

Hinten waren Küche, Anrichte, Speisekammer, Eßzimmer, und das Feldbett, über das eine Armeedecke gebreitet war, machte den Raum auch zum Schlafzimmer. Ein großer mittelalterlicher Holzofen knackte und knisterte. Auf dem viereckigen Eßtisch lag eine weiße, zerschnittene Wachstuchdecke. Der Junge stellte Schüsseln mit brodelnden weißen Bohnen und Speck auf den Tisch.

»Könnte ich vielleicht eine Leselampe bekommen?«

»Mein Gott, ich stelle den Generator ab, wenn wir ins Bett gehen. Aber ich kann Ihnen ja eine Petroleumlampe geben. Setzen Sie sich. Wir haben noch einen gebackenen Schinken im Herd.«

Der verdrießliche Junge servierte lustlos die Bohnen.

Der rotgesichtige Mann sagte: »Ich dachte, er absolviert die High School, und damit hat sich's. Aber nicht er. Nicht Robbie. Er hat einen Abendkurs besucht, und jetzt passen Sie auf, nicht in der Schule. Er hat dafür bezahlt. Ich weiß nicht, wo er das Geld her hatte.«

»Das klingt ziemlich ehrgeizig.«

»Ehrgeizig. Ein Dreck. Sie wissen nicht, was für ein Kurs das war – ein Friseurkurs, nicht Barbier, sondern Damenfriseur. Begreifen Sie jetzt meine Sorgen?«

Robbie, der den Schinken schnitt, drehte sich um. Er hielt das schlanke Messer starr in der Hand. Er forschte in meinem Gesicht nach der verächtlichen Miene, die er erwartete.

Ich versuchte, gleichzeitig ernst, nachdenklich und unbeteiligt auszusehen. Ich zupfte an meinem Bart, was angeblich für Konzentration spricht. »Was ich jetzt auch sage, einer von euch beiden läßt den Hund auf mich los. Ihr habt mich in der Mitte.«

Papa holte tief Luft und atmete sie langsam wieder aus. »Bei Gott, da haben Sie recht«, sagte er. Und dann lachte er, und die Spannung löste sich.

Robbie brachte die Teller mit dem Schinken und lächelte mich dankbar an.

»Nachdem wir Sie jetzt schon mal in der Zange haben, was halten Sie von dieser Friseursache?«

»Was ich davon halte, wird Ihnen wahrscheinlich nicht behagen.«

»Wie soll ich das wissen, wenn Sie nicht reden?«

»Gut, aber ich will rasch essen, für den Fall, daß ich türmen muß.« Ich arbeitete mich durch meine Bohnen und den halben Schinken, ehe ich ihm antwortete.

»So«, sagte ich. »Sie haben da ein Thema angeschnitten, über das ich oft nachgedacht habe. Ich kenne eine ganze Anzahl Frauen und Mädchen jeder Sorte – jeden Alters und jeder Figur. Keine zwei gleichen sich, bis auf einen Punkt, und der betrifft den Friseur. Ich bin felsenfest überzeugt, daß der Friseur der einflußreichste Mann jeder Gemeinde ist.«

»Machen Sie keine Witze.«

»Bestimmt. Ich habe das gründlich studiert. Wenn Frauen zum Friseur gehen, und das tun alle, wenn sie es sich leisten können, geht eine Wandlung in ihnen vor. Sie fühlen sich sicher, sie lockern sich. Sie brauchen nichts vorzutäuschen. Der Friseur weiß, wie ihre Haut unter dem Make-up aussieht, er weiß, wie alt sie sind, er kennt ihre Schönheitsoperationen. Deshalb erzählen Frauen dem Friseur Dinge, die sie nicht einmal einem Priester zu beichten wagen würden, und sie sprechen offen über Sachen, die sie möglichst sogar vor dem Arzt verheimlichen.

Wenn ich es Ihnen sage. Glauben Sie mir, ich habe das studiert. Wenn Frauen ihre Geheimnisse in die Hände des Friseurs legen, bekommt er eine Autorität, die wenige andere Männer erlangen können. Ich habe gehört, wie man mit tiefster Überzeugung bei Fragen der Kunst, Literatur, Politik, Wirtschaft, Säuglingspflege und Ethik Friseure zitierte.«

»Jetzt tragen Sie aber dick auf.«

»Es ist mein Ernst. Ich versichere Ihnen, daß ein tüchtiger, bedachter, ehrgeiziger Friseur eine Macht erlangt, die das Begriffsvermögen der meisten Männer übersteigt.«

»Jesus, hörst du das, Robbie? Hast du das gewußt?«

»Zum Teil. Wir hatten in unserem Kurs auch Unterricht in Psychologie.«

»Das hätte ich nie gedacht«, sagte Papa. »Wie wär's mit einem Gläschen?«

»Vielen Dank, heute nicht. Meinem Hund geht's nicht gut. Ich will morgen frühzeitig aufstehen und einen Tierarzt suchen.«

»Wissen Sie was? Robbie bringt Ihnen eine Leselampe. Ich lasse den Generator an. Wollen Sie frühstücken?«

»Ich glaube nicht. Ich möchte wirklich früh aufbrechen.«

Als ich in meine Hütte kam, nachdem ich Charley bei seiner Schinderei beizustehen versucht hatte, befestigte Robbie ein Notlicht am Eisengestell meines traurigen Betts.

Er sagte leise: »Mister, ich weiß nicht, ob Sie selber alles glauben, was Sie gesagt haben, aber es war mir wirklich eine Hilfe.«

»Ich denke, das meiste davon ist wahr. Und wenn das stimmt, dann ist auch viel Verantwortung dabei. Nicht wahr, Robbie?«

»Ganz gewiß«, sagte er feierlich.

Es war eine unruhige Nacht. Ich hatte eine Hütte gemietet, die nicht annähernd so komfortabel war wie die, die ich mit mir herumkutschierte, und kaum hatte ich mich einquartiert, war ich in eine Affäre hineingezogen worden, die mich nichts anging. Obwohl die Menschen selten den Rat anderer befolgen, sofern sie es nicht ohnehin getan hätten. besteht doch die kleine Möglichkeit, daß ich im Eifer über meine Friseurstheorie ein Unheil angerichtet habe.

Mitten in der Nacht weckte mich Charley mit einem leisen, kläglichen Winseln, und da er sonst nicht winselt, stand ich sofort auf. Er war in Nöten, sein Unterleib war aufgebläht, und Nase und Ohren fühlten sich heiß an. Ich ging mit ihm hinaus und blieb bei ihm, aber er konnte sich nicht erleichtern.

Ich wollte, ich verstünde etwas von Veterinärmedizin. Man steht einem kranken Tier so hilflos gegenüber. Es kann nicht erklären, wie ihm zumute ist, doch andererseits kann es auch nicht lügen, Symptome erfinden oder sich den Freuden der

Hypochondrie hingeben. Ich will damit nicht sagen, daß Tiere unfähig sind, etwas vorzutäuschen. Sogar der grundehrliche Charley fängt an zu hinken, wenn er beleidigt ist. Ich wollte, jemand schriebe ein gutes, zuverlässiges Buch über Hundemedizin. Ich würde es selbst tun, wenn ich es könnte. Charley war wirklich krank, und er mußte noch kränker werden, wenn ich ihn nicht von dem zunehmenden Druck befreien konnte. Ein Katheter hätte es getan, aber wo sollte ich in den Bergen und mitten in der Nacht einen hernehmen? Ich hatte einen Benzinsaugheber aus Plastik dabei. Aber der Durchmesser war zu groß. Dann entsann ich mich, gehört zu haben, daß der Blasendruck Muskelverkrampfungen hervorruft, die wiederum den Druck verstärken und so weiter, so daß man als erstes die Muskeln entspannen muß. Mein Arzneikasten war nicht für eine regelrechte ärztliche Behandlung eingerichtet. Aber ich hatte ein Schlafmittel dabei, Seconal-Kapseln zu je anderthalb Gran. Wie sollte ich sie dosieren? Deshalb wäre zum Beispiel ein Hausbuch über Tiermedizin von Nutzen. Ich machte eine Kapsel auf, nahm die Hälfte des Pulvers heraus und steckte sie wieder zusammen. Ich schob die Kapsel tief in Charleys Rachen, so daß er sie nicht herauswürgen konnte, hielt ihm den Kopf hoch und massierte die Kapsel die Kehle hinunter. Dann legte ich ihn aufs Bett und deckte ihn zu. Nach einer Stunde war noch keine Änderung eingetreten. Ich öffnete eine zweite Kapsel und gab ihm noch eine Hälfte. Ich glaube, anderthalb Gran sind für sein Gewicht eine recht hohe Dosis, aber Charley kann offenbar viel vertragen. Es dauerte eine Dreiviertelstunde, bis sein Atem langsamer wurde und er einschlief. Auch ich mußte eingeschlummert sein. Als nächstes hörte ich, daß er auf den Boden fiel. In seinem Dämmerzustand gaben seine Beine nach, er stand auf, taumelte und stand wieder auf. Ich öffnete die Tür und ließ ihn hinaus. Die Behandlung wirkte. Aber es ist mir unerklärlich, wie der Körper eines mittelgroßen Hundes so viel Flüssigkeit enthalten konnte. Schließlich torkelte er herein, ließ sich auf den Teppich fallen und schlief sofort ein. Er war so vollständig weggetreten, daß ich mir wegen der Dosierung Sorgen machte. Aber seine Temperatur war gesunken, er atmete normal und sein Herzschlag war stark und regelmäßig. Ich schlief unruhig, und als es dämmerte, sah ich, daß Charley sich nicht gerührt hatte. Ich weckte ihn, und er war recht zugänglich, als ich schließlich seine Aufmerksamkeit fand. Er lächelte, gahnte und schlief wieder ein.

Ich trug ihn in die Kabine und fuhr wie der Teufel nach Spokane. An die Landschaft, durch die wir kamen, erinnere ich mich nicht mehr. Am Stadtrand suchte ich im Telefonbuch einen Tierarzt, fragte mich durch und eilte mit Charley ins Sprechzimmer. Ich werde den Namen des Arztes nicht erwähnen, aber dieser Mann ist ein weiterer Grund dafür, daß ein gutes Buch über Hundemedizin notwendig wäre. Der Arzt war nicht mehr der jüngste, und wer bin ich, daß ich sagen dürfte, er hatte einen Kater? Er hob mit zitternder Hand Charleys Lippe, dann ein Augenlid und ließ es wieder fallen.

»Was hat er denn?« fragte er völlig desinteressiert.

»Um das zu erfahren, bin ich hier.«

»Irgendwie benebelt. Ein alter Hund. Vielleicht hatte er einen Schlag.«

»Er hatte eine verstopfte Blase. Und wenn er benebelt ist, dann deshalb, weil ich ihm anderthalb Gran Seconal gegeben habe.«

»Wozu das?«

»Um ihn zu entspannen.«

»Nun, jetzt ist er entspannt.«

»War die Dosis zu hoch?«

»Keine Ahnung.«

»Wieviel würden Sie geben?«

»Ich würde es ihm überhaupt nicht geben.«

»Fangen wir von vorn an. Was fehlt ihm?«

»Wahrscheinlich ist er erkältet.«

»Können daher die Blasenbeschwerden kommen?«

»Wenn er sich erkältet hat, ja, Sir.«

»Schauen Sie, ich bin unterwegs. Ich hätte gern eine etwas genauere Diagnose.«

Er lachte auf. »Das ist ein alter Hund. Alten Hunden tut dies und jenes weh. So ist es eben.«

Ich mußte wegen der unruhigen Nacht schnippisch gewesen sein. »Bei alten Männern ist es ebenso«, sagte ich, »aber das hindert sie nicht, etwas dagegen zu tun.« Ich glaube, jetzt hatte ich ihn an der Strippe.

»Ich gebe Ihnen ein Mittel, das seine Nieren reinigt«, sagte er. »Es ist nur eine Erkältung.«

Ich nahm die kleinen Pillen in Empfang, bezahlte die Rechnung und machte mich davon. Nicht, als ob dieser Veterinär die Tiere nicht gemocht hätte. Ich glaube, er mochte sich selbst nicht, und wenn das der Fall ist, muß der Betreffende gewöhnlich außerhalb seines eigenen Ichs ein Objekt für seine Abneigung finden, sonst müßte er seine Selbstverachtung zugeben.

Andererseits verleugne ich nicht meine Abneigung gegenüber dem »Hundeliebhaber«, der seine Unzulänglichkeiten dem Hund aufbürdet. Solch ein Hundeliebhaber spricht mit ausgewachsenen und vernünftigen Tieren in der Babysprache und schreibt ihnen seine eigenen lumpigen Eigenschaften zu, bis der Hund sein zweites Ich wird. Ich glaube, solche Leute sind fähig, durch das, was sie für Freundlichkeiten halten, einem Tier lange und schwere Martern aufzuerlegen, da sie ihm seine natürlichen Wünsche verweigern, bis ein Hund von schwachem Charakter zusammenbricht und ein fettes, asthmatisches, behaartes Neurosenbündel wird. Wenn ein Fremder Charley in der Babysprache anredet, dann meidet Charley ihn. Denn Charley ist kein Mensch; er ist ein Hund und er fühlt sich wohl dabei. Er weiß, daß er ein erstklassiger Hund ist, und er möchte kein zweitklassiger Mensch sein. Als der alkoholisierte Tierarzt ihn mit seiner zittrigen Hand berührte, sah ich in Charleys Augen versteckte Verachtung. Ich glaube, er wußte über den Mann Bescheid, und vielleicht wußte der Arzt, was Charley wußte. Vielleicht machte das dem Mann zu schaffen. Es muß sehr schmerzlich sein, wenn man weiß, daß die Patienten kein Vertrauen zu einem haben.

Hinter Spokane bestand die Gefahr früher Schneefälle nicht mehr, denn die Luft war durch den starken Atem des Pazifik wie verwandelt. Ich hatte von Chicago bis hierher nicht lange gebraucht. Aber die überwältigende Größe und der Abwechslungsreichtum des Landes, die vielen Erlebnisse und Begegnungen unterwegs hatten die Zeit über alles Maß hinaus ausgedehnt. Es ist nicht wahr, daß einem eine ereignislose Zeit in der Erinnerung kurz vorkommt. Es bedarf der Meilensteine der Ereignisse, um der Erinnerung an die Vergangenheit Weite zu geben. Ereignislosigkeit zerstört die Zeit.

Der Pazifik ist mein Heimatozean; ihn kannte ich zuerst, ich wuchs an seiner Küste auf, sammelte Meerestiere am Strand. Ich kenne seine Stimmungen, seine Farben und sein Wesen. Sehr weit im Landinnern roch ich zum erstenmal den Pazifik. Wenn man lange auf See war, grüßt einen der Geruch des Landes schon aus großer Entfernung. Und ebenso ist es, wenn man sich lange im Binnenland aufgehalten hat. Ich glaube, ich roch die Felsen an der Küste, den Tang und den

Aufruhr des tosenden Meeres, die Schärfe des Jods, vermischt mit dem Geruch angeschwemmter, zerbrochener Kalkmuscheln. Ein so ferner und vertrauter Geruch kommt so heimlich, daß man ihn nicht im Bewußtsein wahrnimmt, aber er wirkt wie elektrisierend und löst eine überschwengliche Freude aus. Ich jagte über die Straßen Washingtons, von der See angezogen wie ein wandernder Lemming.

Ich erinnerte mich sehr gut an das üppige, liebliche östliche Washington und an den schönen Columbia River, der schon Lewis und Clark beeindruckt hatte. Obwohl Dämme und Hochspannungsleitungen dazugekommen waren, hatte sich das Land nicht sehr verändert. Erst als ich in die Nähe von Seattle kam, wurde die unglaubliche Veränderung offenbar.

Ich hatte selbstverständlich über die Bevölkerungsexplosion an der Westküste gelesen, aber Westküste ist für die meisten ein anderes Wort für Kalifornien. Dort strömen die Menschen hin, die Einwohnerzahl der Städte verdoppelt und verdreifacht sich, während die Hüter des Fiskus unter der wachsenden Last der Investitionen stöhnen und über die Notwendigkeit, für eine Flut von Bedürftigen zu sorgen. In Washington sah ich es zum erstenmal. Ich erinnerte mich an Seattle als an eine Stadt, die auf Hügeln ruhte, neben einer unvergleichlichen Hafenanlage – eine kleine Stadt mit Plätzen und Bäumen und Gärten, und die Häuser paßten in diese Szenerie. Das ist heute nicht mehr so. Die Kuppen der Hügel sind abrasiert, so daß ebene Gehege für die Kaninchen der Gegenwart entstanden. Die achtspurigen Highways schneiden sich wie Gletscher durch das Land. Dieses Seattle hatte nichts mit der Stadt zu tun, an die ich mich erinnerte. Der Verkehr war mörderisch. In den Außenvierteln dieses Ortes, den ich einmal so gut gekannt hatte, fand ich mich nicht mehr zurecht. An den Straßen, die früher von Beerensträuchern gesäumte Chausseen gewesen waren, zogen sich hohe Drahtzäune und meilenlange Fabriken entlang, und über allem hing der gelbe Rauch des Fortschritts und widerstand der Anstrengung des Seewinds, ihn wegzutreiben.

Das klingt, als trauere ich einer vergangenen Zeit nach, und das ist die Beschäftigung der Greise, oder als kultiviere ich die Opposition gegenüber der Veränderung oder der Wandlung, und das ist die Neigung der Reichen und der Stupiden. Dem ist nicht so. Dieses Seattle war nicht etwas Neues. Wenn man mich dorthin gebracht hätte, ohne mir zu sagen, daß es

Seattle sei, hätte ich nicht gewußt, wo ich mich befand. Überall war hektisches Wachstum, ein krebsartiges Wuchern. Räumpflüge rodeten die grünen Wälder und häuften den entstehenden Abfall an, damit er verbrannt wurde. Weiße Schalbretter lagen neben grauen Betonwänden aufgestapelt. Ich frage mich oft, weshalb der Fortschritt so sehr der Zerstörung ähnelt.

Am nächsten Tag ging ich zum alten Hafen von Seattle, wo Fische, Krabben und Garnelen schön auf weißen Betten aus gehacktem Eis lagen und wo die gewaschenen, farbenprächtigen Gemüse wie auf Gemälden arrangiert waren. Ich trank Muschelsaft und aß die scharfen Krabbencocktails an den Verkaufsständen am Wasser. Hier hatte sich nicht viel verändert – es war ein wenig baufälliger und schmutziger als vor zwanzig Jahren. Und nun möchte ich eine Verallgemeinerung über das Wachstum amerikanischer Städte äußern, die offenbar für alle gilt, die ich kenne. Wenn eine Stadt zu wachsen und sich auszudehnen beginnt, dann wird das Zentrum, das einmal ihr Glanzstück war, in gewisser Weise der Zeit überantwortet. Die Gebäude werden dunkel, und eine Art Zerfall breitet sich aus; wenn die Mieten fallen, ziehen ärmere Leute ins Zentrum, und kleine Geschäfte von den Stadträndern treten die Nachfolge einst blühender Unternehmen an. Das Viertel ist noch zu gut erhalten, um abgerissen zu werden, und zu altmodisch, um eine bevorzugte Gegend zu sein. Außerdem ist alle Energie in die neuen Viertel geströmt, in die halb ländlichen Supermärkte, die Autokinos, die Häuser mit weiten Rasen und die Stuckschulen, wo die Kinder in ihrer Unwissenheit noch bestärkt werden. Der alte Hafen mit den schmalen Gassen, dem Kopfsteinpflaster und den rauchgeschwärzten Häusern geht einer Periode der Vereinsamung entgegen, in der er nachts von menschlichen Wracks bewohnt wird, den Lotusessern, die sich täglich mit Hilfe von starkem Alkohol um Bewußtlosigkeit bemühen. Fast jede Stadt, die ich kenne, hat solch eine sterbende Mutter, geschändet und hoffnungslos, wo nachts das Licht der Straßenlampen aufgesogen wird und die Polizisten zu zweit gehen. Und dann kehrt die Stadt vielleicht eines Tages wieder, merzt das Geschwür aus und errichtet ein Denkmal für die Vergangenheit.

Die Ruhe während meines Aufenthaltes in Seattle hatte Charley gutgetan. Ich fragte mich, ob ihm in seinem Alter vielleicht das ständige Rütteln des Wagens geschadet haben konnte.

Als wir die herrliche Küste hinabfuhren, änderte sich meine Reisemethode ganz von selbst. Jeden Abend fand ich eine angenehme Raststätte, schöne neue Häuser, die in den letzten Jahren gebaut worden waren. Ich lernte eine Tendenz des Westens kennen, an die ich mich nicht gewöhnen kann. Vielleicht bin ich zu alt dazu. Ich meine die Mode des Do-it-yourself. Beim Frühstück steht ein Brotröster auf dem Tisch. Man macht seinen Toast selbst. Wenn ich in einer dieser Perlen des Komforts und des Wohllebens abstieg, registriert worden war und in mein behagliches Zimmer geführt wurde, nachdem ich selbstverständlich im voraus bezahlt hatte, dann war dies das Ende eines jeden Kontakts mit dem Personal. Es gab keine Kellner, keine Boys. Die Zimmermädchen schlüpften unsichtbar herein und hinaus. Wenn ich Eis brauchte, ging ich zu einem Automaten, der neben dem Büro stand. Alles war bequem, zentral gelegen und einsam. Der größte Luxus umgab mich. Andere Gäste kamen und gingen schweigend. Wenn ich sie mit einem »Guten Abend« konfrontierte, sahen sie mich ein wenig verwirrt an und erwiderten dann »Guten Abend«. Ich glaube, sie haben an mir nach einem Schlitz gesucht, in den sie eine Münze einwerfen konnten.

Irgendwo in Oregon an einem regnerischen Sonntag beanspruchte mich die tapfere Rosinante. Ich habe bis jetzt von meinem treuen Vehikel nur beiläufig und in Ausdrücken des oberflächlichen Lobes gesprochen. Ist das nicht immer so? Wir schätzen die Tugend, aber wir erwähnen sie nicht. Der ehrliche Buchhalter, die treue Frau, der fleißige Gelehrte erfreuen sich geringerer Aufmerksamkeit als der Betrüger, der Landstreicher, der Schwindler. Wenn Rosinante in diesem Bericht vernachlässigt wurde, dann deshalb, weil sie anstandslos ihre Pflicht tat. Die Vernachlässigung betraf jedoch nicht die Technik. Ich hatte aufs gewissenhafteste das Öl wechseln und abschmieren lassen. Es ist mir schrecklich, wenn ich mitansehen muß, wie ein Motor vernachlässigt, mißhandelt oder über seine Leistungsfähigkeit hinaus beansprucht wird.

Rosinante reagierte auf meine Freundlichkeit pflichtgemäß mit schnurrendem Motor und tadelloser Arbeit. Nur in einem war ich gedankenlos oder vielleicht übereifrig. Ich nahm von allem zuviel mit – zu viele Lebensmittel, zu viele Bücher und so viel Werkzeug, daß ich ein Unterseeboot hätte zusammenmontieren können. Wenn ich irgendwo gutes Wasser fand, füllte ich den Tank, und dreißig Gallonen Wasser wiegen dreihundert Pfund. Ein Reservebehälter Butangas, den ich für alle Fälle mitgenommen hatte, wiegt fünfundsiebzig Pfund. Die Federn bogen sich tief durch, aber es sah aus, als würden sie halten, und auf schlechten Straßen fuhr ich langsam und vorsichtig. Wegen ihrer Gutmütigkeit behandelte ich Rosinante wie den ehrlichen Buchhalter, die treue Frau: ich ignorierte sie. Und in Oregon, an einem regnerischen Sonntag, als ich durch eine endlose, schmutzige Pfütze fuhr, entwich aus dem rechten Hinterreifen mit einer dumpfen Explosion die Luft. Ich habe hinterlistige Wagen gekannt und besessen, die dergleichen aus reiner Bosheit getan hätten. Rosinante tat das nicht.

Das muß man in Kauf nehmen, dachte ich. Das ist der Lauf der Welt. Aber hier stand die Welt zwanzig Zentimeter tief unter schmutzigem Wasser, und der Reservereifen, der unter der Kabine montiert war, hatte sich in den Schlamm gesenkt. Die Werkzeuge, die ich zum Reifenwechsel brauchte, lagen unter einer Fußbodenluke, auf welcher der Tisch stand, so daß ich einen Teil meiner Fracht auspacken mußte. Der neue Wagenheber, der noch unbenutzt war und an dem der Fabriklack glänzte, war steif und widerspenstig und nicht dazu geschaffen, die überladene Rosinante zu heben. Ich legte mich auf den Bauch, schwamm unter den Wagen und hielt die Nasenlöcher über das Wasser. Der Griff des Wagenhebers war glitschig vom fettigen Schlamm. Dreckklumpen hängten sich in meinen Bart. Ich lag keuchend da wie eine verwundete Ente und fluchte leise, während ich den Wagenheber langsam unter eine Achse zwängte, die ich durch Tasten finden mußte, denn sie war unter Wasser. Dann hob ich das schwere Gewicht mit übermenschlichem Grunzen und Keuchen, und meine Augen traten aus den Höhlen. Ich glaubte zu spüren, wie meine Muskeln rissen und sich von den Knochen lösten. Nach knapp einer Stunde hatte ich den Reservereifen montiert. Viele Lagen gelblichen Schmutzes hatten mich unkenntlich gemacht. Meine Hände waren zerschunden und bluteten. Ich rollte den geplatzten Reifen an eine trockene Stelle und inspizierte ihn. Die ganze Seite war aufgerissen. Dann sah ich mir den linken Hinterreifen an und entdeckte dort zu meinem Entsetzen eine große Gummiblase, die an der Seite heraustrat, und daneben noch eine. Der Reifen konnte jeden Augenblick platzen, und es war Sonntag, und es regnete, und ich war in Oregon. Wenn der Reifen platzte, dann saßen wir da, auf einer nassen, einsamen Straße, und es blieb uns nichts anderes übrig, als in Tränen auszubrechen und den Tod zu erwarten, und vielleicht würden uns ein paar mitleidige Vögel mit Blättern zudecken. Ich zog Schmutz und Kleider gleichzeitig aus und saubere Unterwäsche an, die dabei schmutzig wurde.

Kein Wagen hat je eine so unterwürfige Behandlung erfahren wie Rosinante, als wir langsam weiterfuhren. Jede Unebenheit der Straße versetzte mir einen Stich. Wir krochen mit höchstens fünf Meilen in der Stunde, und das alte Gesetz bewahrheitete sich, demzufolge Städte weit auseinanderliegen, wenn man sie braucht. Ich brauchte mehr als eine Stadt, ich brauchte zwei neue starke Hinterreifen. Die Konstrukteure meines Wagens hatten nicht mit der Fracht gerechnet, die ich mitnehmen würde.

Nach einer Ewigkeit in der nassen Wüste kamen wir in eine nasse, kleine, tote Stadt, deren Namen ich nie erfahren habe. Alles war geschlossen – alles bis auf eine Tankstelle. Der Besitzer war ein Gigant mit narbigem Gesicht und einem bösen weißen Blick. Wenn er ein Pferd gewesen wäre, hätte ich ihn nicht gekauft. Er war ein höchst wortkarger Mann. »Da sind Sie aber aufgeschmissen«, sagte er.

»So ist es. Verkaufen Sie keine Reifen?«

»Nicht Ihre Größe. Die muß ich aus Portland kommen lassen. Ich könnte morgen anrufen, vielleicht sind sie übermorgen da.«

»Gibt's kein Geschäft in der Stadt, das welche haben könnte?«

»Zwei. Beide geschlossen. Aber ich glaube sowieso kaum, daß sie die Größe haben. Sie brauchen größere Reifen.« Er kratzte sich den Bart, sah sich die Blasen am linken Hinterreifen an und stach mit dem Zeigefinger hinein. Schließlich ging er in sein kleines Büro, schob ein Gewirr von Bremsseilen, Keilriemen und Katalogen zur Seite und holte ein Telefon darunter hervor. Wenn je mein Glaube an die grundsätzliche Heiligkeit der Menschen erschüttert wird, dann werde ich an diesen böse aussehenden Mann denken.

Nach drei Anrufen machte er einen Händler ausfindig, der einen in der gewünschten Art und Größe hatte; aber dieser Mann war auf einer Hochzeitsgesellschaft und konnte sich nicht losreißen. Nach drei weiteren Anrufen hörte er ein Gerücht über einen zweiten Reifen, der aber acht Meilen entfernt war. Unterdessen regnete es ununterbrochen. Es dauerte endlos, denn zwischen den Telefongesprächen wartete jeweils eine Schlange Wagen auf Benzin und Öl, und alles mußte mit langsamer Gründlichkeit getan werden.

Schließlich wurde ein Schwager herausgetrommelt. Er hatte eine Farm ein Stück weiter an der Straße. Er wollte nicht in den Regen hinaus, aber mein böser Schutzengel übte Druck auf ihn aus. Der Schwager fuhr zu den beiden weit voneinander entfernten Orten, wo die Reifen sein konnten, fand sie und brachte sie her. Nach knapp vier Stunden war ich mit großen, schweren Reifen versehen, die ich von Anfang an hätte haben sollen. Ich hätte in den Schmutz knien und dem Mann die Hände küssen mögen, aber das tat ich nicht. Ich bezahlte ihn ziemlich fürstlich, und er sagte: »Das wäre nicht nötig gewesen. Und denken Sie daran: die neuen Reifen sind größer und verändern die Tachometerangabe. Sie fahren schneller, als die Nadel angibt, und wenn Sie einem kratzbürstigen Schutzmann begegnen, könnte er Sie aufgabeln.«

Ich war so von demütiger Dankbarkeit erfüllt, daß ich kaum sprechen konnte. Das geschah sonntags in Oregon im Regen, und ich hoffe, dieser übelaussehende Tankwart möge tausend Jahre leben und die Erde mit seinen Nachkommen bevölkern.

Es steht fest, daß Charley sich rasch zu einem Baumexperten von Format entwickelte. Aber ich hatte ihm während der ganzen Fahrt nichts über die gigantischen Mammutbäume erzählt. Ich fand, daß ein Pudel von Long Island, der sein Geschäft an einer »Sequoia sempervirens« oder »Sequoia gigantia« erledigt hat, sich von anderen Hunden unterscheiden müsse, daß er jenem Gallahad gleicht, der den Gral gesehen hat. Der Gedanke war überwältigend. Nach diesem Erlebnis würde er vielleicht auf mystische Weise auf eine andere Ebene der Existenz versetzt, in eine andere Dimension, so wie die Mammutbäume außerhalb der Zeit und unseres normalen Denkens zu stehen scheinen. Es könnte ihn allerdings auch zu einem Erzlangweiler machen. Ein Hund mit einer solchen Erfahrung könnte ein Paria im wahrsten Sinne des Wortes werden.

Wenn man die Mammutbäume einmal gesehen hat, lassen

sie einen nicht mehr los, sie rufen eine Vision hervor, die einen ständig begleitet. Noch nie hat jemand mit Erfolg einen Mammutbaum gemalt oder fotografiert. Das Gefühl, das sie in einem hervorrufen, läßt sich nicht schildern. Ruhe und Souveränität strömt von ihnen aus. Es liegt nicht nur an ihrer unglaublichen Statur, auch nicht an der Farbe, die sich vor unseren Augen zu verändern scheint, nein, es sind keine Bäume, wie wir sie kennen, sondern Botschafter einer anderen Zeit. Sie teilen das Mysterium der Farne, die vor einer Million Jahren in der Kohle des Karbonzeitalters untergingen. Sie haben ihr eigenes Licht und ihren Schatten. Der eitelste, törichtste und respektloseste Mensch gerät in Gegenwart der Mammutbäume in einen Zauberbann des Staunens und der Ehrfurcht. Ehrfurcht – das ist das Wort. Man hat das Bedürfnis, sich vor unbestrittenen Souveränen zu verbeugen. Ich habe diese Riesen seit meiner frühesten Kindheit gekannt, habe unter ihnen gelebt, an ihren warmen Ungeheuerleibern kampiert und geschlafen, und so nahe ich ihnen auch verbunden war, es hat meine Ehrfurcht nicht beeinträchtigt. Und nicht nur ich empfinde so.

Vor einer Anzahl von Jahren zog ein Neuling, ein Fremder, in meine Gegend bei Monterey. Seine Sinne müssen vom Geld und vom Geldverdienen abgestumpft und verkümmert gewesen sein. Er kaufte einen Mammuthain in einem tiefen Tal nahe der Küste, ließ die Bäume fällen, verkaufte das Holz und ließ die Überbleibsel seines Gemetzels liegen, wie es sein gutes Recht als Besitzer war. Entsetzen und bebender Zorn füllten die Stadt. Das war nicht nur Mord, das war ein Sakrileg. Wir sahen den Mann mit Ekel an, und er war bis an sein Ende gebrandmarkt.

Natürlich sind viele alte Mammutwälder gerodet worden. Aber viele dieser stattlichen Monumente blieben und werden bleiben, und das hat seinen guten und interessanten Grund. Staaten und Regierungen könnten diese heiligen Bäume nicht schützen. Daher haben Klubs, Vereine und sogar Privatleute sie gekauft und der Zukunft geweiht. Ich kenne keinen ähnlichen Fall. Doch so wirken die Sequoia-Bäume auf den menschlichen Geist. Wie aber würde Charley auf sie reagieren?

Als wir uns dem Mammutland im Süden Oregons näherten, ließ ich ihn im Wohnaufsatz, sozusagen mit verbundenen Augen. Ich fuhr an mehreren Baumgruppen vorbei, da sie nicht ganz adäquat waren – und dann sah ich auf einer ebenen Weide bei einem Fluß den Großvater. Er stand allein, hundert Meter hoch und mit dem Umfang eines mittleren Mietshauses. Die Zweige mit ihren flachen, hellgrünen Blättern begannen erst in fünfundvierzig Meter Höhe. Darunter war die gerade, etwas konisch zulaufende Säule, deren Farbe von Rot nach Purpur und Blau spielte. Die Spitze war edel, und vor Jahren hatte ein Blitz sie gespalten. Ich bog von der Straße ab und fuhr bis auf fünfzehn Meter an das göttergleiche Wesen heran, so daß ich den Kopf in den Nacken legen und senkrecht in die Höhe blicken mußte, um die Zweige zu sehen. Dies war der Augenblick, auf den ich gewartet hatte. Ich ließ Charley heraus und beobachtete ihn schweigend, denn dies mußte der Traum eines Hundes vom siebten Himmel sein.

Charley schnüffelte und schüttelte sich. Er streunte zu einem Busch, ließ sich mit einem Stämmchen ein, ging zum Fluß, trank und sah sich dann nach etwas Neuem um.

»Charley«, rief ich, »schau her!« Ich deutete auf den Großvater. Charley wedelte mit dem Schwanz und trank noch einmal. »Natürlich«, sagte ich. »Er hebt den Kopf nicht hoch genug, deshalb sieht er die Zweige nicht, an denen er erkennen würde, daß es ein Baum ist.« Ich hob seine Schnauze. »Schau, Charley! Das ist der Baum aller Bäume! Das ist die Erfüllung aller Wünsche!«

Charley bekam einen Niesanfall wie jeder Hund, dessen Nase man zu hoch hält. Ich spürte den Ärger und den Haß, den man gegenüber Ignoranten empfindet, gegenüber denjenigen, die durch Unverständnis einen liebgewordenen Plan zunichte machen. Ich schleifte ihn zum Baumstamm und rieb seine Nase daran. Er sah mich kalt an, verzieh mir dann und streunte wieder hinüber zum Haselnußbusch.

»Wenn ich glauben würde, er täte es, um mich zu ärgern oder zum Schabernack«, sagte ich zu mir, »dann brächte ich ihn auf der Stelle um. Ich muß es wissen.« Ich klappte mein Taschenmesser auf und ging zum Ufer, wo ich von einer kleinen Weide einen Zweig abschnitt, einen gut belaubten Zweig in Y-Form. Ich trimmte die Zweige, spitzte das untere Ende und ging dann zum ehrwürdigen Großvater der Titanen und steckte den Zweig in die Erde, so daß das Laub die rauhe Rinde berührte. Dann pfiff ich Charley, und er reagierte freundlich. Ich sah ihn betont nicht an. Er ging ziellos umher, bis er den Weidenzweig sah und vor Überraschung erschrak.

Er schnüffelte an dem frisch geschnittenen Ast, und nachdem er sich linksherum und rechtsherum gedreht hatte, um Entfernung und Flugbahn abzuschätzen, feuerte er.

Ich blieb zwei Tage bei den Leibern der Giganten. Es waren keine Touristen da und keine schnatternden Trupps mit Kameras, und es herrschte eine Stille wie in einer Kathedrale. Vielleicht schluckt die dicke, weiche Rinde die Geräusche. Die Bäume steigen steil zum Zenit, es gibt keinen Horizont. Morgens bleibt es dämmrig, bis die Sonne hoch am Himmel steht. Dann färbt das farnartige Laub in der Höhe das Sonnenlicht grünlichgold und verteilt es in Balken, oder eher in Licht- und Schattenstreifen, nach unten. Wenn die Sonne den Zenit passiert hat, ist es Nachmittag und bald Abend, und die flüsternde Dämmerung zieht sich so lange hin wie der Morgen.

Dadurch ändert sich die normale Tageseinteilung. Morgen- und Abenddämmerung sind für mich Ruhezeit, und hier unter den Mammutbäumen ist fast den ganzen Tag über Ruhezeit. Vögel huschen durchs Dämmerlicht oder blitzen wie Funken durch die Sonnenbalken und geben kaum einen Laut von sich. Der Boden ist eine Matratze aus Nadeln, die sich seit über zweitausend Jahren abgelagert haben. Auf dieser dicken Decke ist kein Schritt zu hören. Mich überkam ein fremdartiges, klösterliches Gefühl. Man vermeidet es zu sprechen, aus Furcht, etwas zu stören – aber was? Von meiner frühesten Kindheit an hatte ich gespürt, daß in diesen Wäldern etwas vorging, an dem ich keinen Anteil habe. Ich hatte das Gefühl vergessen gehabt, aber es stellte sich bald wieder ein.

Nachts umgibt einen schwarze Finsternis – nur in der Höhe ist ein grauer Fleck und gelegentlich ein Stern. Und in der Schwärze ist ein Atmen, denn diese riesigen Wesen, die den Tag beherrschen und die Nacht bewohnen, leben und sind gegenwärtig und fühlen vielleicht und besitzen irgendein Wahrnehmungsvermögen, kennen vielleicht eine Art Kommunikation. (Merkwürdig, daß das Wort »Bäume« so gar nicht paßt). Ich kann sie, ihre Macht und ihr Alter akzeptieren, denn ich wurde früh an sie gewöhnt. Menschen, die diese Erfahrung nicht haben, fühlen sich bald unwohl, als lauere eine Gefahr, als würden sie eingeschlossen, umzingelt, überwältigt. Es ist nicht nur die Größe der Mammutbäume, die sie ängstigt, sondern auch ihre Fremdartigkeit. Und warum nicht? Sie sind die letzten Überlebenden einer Gattung, die in einem Erdzeitalter, das so weit zurückliegt wie der obere Jura, in vier Kontinenten gedieh. Man fand Versteinerungen dieser Alten aus der Kreidezeit, und im Eozän und Miozän waren sie über England, Europa und Amerika verbreitet. Dann kamen die Gletscher, fällten die Titanen, so daß sie sich nicht mehr erholten. Und nur diese paar wenigen sind übriggeblieben, ein erstaunliches Zeugnis dafür, wie die Welt einmal war. Vielleicht werden wir nicht gern daran erinnert, daß wir noch sehr jung und unerfahren sind in einer Welt, die schon sehr alt war, als wir in sie hineingesetzt wurden? Oder sträuben wir uns gegen die Gewißheit, daß eine lebendige Welt weiterbestehen wird, wenn wir sie einmal nicht mehr bewohnen?

Es fällt mir nicht leicht, über meine Heimat, das nördliche Kalifornien, zu berichten. Eigentlich müßte das am einfachsten sein, denn ich kannte diesen Landstreifen am Pazifik besser als jede andere Gegend der Welt. Doch hier stehe ich nicht einem einzelnen Faktum gegenüber, sondern einer Vielzahl von Fakten, und eines schiebt sich über das andere, bis alles verschwimmt. Was Kalifornien ist, wird von der Erinnerung daran, was es war und was ich dort erlebte, überdeckt, und dies alles ist so ineinandergemengt, daß Objektivität nahezu unmöglich ist. Diese vierspurige Betonstraße, gepeitscht von raschen Wagen, kannte ich noch als schmale, gewundene Bergstraße, über die Holzfällertrupps mit ihren geduldigen Mauleseln zogen, und das hohe, freundliche Läuten der Kummetglocken sagte ihr Kommen an. Das hier war eine winzige Ortschaft, ein Kramladen unter einem Baum und eine Schmiede und eine Bank davor, auf die man sich setzen und dem Klirren von Hammer und Amboß zuhören konnte. Jetzt haben sich auf eine Meile im Umkreis kleine Häuser breitgemacht, eins gleicht dem anderen, zumal alle sich bemühen, etwas Besonderes zu sein. Das hier war ein bewaldeter Berg, auf dem sich die dunkelgrünen Lebenseichen vor dem versengten Gras abhoben und wo in Mondnächten die Kojoten sangen. Die Kuppe ist abgeholzt, und eine Fernseh-Relaisstation greift in den Himmel und füttert Tausende winziger Häuschen, die sich wie Blattläuse an die Straßen klammern, mit einem nervösen Bild.

Das alte Lied, nicht wahr? Ich hatte nie etwas gegen Veränderungen, auch nicht, wenn man sie »Fortschritt« nannte. Und doch war ich erbost über die Fremden, die mein Land mit Lärm, Unordnung und den unvermeidlichen Abfallrändern überzogen. Selbstverständlich sind diese Neuen über die noch Neueren verstimmt. Ich weiß noch gut, wie wir in meiner Jugend den so natürlichen Ärger über die Fremden teilten. Auch wir, die wir hier geboren waren, samt unseren Eltern, fühlten uns den Neuankömmlingen, den Barbaren, den *forestieri,* merkwürdig überlegen, und sie, die Neuankömmlinge, ärgerten sich über uns und dichteten sogar einen häßlichen Vers:

Der Schürfer, der kam neunundvierzig,
zwei Jahre darauf die Hurenherde,
und als sie sich zusammentaten,
machten sie den Sohn der Heimaterde.

Und wir waren wiederum den Spanisch-Mexikanern ein Dorn im Auge und sie ihrerseits den Indianern. Machen einen deshalb die Mammutbäume so nervös? Sie sind die eigentlichen Eingeborenen. Sie waren ausgewachsene Bäume, als auf Golgatha eine politische Hinrichtung stattfand. Sie standen im vollen Mannesalter, als Cäsar die römische Republik retten wollte und dabei zerstörte. Für die Mammutbäume ist jeder ein Fremder, ein Barbar.

Manchmal wird das Bild des Wandels durch einen Wandel in einem selbst verzerrt. Der Raum, der einst riesig schien, ist geschrumpft, der Berg ein Hügel geworden. Und hier handelt es sich nicht um eine Illusion. Ich kannte Salinas, meinen Geburtsort, als es auf seine viertausend Einwohner stolz war. Heute sind es achtzigtausend, und so geht es blindlings weiter in mathematischer Progression – hunderttausend in drei Jahren, in zehn vielleicht zweihunderttausend, und ein Ende ist nicht abzusehen. Sogar Leute, die an Zahlen Freude haben und sich an Größe begeistern, sorgen sich langsam, erkennen allmählich, daß es einen Sättigungsgrad geben muß und daß der Fortschritt vielleicht ein Fortschreiten zum Erstickungstod hin ist. Und es gibt keinen Ausweg. Man kann den Menschen nicht verbieten, geboren zu werden – wenigstens vorläufig nicht.

Ich sprach schon über das Aufkommen der »mobile homes« und über gewisse Vorteile, die ihre Besitzer genießen. Im Osten und Mittelwesten hatte ich gedacht, dort seien es viele, aber Kalifornien bringt sie hervor wie Heringe. Überall sind Wohnplätze, sie branden gegen die Hänge, ergießen sich in die Flußbetten. Ihre Bewohner sind Nutznießer aller öffentlichen Einrichtungen, wie Krankenhäuser und Schulen, sie genießen den Schutz der Polizei, haben an den Wohlfahrtseinrichtungen teil und bezahlen vorerst keine Steuern. Die lokalen Institutionen werden von Grundsteuern finanziert, gegen die das fahrbare Haus immun ist. Zwar erhebt der Staat eine Zulassungsgebühr, aber diese kommt nicht den Bezirken und Städten zugute, es sei denn für die Erhaltung und den Ausbau der Straßen. Die Besitzer von unbeweglichem Eigentum stellen fest, daß sie Schwärme von Schmarotzern unterstützen, und sie sind nicht erbaut davon. Doch unsere Steuergesetze und unsere diesbezüglichen Denkgewohnheiten sind die Frucht einer langen Entwicklung, und man schreckt vor dem Gedanken an eine Kopfsteuer zurück. Die Vorstellung vom Grundbesitz als der Quelle und dem Symbol des Wohlstandes ist tief in uns verwurzelt. Nun aber haben unzählige Menschen einen anderen Weg gefunden. Man kann dem Beifall zollen, da wir im allgemeinen Leute bewundern, die sich um die Steuern drücken, wenn nicht die Bürde dieser Freiheit mit zunehmendem Gewicht anderen auferlegt würde. Es ist klar, daß sehr bald eine neue Methode der Besteuerung gefunden werden muß, sonst wird der Grundbesitz dermaßen belastet, daß ihn sich niemand mehr leisten kann. Der Besitz wäre keine Quelle des Wohlstandes mehr, sondern eine Strafe, und das wäre die Spitze einer Pyramide von Paradoxen. Früher zwangen das Wetter, die Armut und die Seuchen den Menschen zu bedachtsamen Änderungen. Jetzt übt unser biologischer Erfolg als Spezies Druck auf uns aus. Wir haben alle Feinde überwunden, nur uns selber nicht.

Als ich in Salinas aufwuchs, nannten wir San Francisco die »City«. Es war zwar die einzige City, die wir kannten, aber für mich ist es heute noch die City, und so empfindet wohl jeder, der mit dieser Stadt einmal verbunden war. »City« ist ein eigenartiges, ein exklusives Wort. Außer San Francisco kann man nur einzelne Viertel Londons oder Roms als »City« bezeichnen. Die New Yorker sagen, sie fahren »to town«. Paris hat keinen anderen Namen als Paris. Mexico City ist »die Hauptstadt«.

Ich kannte die City wie meine Hosentasche, verbrachte dort meine Dachstubentage, während andere in Paris die verlorene Generation waren. Ich wurde in San Francisco flügge, bestieg seine Hügel, schlief in seinen Parks, arbeitete auf den Docks, marschierte und schrie bei Revolten mit. Irgendwie gehörte die City mir ebenso wie ich ihr.

San Francisco inszenierte ein Schauspiel für mich. Ich sah es über die Bucht von der großen Straße aus, die an Sausalito vorbeiführt und in die Golden Gate Bridge mündet. Die Nachmittagssonne malte die Stadt weiß und golden an, die an den Hügeln emporstieg wie eine erhabene Stadt in einem glücklichen Traum. Eine auf Hügeln erbaute Stadt ist Städten im Flachland überlegen. New York baut seine eigenen Berge mit hoch aufstrebenden Gebäuden, aber diese goldene und weiße Akropolis, die Welle um Welle an das Blau des Pazifikhimmels brandete, hatte etwas Betäubendes, etwas von dem Bild einer mittelalterlichen italienischen Stadt, die nie existiert haben kann. Ich blieb auf einem Parkplatz stehen, um sie und die halsbandartige Brücke zu betrachten, die über die Einfahrt in die Bucht zu ihr hinüberführt. Über den grünen, höheren Hügeln im Süden wogte der Abendnebel wie Schafherden, die gekommen waren, um in der goldenen Stadt eingepfercht zu werden. Ich hatte sie nie anmutiger gesehen. Als Kind konnte ich jedesmal, ehe wir in die City fuhren, vor schierer Aufregung einige Nächte nicht schlafen. Sie hinterläßt einen bleibenden Eindruck.

Dann fuhr ich über den großen, an Drähten aufgehängten Brückenbogen und war in der Stadt, die ich so gut kannte.

Sie war die City geblieben, an die ich mich erinnerte, so selbstbewußt in ihrer Größe, daß sie es sich leisten kann, freundlich zu sein. Sie war in den Tagen meiner Armut freundlich zu mir gewesen, und sie hatte nichts gegen meine derzeitige Zahlungsfähigkeit. Ich hätte endlos bleiben können, aber ich mußte nach Monterey, um meinen Briefwahlzettel abzugeben.

In meiner Jugend war im Bezirk Monterey, hundert Meilen südlich von San Francisco, jedermann Republikaner. Meine Familie war republikanisch. Ich wäre es vielleicht heute noch, wenn ich dort geblieben wäre. Aber Präsident Harding zog mich zur Demokratischen Partei hinüber, und Präsident Hoover überzeugte mich ein für allemal. Wenn ich meine eigene politische Entwicklung erwähne, dann nur, weil ich glaube, daß es mir nicht allein so erging.

Ich war kaum in Monterey angekommen, da begann schon

das Gezeter. Meine Schwestern sind noch republikanisch gesinnt. Der Bürgerkrieg soll der bitterste aller Kriege sein, und politische Kämpfe innerhalb der Familie sind vehement und giftig. Ich kann mit Fremden nüchtern und analytisch über Politik sprechen. Mit meinen Schwestern konnte ich das nicht. Wir beendeten jede Sitzung keuchend, außer uns vor Zorn. In keinem einzigen Punkt kam es zu einem Kompromiß. Pardon wurde weder erbeten noch gegeben.

Jeden Abend versprachen wir uns: »Wir wollen freundlich und nett zueinander sein. Heute wird nicht politisiert.« Und zehn Minuten später geiferten wir uns an: »John Kennedy war ein ganz gewöhnlicher . . .«

»Gut, wenn du so denkst, wie kannst du dich dann mit Dick Nixon befreunden?«

»Immer mit der Ruhe. Wir sind doch vernünftige Leute. Wir wollen dem auf den Grund gehen.«

»Ich bin dem auf den Grund gegangen. Wie war doch die Sache mit dem schottischen Whisky?«

»Wenn du damit kommst, wie war dann das mit dem Kramladen in Santa Ana? Und wie steht's mit Checkers*, meine Beste?«

»Vater würde sich im Grab umdrehen, wenn er dich hören könnte.«

»Laß Vater aus dem Spiel. Er wäre heute selber Demokrat.«

»Hört euch das an! Bobby Kennedy kauft die Stimmen sackweise.«

»Als ob kein Republikaner jemals Stimmen gekauft hätte. Daß ich nicht lache!«

Es war bitter und nahm kein Ende. Wir gruben abgenutzte, konventionelle Waffen aus und schleuderten uns Beleidigungen ins Gesicht.

»Du redest wie ein Kommunist!«

»Und du wie Dschingis-Khan!«

Es war schrecklich. Wenn ein Außenstehender uns gehört hätte, er hätte die Polizei alarmiert, um Blutvergießen zu verhüten. Ich vermute, wir waren nicht die einzigen. Wahr-

* Nixon war während des Wahlkampfes beschuldigt worden, sich von kalifornischen Millionären finanzieren zu lassen. In einer Fernsehsendung, in der er sich gegen diese Vorwürfe verwahrte, bürdete er die Verantwortung im Scherz seinem Cockerspaniel Checkers auf. (Anm. d. Übers.)

scheinlich spielte sich das gleiche privatim überall im Land ab. Nur in der Öffentlichkeit war die Nation verstummt.

Der Hauptzweck dieser Heimkehr schienen Streitereien über Politik zu sein, doch dazwischen frischte ich alte Erinnerungen auf. In Johnny Garcias Bar fand ein rührendes Wiedersehen mit Tränen und Umarmungen statt, mit Reden und Zärtlichkeiten in dem *poco* Spanisch meiner Jugend. Ich sah *Jolón*-Indianer, die ich schon als Hemdzipfel-*»Chamacos«* gekannt hatte. Die Jahre stoben dahin. Wir tanzten steif, die Hände hinter dem Rücken. Und wir sangen die Lokalhymne: »Ein junger Bursche aus Jolón war einsam und allahine, nach Kihing City ging er drum und sah sich nach was Hübschem um. *Puta chingada cabrón.*« Ich hatte es seit Jahren nicht gehört. Für mich war es die Woche der Heimat. Die Jahre verkrochen sich in ihre Löcher. Ich war wieder in Monterey, wo man einen wilden Bullen und einen Grislybären zusammen in die Arena ließ, ein Ort der süßen und sentimentalen Leidenschaft und einer weisen Unschuld, die heute unbekannt ist und deshalb von unreinen Gemütern nicht beschmutzt werden kann.

Wir saßen an der Bar, und Johnny Garcia musterte uns mit seinen feuchten Gallego-Augen. Sein Hemd war oben aufgeknöpft, und er hatte ein Halskettchen mit einem Goldmedaillon um. Er lehnte sich über die Theke und sagte zu meinem Nachbarn: »Sieh her! Das hat mir Juanito hier vor vielen Jahren geschenkt. Er hat es mir aus Mexiko mitgebracht – *la Morena, La Virgincita de Guadeloupe,* und schau her!« Er drehte das goldene Oval um. »Mein Name und seiner.«

»Mit einer Nadel eingekratzt«, sagte ich.

»Ich hab's noch nie abgenommen«, sagte Johnny.

Ein großer »Paisano«, den ich nicht kannte, stand an der Bar und beugte sich über die Theke. *»Favor?«* fragte er, und Johnny hielt ihm, ohne hinzusehen, das Medaillon hin. Der Mann küßte es, sagte *»Gracias«* und ging rasch durch die Schwingtür hinaus.

Johnnys Augen wurden feucht vor Rührung. »Juanito!« rief er. »Komm wieder nach Haus! Komm zu deinen Freunden. Wir lieben dich. Wir brauchen dich. Das hier ist dein Stuhl, *compadre,* laß ihn nicht leerstehen!«

Ich muß zugeben, ich spürte Liebe und Beredsamkeit in mir aufsteigen, und dabei fließt kein einziger Tropfen galizisches Blut in meinen Adern. *»Cuñado mio«,* sagte ich traurig, »ich wohne jetzt in New York.«

»Mir gefällt New York nicht«, sagte Johnny.

»Du bist noch nie dort gewesen.«

»Ich weiß. Eben darum gefällt es mir nicht. Du mußt wiederkommen. Hier gehörst du her!«

Ich nahm einen großen Schluck. Ich mußte unbedingt eine Rede halten. Die alten Worte, so lange nicht benutzt, waren wieder da. »Laß dein Herz Ohren haben, Onkelchen, mein Freund. Wir sind keine jungen Stutzer mehr, du und ich. Die Zeit hat manche von unseren Problemen gelöst.«

»Halt den Mund!« sagte er. »Hör auf damit, das ist nicht wahr. Du liebst noch den Wein, und du liebst noch die Mädchen. Was ist anders geworden? Ich kenne dich. *No me cagas, niño!*«

»*Te cago nunca.* Es gab mal einen großen Mann namens Thomas Wolfe, der hat ein Buch geschrieben, es hieß ›Es führt kein Weg zurück‹. Und das stimmt.«

»Lügner!« sagte Johnny. »Hier steht deine Wiege, das ist deine Heimat!« Er schlug mit dem eichenen Kricketschläger, mit dem er bei Streitereien den Frieden aufrechterhält, auf die Theke. »Wenn deine Zeit abgelaufen ist – vielleicht mit hundert Jahren –, solltest du hier begraben sein.« Der Schläger fiel ihm aus der Hand, und er weinte über die Aussicht auf mein Ableben. Auch mich rührte der Gedanke.

Ich starrte mein leeres Glas an. »Diese Gallegos haben einfach keine Manieren.«

»Herrgott im Himmel!« sagte Johnny. »Verzeih mir.« Er schenkte uns wieder ein.

Die Leute an der Bar schwiegen jetzt, dunkle Gesichter, die höflich ausdruckslos waren.

»Auf deine Heimkehr, *compadre*«, sagte Johnny. »Mensch, laß die Finger von den Kartoffelchips!«

»Conejo de mi Alma«, sagte ich. »Bruderherz, hör mir zu!«

Der große Dunkle kam von der Straße herein, beugte sich über die Bar, küßte Johnnys Medaillon und ging wieder hinaus.

Ich sagte gereizt: »Es gab mal eine Zeit, da konnte man einem Mann noch zuhören. Muß ich erst 'ne Eintrittskarte lösen? Muß ich mich vormerken lassen, ehe ich reden kann?«

Johnny wandte sich an die schweigende Runde: »Ruhe!« befahl er grimmig und nahm seinen Kricketschläger.

»Ich will dir jetzt ein paar Wahrheiten sagen, Schwager. Geh auf die Straße hinaus – Fremde, Ausländer zu Tausenden. Sieh dir die Hügel an – ein Taubenschlag. Heute bin ich die ganze Alvarado Street hinaufgegangen und über die Calle Principál zurück und habe nichts als Fremde gesehen. Heute nachmittag hab' ich mich im Peter's Gate verirrt. Ich ging zum Field of Love hinter Joe Duckworths Haus am Ball Park vorbei. Dort stellt einer Gebrauchtwagen aus. Die Verkehrsampeln malträtieren meine Nerven. Sogar die Polizisten sind Fremde. Ich ging ins Carmel Valley, wo man früher mit einer Doppelflinte in jede beliebige Richtung losballern konnte. Jetzt kannst du dort nicht mal eine Murmel werfen, ohne daß du einen Fremden triffst. Johnny, ich habe nichts gegen die Leute, du weißt das. Aber das sind reiche Leute. Sie pflanzen Geranien in riesige Töpfe, und wo früher Frösche und Flußkrebse auf uns warteten, da sind jetzt Schwimmbassins. Nein, Freundchen. Wenn das meine Heimat wäre, könnte ich mich dann hier verirren? Wenn das meine Heimat wäre, könnte ich dann durch die Straßen gehen und keinen Gruß hören?«

Johnny stützte sich lässig auf die Theke. »Aber hier, Juanito, hier ist alles beim alten. Wir lassen sie nicht herein.«

Ich sah die Gesichter an. »Ja, hier ist es besser. Aber kann ich mein Leben auf einem Barhocker zubringen? Wir wollen uns nichts vormachen. Was wir kannten, ist tot, und vielleicht ist der größte Teil von dem, was wir waren, auch tot. Das da draußen ist neu und vielleicht gut, aber es ist nicht das, was wir kennen.«

Johnny hielt sich die Schläfen, und seine Augen waren gerötet.

»Wo sind die Großen hin? Sag mir, wo ist Willie Trip?«

»Tot«, sagte Johnny gepreßt.

»Wo ist Pilon, Johnny, Pom Pom, Miz Gragg, Stevie Field?«

»Tot, tot, tot«, echote er.

»Ed Ricketts, Whitey Nr. 1 und Nr. 2? Wo ist Sonny Boy, Ankle Varney, Jesús María Corcoran, Joe Portagee, Shorty Lee, Flora Wood und das Mädchen, das Spinnen im Hut hatte?«

»Tot – alle tot«, stöhnte Johnny. »Es ist, als lebten wir in einem Gespensterhaus.«

»Falsch. Nicht sie sind die wahren Gespenster. Die Gespenster sind wir!«

Der große Dunkle kam wieder herein, und Johnny hielt

ihm unaufgefordert das Medaillon zum Küssen hin. Daraufhin drehte sich Johnny um und ging breitbeinig zum Barspiegel. Er musterte sich einen Augenblick, nahm eine Flasche, entkorkte sie, roch daran, kostete. Dann betrachtete er seine Fingernägel. An der Bar wurde es unruhig. Rücken krümmten sich, gekreuzte Beine wurden gerade.

Jetzt wird's brenzlig, sagte ich mir.

Johnny kam wieder und stellte vorsichtig die Flasche zwischen uns auf die Theke. Seine Augen waren groß und verträumt.

Er schüttelte den Kopf. »Ich glaube, wir sind dir nicht mehr gut genug. Ich glaube, du hältst dich für was Besseres.« Seine Finger spielten träge Akkorde auf einer unsichtbaren Tastatur.

Einen kurzen Augenblick war ich versucht. Ich hörte Trompeten schmettern und Waffen klirren. Aber ich bin zu alt dazu, zum Teufel. Mit zwei Schritten war ich an der Tür. Ich drehte mich um. »Weshalb küßt er dauernd dein Medaillon?«

»Er wettet.«

»Schön. Bis morgen, Johnny!«

Die Schwingtür pendelte hinter mir zu. Ich stand auf der Alvarado Street – gepeitscht vom Neonlicht – und sah nichts als Fremde.

In meinem heimwehkranken Ärger habe ich der Halbinsel Monterey unrecht getan. Sie ist schön, sauber, fortschrittlich und wird gut verwaltet. Der Strand, einst schwärig vor Fischgedärmen und Fliegen, ist wie geleckt. Die Fischkonservenfabriken, die früher ekelhaft stanken, gibt es nicht mehr. An ihrer Stelle stehen Restaurants, Antiquitätenläden und dergleichen. Sie fangen Touristen ein, nicht Sardinen, und diese Gattung ist nicht so leicht auszurotten. Carmel, das von hungrigen Schriftstellern und unerwünschten Malern gegründet worden war, ist jetzt eine Gemeinde der Wohlhabenden und Pensionierten. Wenn die Gründer wiederkämen, könnten sie es sich nicht leisten, hier zu leben. Aber soweit käme es gar nicht. Man würde sie sofort als verdächtige Elemente aufgreifen und über die Stadtgrenzen abschieben.

Meine Heimat hatte sich gewandelt, und da ich weggegangen war, hatte ich diesen Wandel nicht mitgemacht. In meiner Erinnerung war sie so wie einst, und die Wirklichkeit verwirrte und ärgerte mich.

Was ich hier erzähle, muß in unserem Land, in dem so viele

wandern und wiederkommen, schon manch einer erlebt haben. Ich besuchte gute, alte Freunde. Ich fand, daß ihr Haar noch ein wenig schütterer geworden war als meines. Wir begrüßten uns überschwenglich. Die Erinnerungen fluteten heran. Alte Verbrechen und alte Triumphe wurden ausgegraben und vom Staub befreit. Doch plötzlich ließ mein Eifer nach, und als ich meinen Freund ansah, merkte ich, daß er nicht recht bei der Sache war. Es stimmte, was ich zu Johnny Garcia gesagt hatte – ich war ein Gespenst. Meine Stadt war erwachsen geworden und hatte sich gewandelt und meine Freunde mit ihr. Als ich nun wiederkam, war ich für meinen Freund genauso verändert wie meine Stadt für mich, ich verzerrte sein Bild, beschmutzte seine Erinnerungen. Als ich wegging, war ich gestorben und wurde dadurch fixiert und unveränderlich. Meine Rückkehr verursachte nichts als Verwirrung und Unbehagen. Obwohl es meine Freunde nicht sagen konnten, wünschten sie, ich wäre wieder fort, damit ich den mir zukommenden Platz im Gewebe der Erinnerungen einnähme – und ich selbst wollte aus dem gleichen Grund weg. Tom Wolfe hatte recht gehabt – es führt kein Weg zurück, denn die Heimat existiert nur noch zwischen den Mottenkugeln der Erinnerung.

Der Abschied war eher eine Flucht. Aber ich tat noch etwas Feierliches und Sentimentales, ehe ich umkehrte. Ich fuhr zum Fremont's Peak hinauf, zum höchsten Punkt weit und breit. Ich kletterte über die letzten schroffen Felsen zum Gipfel. Hier, zwischen diesen geschwärzten Granitblöcken, hatte sich General Frémont der mexikanischen Armee entgegengestellt und sie besiegt. Wir hatten manchmal Kanonenkugeln und verrostete Bajonette gefunden. Dieser steinerne Gipfel ist Zeuge meiner ganzen Kindheit und Jugend gewesen, er überblickt das große Salinas-Tal, das sich fast hundert Meilen nach Süden erstreckt, die Stadt Salinas, in der ich zur Welt kam und die nun wie Fingerhirse an den Hängen emporwuchert. Auf der gegenüberliegenden Seite, im Westen, steht der Mount Toro, ein runder, gütiger Berg, und im Norden schimmert die Bucht von Monterey wie eine blaue Schüssel. Ich spürte und roch und hörte den Wind, der aus dem langgestreckten Tal heraufwehte. Er roch nach den braunen Bergen mit den Wildeichen.

Ich mußte daran denken, wie ich in einer gewissen Periode meiner Jugend, die eng mit dem Tod zusammenhängt, hier oben begraben sein wollte, wo ich ohne Augen alles würde sehen können, was ich liebte und kannte, denn damals öffnete sich keine Welt hinter den Bergen. Und ich spürte wieder, wie wichtig mir damals der Gedanke an meine Beerdigung war. Es ist merkwürdig und vielleicht ein Glück, daß das Interesse daran nachläßt, wenn die Zeit näherrückt und man den Tod eher als Faktum denn als Schaustück begreift. Hier auf diesem hohen Gipfel lebte der Mythos wieder auf. Charley saß zu meinen Füßen, nachdem er die Gegend erforscht hatte, seine ausgefransten Ohren flatterten wie Wäsche auf der Leine. Seine Schnauze, feucht vor Neugier, beschnüffelte das Bild von hundert Meilen, das der Wind hertrug.

»Du kannst es nicht wissen, Charley, daß ich direkt dort unten mit deinem Namensvetter, meinem Onkel Charley, Forellen geangelt habe. Und dort drüben – dort, wo ich hindeute – schoß meine Mutter eine Wildkatze. Und da geradeaus, vierzig Meilen entfernt, lag unsere Familienranch – die ›Alte Hunger-Ranch‹. Siehst du den dunklen Fleck dort? Das ist ein kleiner Canyon mit einem klaren und lieblichen Fluß, gesäumt von wilden Azaleen und großen Eichen. Und in eine dieser Eichen brannte mein Vater mit einem glühenden Eisen seinen Namen und den Namen des Mädchens, das er liebte. Im Laufe der Jahre wuchs die Rinde über das Brandmal und deckte es zu. Und vor kurzem fällte ein Mann diese Eiche und machte Brennholz daraus, und sein Schäleisen legte den Namen meines Vaters frei, und der Mann schickte ihn mir. Im Frühling, Charley, wenn im Tal ein Teppich aus blauen Lupinen liegt wie ein blühender Ozean, dann riecht man hier oben den Himmel.«

Ich prägte es mir noch einmal ein – Süden, Westen, Norden, und dann flohen wir vor der dauerhaften und unwandelbaren Vergangenheit, in der meine Mutter immer eine Wildkatze schießt und mein Vater seinen Namen und seine Liebe in einen Eichstamm brennt.

Es wäre erfreulich, wenn ich über meine Reise mit Charley sagen könnte: »Ich zog aus, die Wahrheit über mein Land zu finden, und ich fand sie.« Und dann wäre es einfach, meine Funde festzuhalten und mich gemütlich zurückzulehnen mit dem angenehmen Gefühl, Wahrheiten entdeckt und sie meinen Lesern mitgeteilt zu haben. Ich wollte, so wäre es. Aber was ich im Kopf und tiefer in meinem Unterbewußtsein mit mir herumtrug, war ein unentwirrbares Knäuel. Schon vor langer Zeit, als ich Meerestiere sammelte und bestimmte, entdeckte ich, daß das, was ich fand, mit meiner augenblicklichen Seelenverfassung vielfältig verwoben war. Die äußere Realität hat es an sich, nicht gar so äußerlich zu sein.

Dieses Ungeheuer von einem Land, diese mächtigste der Nationen, dieser Samen der Zukunft, dieser Makrokosmos erweist sich als die Projektion des Mikrokosmos in meinem Inneren. Wenn ein Engländer, Franzose oder Italiener meine Route reisen sollte, wenn sie sehen würden, was ich gesehen habe, hören, was ich gehört habe, dann wären die Bilder, die sie in sich aufnähmen, nicht nur anders als das meine, sondern sie würden sich auch untereinander unterscheiden. Wenn andere Amerikaner, die diesen Bericht lesen, ihn als wahr empfinden sollten, dann würde diese Übereinstimmung nur bedeuten, daß wir uns in unserem Amerikanertum ähneln.

Vom Anfang bis zum Ende meiner Reise traf ich keine Fremden. Wenn ich welche getroffen hätte, könnte ich vielleicht objektiver über die Menschen schreiben. Aber dies ist mein Volk und mein Land. Wenn ich etwas zu kritisieren und zu verabscheuen fand, dann waren es Dinge, die auch in mir vorhanden sind. Wenn ich eine einzige, gründlich geprüfte Verallgemeinerung äußern darf, dann wäre es diese: Trotz der enormen Weite unseres Landes, trotz all unseres Partikularismus, trotz des Konglomerats von Rassen, die aus allen Teilen der Welt kamen, sind wir eine Nation, eine neue Rasse. Amerikaner sind vor allem Amerikaner und dann erst Nordstaatler, Südstaatler, Weststaatler oder Oststaatler. Und die Nachkommen der Engländer, Iren, der Italiener, Juden, Deutschen und Polen sind in erster Linie Amerikaner. Das ist kein patriotisches Halali; das ist eine beobachtete Tatsache. Kalifornische Chinesen, Iren aus Boston, Deutsche aus Wisconsin und, jawohl, Neger aus Alabama haben mehr Gemeinsames als Trennendes. Das Bemerkenswerteste daran ist, daß es so rasch geschah. Es ist eine Tatsache, daß Amerikaner aus allen Teilen des Landes und von jeder rassischen Abstammung mehr miteinander gemein haben als der Waliser mit dem Engländer, der Bewohner von Lancashire mit dem Cockney und sogar der Tieflandschotte mit dem Hochländer. Es ist erstaunlich, daß sich diese Gemeinschaft innerhalb von weniger als zweihundert Jahren bildete, und im wesentlichen in den letzten fünfzig Jahren. Die amerikanische Identität ist eine gegebene und beweisbare Tatsache.

Als ich die Rückreise antrat, wurde mir klar, daß ich nicht alles sehen konnte. Meine empfindliche Fotoplatte wurde verdorben. Ich entschloß mich, zwei weitere Landesteile zu besichtigen und es dabei bewenden zu lassen – Texas und eine Probe des tiefen Südens. Meine Lektüre hatte mir den Eindruck vermittelt, daß sich Texas zu einer unabhängigen Größe entwickelt und daß der Süden in seinen Wehen bei der Geburt seiner Zukunft liegt, die noch unbekannt ist. Und ich habe gefunden, daß die Schmerzen der Geburt so groß sind, daß das Kind darüber vergessen wurde.

Diese Reise war wie eine üppige Mahlzeit mit vielen Gängen, die einem ausgehungerten Mann vorgesetzt wird. Zuerst versucht er, alles aufzuessen, aber im Verlauf des Mahls stellt er fest, daß er einiges auslassen muß, damit sein Appetit nicht nachläßt und die Geschmacksnerven intakt bleiben.

Ich steuerte Rosinante auf dem kürzesten Weg aus Kalifornien – ich kannte die Strecke noch gut aus den dreißiger Jahren. Sie führt von Salinas nach Los Banos, durch Fresno und Bakersfield und dann über den Paß in die Mohave-Wüste, ein versengtes und sengendes Land, selbst so spät im Jahr. Die Berge stehen wie schwarze Aschehaufen in der Ferne, der rissige Boden ist von der gierigen Sonne trockengesaugt. Heutzutage ist es kein Problem, in einem zuverlässigen und bequemen Wagen auf der Schnellstraße durch die Wüste zu fahren, wo in regelmäßigen Abständen Raststätten liegen und jede Tankstelle auf ihren Kühlschrank stolz ist. Aber ich kann mich noch erinnern, wie wir diese Wüste betend betraten und ängstlich auf unsere mühsam arbeitenden alten Motoren horchten und Dampfwolken aus den kochenden Kühlern hinter uns herzogen. Eine Panne war damals ein Unglück, sofern nicht jemand vorbeikam und Hilfe leistete. Ich habe diese Wüste auch niemals durchquert, ohne an jene ersten Familien zu denken, die sich zu Fuß durch diese Hölle schleppten und die weißen Skelette von Pferden und Vieh zurückließen, die noch heute den Weg säumen.

Die Mohave ist eine große und erschreckende Wüste. Man könnte meinen, die Natur erprobe die Ausdauer und Beharrlichkeit eines Menschen, ehe sie ihn für gut genug befindet, ihn nach Kalifornien zu lassen. Die trockene, flimmernde Hitze erzeugt Visionen von Wasser auf der flachen Ebene, und selbst wenn man rasch fährt, weichen die Berge, die die Wüste begrenzen, vor einem zurück. Charley, der immer Wasser braucht, schnaufte asthmatisch, sein ganzer Körper arbeitete mit, und er ließ die Zunge gut fünfzehn Zentimeter heraushängen, schlaff und tropfend. Ich bog in ein ausgetrocknetes Flußbett ein und gab ihm Wasser aus meinem Tank. Aber ehe ich ihn trinken ließ, übergoß ich ihn ganz mit Wasser, desgleichen meinen Kopf und Oberkörper. Die Luft ist dort derartig trocken, daß einen die Verdunstungskälte plötzlich frösteln läßt.

Ich nahm eine Dose Bier aus dem Kühlschrank und saß im Schatten von Rosinante und sah auf die verbrannte Ebene hinaus, auf der hier und da ein Salbeibusch wuchs.

Ungefähr fünfzig Meter entfernt standen zwei Kojoten und beobachteten mich. Ihre kitzfarbenen Felle harmonierten mit Sonne und Sand. Ich wußte, daß jede rasche oder verdächtige Bewegung sie verscheuchen würde. So vorsichtig und unauffällig wie möglich nahm ich mein neues Gewehr aus der Schlinge über meinem Bett, die Schlagbolzenbüchse mit ihren kleinen, grausamen Kugeln. Ich hob sie ganz langsam an die Wange. Vielleicht war ich durch das blendend weiße Licht draußen im Schatten meines Wagens verborgen. Das Gewehr hatte ein prächtiges Zielfernrohr mit großem Gesichtsfeld. Die Kojoten hatten sich nicht gerührt.

Ich hatte sie beide im Blickfeld, und das Glas brachte sie sehr nahe heran. Sie ließen die Zungen heraushängen, so daß es aussah, als lächelten sie spöttisch. Sie waren wohlgenährt, nicht ausgehungert, sondern gut im Pelz, und das Gold ihres Fells war durch die schwarze Melierung gemildert. Ihre kleinen, zitronengelben Augen waren durch das Fernrohr genau zu sehen. Ich brachte das Fadenkreuz auf die Brust des rechts stehenden Kojoten und entsicherte. Ich hatte die Ellbogen auf den Tisch gestützt und hielt das Gewehr unbeweglich. Der Kojote setzte sich und kratzte sich wie ein Hund mit der rechten Hinterpfote an der rechten Schulter.

Mein Finger wollte den Abzug nicht berühren. Ich muß sehr alt geworden sein, und anscheinend ist auch meine ganze Erziehung dahin. Kojoten sind Schädlinge. Sie stehlen Hühner. Sie lichten die Reihen der Wachteln und aller anderen Wildvögel. Sie müssen ausgemerzt werden. Sie sind unser Feind. Mein erster Schuß würde das sitzende Tier niederstrecken, das zweite würde daraufhin zu entkommen suchen.

Doch ich bin ein guter Schütze und konnte auch dieses Tier sehr wohl erlegen.

Ich schoß nicht. Meine Erziehung sagte: »Schieß!« Mein Alter erwiderte: »Hier gibt es auf dreißig Meilen im Umkreis keine Hühner, und wenn, dann gehen sie mich nichts an. In diesem wasserlosen Land gibt es auch keine Wachteln. Nein, diese wohlgenährten Burschen leben von Ratten und Erdhasen, und das bedeutet, daß ein Schädling den anderen frißt. Warum soll ich mich da einmischen?«

»Töte sie!« sagte meine Erziehung. »Jeder tötet sie. Das ist ein Dienst an der Allgemeinheit.« Mein Finger näherte sich dem Abzug. Das Fadenkreuz lag unbeweglich auf der Brust des Tieres dicht unter der heraushängenden Zunge. Ich stellte mir vor, wie der zornige Stahl hinüberpeitschte, wie das Tier aufsprang, und ich sah im Geist den Kampf, bis das zerrissene Herz versagte, und dann, nicht lange danach, den Schatten eines Bussards und eines zweiten. Bis dahin wäre ich längst weg, hätte die Wüste hinter mir und wäre über den Colorado. Und neben dem Salbeibusch dort drüben lägen ein nackter, augenloser Schädel, ein paar abgenagte Knochen, ein Fleck schwarzen, getrockneten Blutes und ein paar Fetzen goldenen Fells.

Ich glaube, ich bin zu alt und zu faul, um ein guter Bürger zu sein. Der zweite Kojote stand schräg zur Schußlinie. Ich bewegte das Gewehr ein wenig, und das Fadenkreuz lag auf seiner Schulter. Daß ich ihn mit diesem Gewehr und auf diese Entfernung verfehlte, war ausgeschlossen. Ich besaß beide Tiere. Ihre Leben gehörten mir. Ich sicherte wieder und legte das Gewehr auf den Tisch. Ohne Zielfernrohr waren sie nicht mehr in so intimer Nähe. Das grelle Licht ließ die Luft flimmern.

Ich erinnerte mich an etwas, das ich vor langer Zeit gehört hatte, und ich hoffe, daß es wahr ist. Wenn in China ein Mann einem anderen das Leben gerettet hatte, so erzählte mir mein Gewährsmann, dann war es ein ungeschriebenes Gesetz, daß er von nun an für dieses Leben verantwortlich war bis an sein Ende. Denn da er in den Lauf des Schicksals eingegriffen hatte, mußte er auch die Verantwortung tragen. Und das kam mir immer sehr plausibel vor.

Nun hatte ich die Verantwortung für zwei lebendige und gesunde Kojoten übernommen. In der zarten Welt der Seelenbeziehungen sind wir für alle Zeit miteinander verbunden.

Ich machte zwei Dosen Hundefutter auf und ließ sie als Weihegeschenk zurück.

Ich bin oft durch den Südwesten gefahren und noch öfter darübergeflogen – ein großes, geheimnisumwobenes Ödland, ein von der Sonne gezüchtigtes Land. Es hat etwas Mysteriöses, etwas Verborgenes und Abwartendes. Es schien ausgestorben, nicht vom parasitären Menschen befallen, doch das stimmte nicht ganz. Folgt man den Wagenspuren durch Sand und Fels, dann findet man irgendwo an einer geschützten Stelle eine Ansiedlung mit ein paar Bäumen, die ihre Wurzeln in das Grundwasser strecken, ein Flecken Erde mit kümmerlichem Korn, mit Kürbissen und Dörrfleischstücken, die an Schnüren aufgehängt sind. Es gibt Wüstenmenschen, die sich zwar nicht direkt verstecken, die aber einen Zufluchtsort vor den Sünden der Konfusion gesucht haben.

Nachts kommen in dieser wasserlosen Luft die Sterne in greifbare Nähe herab. An solch einem Ort lebten in der Frühzeit der Kirche die Eremiten und durchdrangen die Unendlichkeit mit ihren geradlinigen Geistern. Die großen Konzepte der Einheit, der majestätischen Ordnung scheinen immer in der Wüste geboren zu werden. Mit dem geduldigen Zählen der Sterne und der Beobachtung ihres Laufs beschäftigte man sich zuerst in der Wüste. Ich habe Wüstenmenschen gekannt, die ihr Domizil mit ruhiger und gelassener Überzeugung wählten, weil sie die Nervosität der bewässerten Welt ablehnten. Diese Menschen haben sich mit der explodierenden Zeit nicht gewandelt, und wenn sie sterben, dann nehmen andere ihresgleichen ihre Stelle ein.

Die Wüste hat ihre Mythen, ihre Geschichten von geheimnisvollen Orten in den Wüstenbergen, wo die Überlebenden eines anderen Zeitalters darauf warten, wieder in die Welt treten zu können. Gewöhnlich bewachen sie Schätze, die vor dem Ansturm der Eroberung versteckt worden waren, die goldenen Artefakte eines archaischen Montezuma, oder eine Mine, die so ergiebig ist, daß ihre Entdeckung die Welt verändern würde. Wenn ein Fremder sie findet, wird er entweder getötet oder derart absorbiert, daß man nie wieder von ihm hört. Die Geschichten verlaufen immer nach dem gleichen Schema, und die Frage: Woher weiß man denn, daß es so etwas gibt, wenn keiner zurückkehrt?, kann ihnen nichts anhaben. Oh, das gibt es, aber wer den Schatz findet, der kehrt nicht zurück.

Es gibt noch eine andere Sage, die sich immer gleichbleibt. Zwei Schürfer entdecken eine Mine von nie gekannter Ergiebigkeit – Gold, Diamanten oder Rubine. Sie laden sich so viel auf, wie sie tragen können, und prägen sich die Stelle genau ein. Auf dem Weg in die Außenwelt verdurstet der eine oder stirbt an Erschöpfung, doch der andere schleppt sich weiter, läßt den größten Teil seines Schatzes zurück, weil er zu schwach ist, ihn zu tragen. Schließlich kommt er in eine Ansiedlung oder wird von anderen Schürfern gefunden. Sie prüfen erregt seinen Schatz. Manchmal stirbt der Überlebende, nachdem er seinen Rettern die Richtung gewiesen hat, manchmal bringt man ihn wieder zu Kräften. Dann macht sich eine gutausgerüstete Gruppe auf die Suche nach dem Schatz, doch er ist nicht mehr zu finden. Das ist stets das Ende der Geschichte – der Schatz bleibt unauffindbar. In der Wüste erhält der Mythos Nahrung, aber der Mythos muß irgendwo in der Wirklichkeit seine Wurzeln haben.

Es gibt auch echte Geheimnisse der Wüste. In dem Kampf der Sonne und der Trockenheit gegen die lebende Kreatur hat das Leben seine Geheimnisse des Überlebens. Jegliches Leben braucht Feuchtigkeit, sonst geht es zugrunde. Ich finde die Konspiration des Lebens in der Wüste höchst interessant, durch die es den tödlichen Strahlen der übermächtigen Sonne entgeht. Die gegeißelte Erde scheint besiegt und tot, aber dieser Schein trügt. Eine gewaltige, erfinderische Formation lebender Substanz überlebt, indem sie sich scheinbar verloren gibt. Der graue und staubige Salbei trägt eine ölige Waffe, um das bißchen in ihm enthaltene Feuchtigkeit zu schützen. Manche Pflanzen saugen sich während der seltenen Regenfälle gierig mit Wasser voll und bewahren es für den künftigen Gebrauch auf. Das tierische Leben trägt eine harte, trockene Haut oder einen Knochenpanzer, um der Austrocknung zu entgehen. Jedes Lebewesen hat gewisse Praktiken entwickelt, um Schatten zu finden oder zu erzeugen. Kleine Reptilien und Nagetiere graben sich ein, schlüpfen in Erdritzen oder klammern sich an die schattige Seite eines Steins. Die Bewegungen sind langsam, damit Energie gespart wird. Nur selten kann ein Tier lange der Sonne widerstehen. Die Klapperschlange stirbt bei voller Sonnenbestrahlung nach einer Stunde. Manche erfinderische Insekten haben eigene Kühlsysteme entwickelt. Jene Tiere, die Flüssigkeit brauchen, erhalten sie aus zweiter Hand – das Kaninchen von einem Blatt, der Kojote vom Blut eines Kaninchens.

Tagsüber mag man vergeblich nach Lebewesen Ausschau halten, doch wenn die Sonne untergeht und die Nacht ihre Einwilligung gibt, erwacht eine Welt von Geschöpfen und folgt ihren verwickelten Leitbildern. Dann kommen die Gejagten hervor und die Jäger und die, welche die Jäger jagen. Die Nacht erwacht und summt und klagt und bellt.

Als spät in der Geschichte unseres Planeten der unwahrscheinliche Zufall des Lebens eintrat, als in der Retorte der Zeit chemische Faktoren in fein ausgewogenen Quantitäten und Qualitäten und verbunden mit der geeigneten Temperatur zusammenkamen, entstand ein neues Wesen, verletzlich, hilflos und ungeschützt in der harten Welt des Unbelebten. In den Organismen vollzogen sich Wandlungs- und Differenzierungsprozesse, so daß sich eine Gattung von allen anderen Arten unterschied. Doch eines und vielleicht das Wichtigste von allem war jeder Lebensform von Anfang an eingepflanzt – der Wille zum Leben. Jedes Lebewesen hat ihn, und ohne ihn gäbe es kein Leben. Jede Art hat ihre eigene Methode des Weiterlebens entwickelt; manche versagten und gingen unter, andere belebten die Erde. Das erste Leben hätte leicht ausgelöscht werden können, und der Zufall hätte sich vielleicht nie wiederholt. Aber sobald das Leben einmal da war, war es die erste Eigenschaft, die Pflicht, das Trachten, der Weg und das Ziel aller Lebewesen, weiterzuleben. So ist es und so wird es sein, bis ein anderer Zufall dem ein Ende bereitet. Die Wüste, die trockene und von der Sonne gepeitschte Wüste ist eine gute Schule, in der man das Geschick und die unendliche Vielfalt an Techniken des Überlebens gegen erbarmungslose Umstände beobachten kann. Das Leben konnte die Sonne nicht ändern und die Wüste nicht bewässern, also änderte sich das Leben selbst.

Da die Wüste kein verlockender Ort ist, könnte sie vielleicht das letzte Bollwerk des Lebens gegen das Nichtleben sein. Denn in den fruchtbaren, feuchten und anziehenden Gebieten der Welt erhöht das Leben ständig den Einsatz gegen sich selbst, und in seiner Verwirrung hat es sich schließlich mit dem Feind Nichtleben verbündet. Was die brennenden, sengenden, eisigen und giftigen Waffen des Nichtlebens nicht erreichten, das können, bis zur Zerstörung und Auflösung, die pervertierten Taktiken des Weiterlebens vollbringen.

Wenn die anpassungsfähigste Art, der Mensch, weiterhin so um sein Leben kämpft wie bisher, kann er nicht nur sich selber, sondern auch alles andere Leben auslöschen. Und wenn dies geschieht, dann könnten vielleicht abstoßende Orte wie die Wüste die rauhe Mutter der Wiederbevölkerung sein. Denn die Wüstenbewohner sind geschult und gewappnet gegen die Verwüstung, sogar unsere irregeleitete Spezies könnte aus der Wüste neu erstehen. Der einsame Mann mit seinem sonnengegerbten Weib, die sich an den Schatten eines unfruchtbaren und unwirtlichen Ortes klammern, könnten mit ihren Waffenbrüdern, dem Kojoten, dem Erdhasen, der Hornechse, der Klapperschlange und mit einem Heer bewaffneter Insekten, diesen trainierten und erprobten Fragmenten des Lebens, vielleicht die letzte Hoffnung des Lebens gegen das Nichtleben sein. Die Wüste hat schon früher Wunder gezeugt.

Ich habe schon über die Veränderungen gesprochen, die man beim Überschreiten von Staatsgrenzen wahrnimmt, über die Unterschiede im Straßenenglisch, im Prosastil auf den Schildern und in der Höchstgeschwindigkeit. Die Staaten machen von ihren Rechten, die ihnen durch die Verfassung garantiert sind, leidenschaftlich und mit Wonne Gebrauch. In Kalifornien durchsucht man einreisende Fahrzeuge nach Gemüsen und Früchten, die schädliche Insekten oder Krankheiten ins Land einschleppen könnten, und die diesbezüglichen Vorschriften werden mit beinahe religiösem Eifer befolgt.

Ich kannte einmal eine lustige, einfallsreiche Familie aus Idaho. Sie wollten Verwandte in Kalifornien besuchen und nahmen einen Lastwagen voll Kartoffeln mit, die sie unterwegs zu verkaufen gedachten, um die Unkosten zu bestreiten. Sie hatten schon über die Hälfte ihrer Fracht losgeschlagen, als sie an der Grenze von Kalifornien angehalten wurden und man ihren Kartoffeln die Einreise verwehrte. Sie konnten es sich nicht leisten, die Kartoffeln wegzuwerfen, und deshalb schlugen sie direkt an der Grenze ein Lager auf, wo sie Kartoffeln aßen, verkauften und eintauschten. Nach zwei Wochen war der Lastwagen leer. Sie überschritten in bester Laune die Grenze und setzten ihre Reise fort.

Die gegenseitige Absonderung der Staaten, die man erbittert eine Balkanisierung genannt hat, schafft viele Probleme. Selten erheben zwei Staaten die gleiche Benzinsteuer. Und diese Steuern werden hauptsächlich zum Bau und zur Erhaltung der Straßen verwendet. Die riesigen Überlandlastwagen benutzen die Straßen und steigern durch ihr bloßes Gewicht und die Geschwindigkeit die Kosten für deren Erhaltung. Daher haben die Staaten an den Grenzen Wiegestationen für Lastwagen eingerichtet, wo die Frachten veranschlagt und besteuert werden. Wenn die Benzinsteuer in zwei Staaten verschieden hoch ist, wird der Tankinhalt gemessen und versteuert. Auf den Schildern steht: »Alle Lastwagen anhalten!« Da ich einen Lastwagen fuhr, hielt ich an, aber nur, um über die Waage gewinkt zu werden. Solche wie ich interessierten sie nicht. Manchmal blieb ich stehen und sprach mit den Beamten. Und das bringt mich zum Thema Staatspolizei. Wie die meisten Amerikaner bin ich kein Freund der Polizisten, und die ständigen Untersuchungen gegen Stadtpolizisten wegen Bestechung, Gewaltanwendung und einer langen, eindrucksvollen Liste von Übertretungen sind nicht dazu angetan, mich freundlicher zu stimmen. Meine Abneigung richtet sich jedoch nicht gegen die Staatspolizei, wie sie nun fast überall im Land unterhalten wird. Durch das einfache Mittel, intelligente und gebildete Männer zu rekrutieren, sie anständig zu bezahlen und der politischen Nötigung zu entziehen, ist es vielen Staaten gelungen, Elitekorps zu schaffen, die Würde ausstrahlen und ihren Dienst mit Stolz versehen. Eines Tages werden unsere Städte vielleicht vor der Notwendigkeit stehen, ihre Polizei nach dem Vorbild der Staatspolizei umzuorganisieren. Aber das wird nicht geschehen, solange politische Organisationen auch nur die geringste Möglichkeit haben, zu belohnen oder zu bestrafen.

Jenseits des Colorado River, gegenüber von Needles, standen die dunklen und schartigen Wälle von Arizona am Himmel, und hinter ihnen lag die riesige, geneigte Ebene, die zum Rückgrat des Kontinents ansteigt. Ich kenne diese Strecke gut von vielen Überquerungen – Kingman, Ash Fork, Flagstaff mit der Bergspitze im Hintergrund, dann Winslow, Holbrook, Sanders, bergauf und bergab, und dann hat man Arizona hinter sich. Die Städte waren ein wenig größer und etwas besser beleuchtet, als ich es in Erinnerung hatte, die Motels geräumiger und luxuriöser. Ich kam in der Nacht nach New Mexico, fuhr an Gallup vorbei und kampierte auf der Wasserscheide des Kontinents – wieviel imposanter ist sie hier als im Norden! Die Nacht war sehr kalt und trocken, und die Sterne glichen geschliffenem Glas. Ich fuhr in einen kleinen, windgeschützten Canyon und parkte neben einem Berg zerbrochener Flaschen – Whisky- und Ginflaschen, Tausende. Ich weiß nicht, weshalb sie da lagen.

Ich blieb hinter dem Steuerrad sitzen und sah dem ins Auge, was ich mir nicht eingestanden hatte. Ich trieb mich voran, brachte die Meilen hinter mich, weil ich nichts mehr hörte und sah. Ich hatte die Grenze meines Aufnahmevermögens überschritten wie ein Mann, der weiter Nahrung in sich hineinfrißt, nachdem er gesättigt ist. Ich konnte das, was mir durch die Augen zugeführt wurde, nicht mehr aufnehmen. Jeder Berg sah genauso aus wie der, an dem ich eben vorbeigefahren war. So war mir im Prado in Madrid zumute gewesen, nachdem ich hundert Bilder betrachtet hatte – eine übersättigte und hilflose Unfähigkeit, mehr zu sehen.

Das wäre die rechte Zeit gewesen, eine abgelegene Stelle an einem Fluß zu suchen, sich auszuruhen und zu regenerieren. Charley, der im Dunkeln neben mir saß, gab mir mit einem kleinen Stöhnen ein Bedürfnis zu verstehen. Ich hatte sogar ihn vergessen. Ich ließ ihn hinaus, und er ging zum Flaschenberg, schnüffelte daran und schlug dann eine andere Richtung ein.

Die Nachtluft war sehr kalt, beißend kalt, so daß ich hinten in Rosinante Licht machte und den Gasherd ansteckte, damit es wärmer würde. Der Raum war ein Chaos. Mein Bett war ungemacht, das Frühstücksgeschirr lag im Spülstein. Ich setzte mich aufs Bett und starrte in die graue Öde. Weshalb hatte ich geglaubt, ich könnte etwas über das Land erfahren? Während der letzten paar hundert Meilen hatte ich die Menschen gemieden. Sogar beim Tanken hatte ich einsilbig geantwortet und mir kein Bild verschafft. Meine Augen und mein Geist hatten mich im Stich gelassen. Ich redete mir ein, dies sei wichtig und sogar lehrreich. Es gab dagegen natürlich eine Arznei. Ohne aufzustehen, griff ich nach der Whiskyflasche, schenkte mir ein halbes Glas voll ein, roch daran und schüttete es wieder in die Flasche zurück. Es gab keine Arznei.

Charley war nicht wiedergekommen. Ich machte die Tür auf, pfiff und erhielt keine Antwort. Das rüttelte mich wach. Ich griff nach meiner Handlampe und leuchtete die Canyonwände ab. Das Licht traf zwei Augen in ungefähr fünfzig Meter Entfernung. Ich rannte den Weg entlang. Charley stand da und starrte ins Leere, genau wie ich es getan hatte.

»Was ist los, Charley, geht's dir nicht gut?«

Sein Schwanz wedelte langsam die Antworten. »Doch ja, ganz gut.«

»Warum bist du nicht gekommen, als ich gepfiffen habe?«

»Ich hab' dich nicht pfeifen hören.«

»Was starrst du da an?«

»Ich weiß nicht. Wahrscheinlich gar nichts.«

»Willst du nichts fressen?«

»Höchstens aus Gewohnheit. Eigentlich bin ich nicht hungrig.«

Als wir in Rosinante waren, streckte er sich auf dem Fußboden aus und legte die Schnauze auf die Pfoten.

»Komm aufs Bett, Charley. Blasen wir miteinander Trübsal.«

Er gehorchte, aber ohne Begeisterung, und ich fuhr mit den Fingern in das Haarbüschel hinter seinen Ohren, wo er gern gekrault wird. »Nun?«

Er bewegte etwas den Kopf. »Ein bißchen weiter links. Ja, so ist's recht.«

»Wir sind miserable Forscher. Ein paar Tage draußen, und schon kriegen wir den Moralischen. Der erste weiße Mann, der in diese Gegend kam, hieß Narváez, glaube ich, und wenn ich mich nicht täusche, brauchte er für den kleinen Ausflug sechs Jahre. Mach mal Platz, ich will nachschlagen. Nein, acht Jahre – von 1528 bis 1536. Und Narváez war nicht einmal so weit gekommen. Vier von seinen Männern sind gestorben. Ich möchte gern wissen, ob er jemals den Moralischen hatte. Wir sind verweichlicht, Charley! Jetzt wäre eine kleine Freundlichkeit am Platz. Wann hast du Geburtstag?«

»Keine Ahnung. Vielleicht wie die Pferde am 1. Januar.«

»Glaubst du, es könnte auch heute sein?«

»Möglich.«

»Ich könnte dir einen Kuchen backen. Es müßten aber Pfannkuchen sein, das ist das einzige, was ich habe, mit viel Sirup und einer Kerze obendrauf.«

Charley beobachtete den Vorgang mit einigem Interesse. Sein alberner Schwanz führte eine kniffige Konversation. »Wenn jemand zusehen würde, wie du einen Geburtstagskuchen machst, und das für einen Hund, der nicht einmal weiß, wann er Geburtstag hat, würde er denken, du seist verrückt.«

»Und wenn du mit deinem Schwanz keine bessere Grammatik zustande kriegst, ist es vielleicht ganz gut, daß du nicht reden kannst.«

Es geriet mir nicht übel – vier Schichten Pfannkuchen, dazwischen Sirup und obendrauf ein Kerzenstummel. Ich trank auf Charleys Wohl einen puren Whisky, während er fraß und den Sirup aufleckte. Danach fühlten wir uns beide wohler. Aber da waren Narváez Leute – acht Jahre. Damals gab es noch Männer.

Charley leckte sich den Sirup aus dem Bart. »Warum bist du so trübsinnig?«

»Weil ich nichts mehr sehe. Wenn einem das passiert, meint man, man würde nie wieder sehen.«

Er stand auf und streckte sich, zuerst vorn und dann achtern. »Machen wir einen kleinen Spaziergang den Berg hinauf«, schlug er vor, »vielleicht geht's wieder.«

Wir inspizierten den Berg zerbrochener Flaschen und gingen dann den Pfad entlang. Unser Atem erzeugte kleine Dampfwolken in der trockenen Frostluft. Ein ziemlich großes Tier sprang den Abhang hinauf, oder vielleicht war es ein kleines Tier und eine Steinlawine.

»Was sagt deine Nase? Was war das?«

»Nichts, was ich kenne, irgend etwas Rattenartiges. Jedenfalls nichts, was ich jagen werde.«

Die Nacht war so dunkel, daß feurige Flecken in ihr tanzten. Mein Licht weckte an der Felswand eine blitzende Antwort. Ich kletterte hinauf, rutschte, glitt aus, verlor das Lichtecho und fand es wieder, einen schönen, kleinen, frisch gesplitterten Stein mit einem Stück Glimmer darin, nichts Wertvolles, aber es war gut, ihn zu besitzen. Ich steckte ihn ein, und wir gingen zu Bett.

Als ich diesen Bericht zu schreiben begann, war ich mir bewußt, daß ich mich früher oder später an Texas versuchen mußte, und ich fürchtete mich davor. Ich konnte Texas so wenig umgehen wie ein Raumfahrer die Milchstraße. Es schiebt seinen Ausläufer nach Norden vor, es macht sich breit und zieht sich am Rio Grande entlang. Wenn man Texas einmal betreten hat, glaubt man, es dauere eine Ewigkeit, bis man wieder draußen ist, und manche Leute schaffen es nie.

Ich möchte gleich jetzt gestehen, daß ich Texas nicht hätte umgehen können, selbst wenn ich gewollt hätte, denn meine Frau ist aus Texas, ich bin dort verschwiegert und verschwägert. Texas beherrscht jeden Zoll meines Lebens. Es hätte nicht das geringste genützt, wenn ich mich geographisch von Texas ferngehalten hätte, denn Texas geht mitten durch unser Haus in New York, unser Landhaus bei Sag Harbor, und als wir in Paris wohnten, war Texas auch dort. Es durchdringt die Welt auf geradezu lächerliche Weise. Als ich einmal in Florenz eine reizende kleine italienische Prinzessin kennenlernte, sagte ich zu ihrem Vater: »Sie macht aber gar keinen italienischen Eindruck. Es klingt vielleicht komisch, aber sie sieht wie eine Indianerin aus.« Worauf der Vater antwortete: »Warum nicht? Ihr Großvater hat eine Tscherokesin aus Texas geheiratet.«

Autoren, die dem Problem Texas gegenüberstehen, ergehen sich gewöhnlich in Verallgemeinerungen, und ich bin keine Ausnahme. Texas ist ein Geisteszustand. Texas ist eine Besessenheit. Vor allem aber sind die Texaner eine Nation im wahrsten Sinne des Wortes. Ein Texaner außerhalb von Texas ist ein Fremder. Meine Frau bezeichnet sich gern als entronnene Texanerin; doch das ist nur teilweise richtig. Sie spricht normalerweise akzentfrei, aber sobald sie sich mit einem Landsmann unterhält, fällt sie ins Texanische zurück. Man brauchte nicht tief zu bohren, um herauszufinden, woher sie stammt. Sie spricht Worte wie *yes, air, hair, guess* zweisilbig aus – *yayus, ayer, hayer, gayus*. Und in einem schwachen Moment wird aus dem Wort *ink* manchmal *ank*. Nachdem unsere Tochter einmal ihre Ferien in Austin verbracht hatte, besuchte sie New Yorker Freunde. *»Do you have a pin?«*

»Certainly, dear«, sagte unsere Bekannte. *»Do you want a straight pin or a safety pin?«*

»Aont a fountain pin«, sagte sie.

Ich habe das Problem Texas viele Jahre lang von allen Seiten studiert. Und natürlich wird jede meiner Wahrheiten von einer anderen Wahrheit aufgehoben. Ich glaube, die Texaner fürchten sich in der Fremde ein wenig und sind sehr zart besaitet, und dies führt zu Prahlereien und lärmender Selbstgefälligkeit – genau wie bei schüchternen Kindern. Zu Hause in Texas sind sie nicht so. Die Texaner, die ich kenne, sind freundlich, liebenswürdig, großzügig und ruhig. In New York hören wir sie dauernd ihre geschätzte Einmaligkeit preisen. Texas ist der einzige Staat, der sich durch einen Vertrag der Union anschloß. Er hat das Recht, nach Belieben aus dem Bund auszutreten. Wir haben so oft die Drohung gehört, sie wollten sich von den USA lösen, daß ich einen Verein gegründet habe – »Die Amerikanischen Freunde der Loslösung von Texas«. Das macht dem Thema ein Ende. Sie wollen sich lösen können, aber sie wollen nicht, daß jemand möchte, daß sie es tun.

Wie die meisten wahren Nationen, besitzt Texas seine eigene Geschichte, die auf Tatsachen beruht, sich aber nicht in ihnen erschöpft. Die Tradition der zähen und einfallsreichen Grenzbewohner ist echt, aber sie ist nicht die einzige Tradition. Nur wenige wissen, daß es in der großen alten Zeit Virginias für schwere Verbrechen drei Strafen gab – den Tod, die Verbannung nach Texas oder Kerker, und zwar in dieser Reihenfolge. Einige der Verbannten müssen schließlich Nachkommen gezeugt haben.

Die ruhmvolle Verteidigung von Fort Alamo gegen die Horden von Santa Anna andererseits ist eine Tatsache. Die tapferen texanischen Scharen rangen tatsächlich Mexiko die Freiheit ab, und Freiheit ist ein heiliges Wort. Man muß zu zeitgenössischen Beobachtern in Europa gehen, wenn man von einem Nichttexaner etwas über das Wesen der Tyrannei hören will, die eine Revolte notwendig macht. Außenstehende sagen, der Antrieb sei damals von zwei Seiten gekommen. Die Texaner wollten erstens keine Steuern zahlen, und zweitens hatte Mexiko 1829 die Sklaverei abgeschafft, und da Texas zu Mexiko gehörte, wurde verlangt, daß es seinen Sklaven ebenfalls die Freiheit gab. Natürlich hatte der Aufstand noch andere Gründe, aber diese beiden sind für einen Europäer spektakulär, und sie werden hier bei uns selten erwähnt.

Ich sagte, Texas sei ein Geisteszustand, aber ich glaube, es ist mehr als das. Es ist eine Mystik, die einer Religion ähnelt. Und der Vergleich trifft sogar darin zu, daß man Texas entweder leidenschaftlich liebt oder leidenschaftlich haßt, und daß es genau wie bei anderen Religionen nur wenige wagen, tiefer in das Problem einzudringen, aus Angst, sie könnten sich in Mysterien und Paradoxen verstricken. Jede einzelne meiner Beobachtungen kann sofort durch eine andere Meinung oder Beobachtung widerlegt werden. Aber ich glaube, niemand wird meinen Eindruck bestreiten, daß Texas eine Einheit ist. Trotz seiner enormen Ausdehnung, trotz seiner klimatischen und geographischen Unterschiede und trotz aller inneren Zänkereien, Streitereien und Auseinandersetzungen besitzt Texas eine Bindekraft, die vielleicht stärker ist als in jedem anderen Staat Amerikas. Für jeden Texaner, ob arm oder reich, ob er im Innern des Landes oder an der Golfküste, in der Stadt oder auf dem Land lebt – ist Texas eine Leidenschaft, ein gläubig gehüteter Besitz. Vor einigen Jahren schrieb Edna Ferber ein Buch über die sehr dünne Schicht steinreicher Texaner. Ihre Schilderung war, soweit ich es beurteilen kann, zutreffend, aber im Grundton herabsetzend. Und sofort wurde das Buch von Texanern aller Schichten und Klassen verdammt. Wer einen Texaner angreift, macht sich alle Texaner zum Feind. Andererseits ist der Witz über die Texaner eine beliebte Einrichtung, und in vielen Fällen kommt er aus Texas selbst.

Die Tradition des Viehzüchters an der Grenze wird in Texas so liebevoll gepflegt wie in England die Erinnerung an das normannische Blut. Obwohl viele Familien von gedungenen Landarbeitern abstammen, die den heutigen »Braceros« nicht unähnlich sind, halten alle an dem Traum vom Langhornstier und dem freien Horizont fest. Wenn ein Mann sein Vermögen mit Öl oder Regierungsaufträgen, mit Chemikalien oder einer Lebensmittelgroßhandlung gemacht hat, dann kauft er als erstes eine Ranch, die größte, die er sich leisten kann, und züchtet Vieh. Ein Kandidat für ein öffentliches Amt, der keine Ranch besitzt, soll wenig Aussichten haben, gewählt zu werden. Die Tradition des Landes ist der Seele von Texas tief eingeprägt. Geschäftsleute tragen Reitstiefel, die niemals mit Steigbügeln in Berührung kommen, und sehr wohlhabende Männer, die Häuser in Paris besitzen und regelmäßig Schneehühner in Schottland jagen, nennen sich »alte Burschen vom

Land«. Nun wäre es leicht, sich darüber lustig zu machen, wenn man nicht wüßte, daß sie auf diese Weise versuchen, die Verbindung mit der Kraft und der Einfachheit des Landes zu bewahren. Instinktiv empfinden sie, daß dort der Quell nicht nur des Wohlstands, sondern auch der Energie ist. Und die Energie der Texaner ist unbändig und explosiv. Der erfolgreiche Mann mit seiner traditionellen Ranch ist, wenigstens nach meiner Erfahrung, kein abwesender Besitzer. Er arbeitet darauf, beaufsichtigt seine Herde und mehrt sie. In diesem Klima, das so heiß ist, daß es einen umwirft, wird eine Energie entfaltet, die ebenfalls umwerfend ist. Es wird traditionsgemäß hart gearbeitet, gleichgültig wie groß oder wie klein das Vermögen ist.

Die Macht einer Geisteshaltung ist erstaunlich. Neben anderen bemerkenswerten Neigungen hat Texas eine Vorliebe für das Militärische. Die Streitkräfte der Vereinigten Staaten sind durchsetzt von Texanern, und nicht selten dominieren sie sogar darin. Die heißgeliebten und hochdramatischen Sportwettkämpfe werden fast wie militärische Operationen durchgeführt. Nirgends sieht man größere Kapellen und mehr marschierende Vereine mit Trupps kostümierter Mädchen, die blinkende Tambourstäbe schwingen. Bei Football-Spielen erlebt man die Glorie und die Verzweiflung des Krieges, und wenn eine Mannschaft aus Texas gegen einen anderen Staat ins Feld tritt, dann ist sie eine Armee mit Bannern.

Wenn ich immer wieder auf die Energie von Texas zurückkomme, dann deshalb, weil sie mir am meisten in die Augen stach. Sie erscheint mir wie der dynamische Antrieb, der es in vergangenen Zeitaltern ganzen Völkern gestattete, sich auf Wanderzüge zu begeben und Länder zu erobern. Die Landmasse von Texas ist reich an regenerierfähigen Schätzen. Wenn es anders gewesen wäre, ich glaube, die unerschöpfliche Energie der Texaner hätte fremde Länder erobert. Diese meine Überzeugung wird bis zu einem gewissen Grad durch das rastlose Wandern des texanischen Kapitals unterstützt. Bis jetzt vollzog sich die Eroberung durch den Handel, nicht durch Kriegszüge. Die Ölfelder des Nahen Ostens, die offenen Ländereien Südamerikas haben diese Kraft zu spüren bekommen. Außerdem eroberte das Kapital neue Stützpunkte: Betriebe im Mittelwesten, Nahrungsmittelfabriken, Werkzeug- und Metallwarenfabriken, Bauholz- und Papierfabriken und sogar Verlagshäuser. Diese Bemerkungen sollen weder moralisieren noch warnen. Energie muß sich irgendwo entladen, und sie tut es.

Zu allen Zeiten haben reiche, vor Energie strotzende, erfolgreiche Nationen, die sich ihren Platz in der Welt errungen hatten, den Hunger nach Kunst, Kultur, nach Bildung und Schönheit verspürt. Die Städte in Texas schießen in die Höhe und in die Breite. Die Colleges werden mit Schenkungen und Stiftungen überhäuft. Theater und Sinfonieorchester entstehen über Nacht. Jedes explosive Aufwallen von Energie und Begeisterung bringt Irrtümer und Fehlkalkulationen mit sich, sogar Dinge, gegen die sich Vernunft und Geschmack sträuben. Und die unproduktive Bruderschaft der Kritiker gibt es überall, die nur herabsetzen und verspotten, verachten und schmähen kann. Ich finde es viel bemerkenswerter, daß so etwas überhaupt möglich ist. Zweifellos unterlaufen dabei tausend haarsträubende Fehler, aber die Künstler sind seit jeher dorthin gezogen, wo man sie willkommen hieß und gut behandelte.

Texas verleitet durch seine Größe und seinen Charakter zu Verallgemeinerungen, und die Verallgemeinerungen führen gewöhnlich zu Paradoxen – der »alte Bursche vom Land« im Sinfoniekonzert, der Viehzüchter in Stiefeln und Bluejeans, der bei Neiman-Marcus chinesische Jade kauft.

Das texanische Paradox erstreckt sich auch aufs Politische. Aus Tradition und Pietät ist Texas demokratisch, wie es sich für den Alten Süden gehört, aber das hindert nicht, daß man bei Nationalwahlen für konservative Republikaner stimmt und Liberale in die Stadt- und Kreisverwaltungen wählt. Meine einleitende Bemerkung gilt immer noch – in Texas wird jede einzelne Feststellung durch eine andere widerlegt.

Die meisten Orte der Welt können exakt beschrieben werden. Man kann Längen- und Breitengrade angeben, man kann die chemische Zusammensetzung der Erde, der Luft und des Wassers bestimmen, man kann sagen, in ihnen wurzelt und webt eine identifizierte Flora, und sie werden von der und der Fauna bewohnt. Aber dann gibt es Gegenden, wo sich die Fabel, der Mythos, die Liebe und Sehnsucht und auch das Vorurteil dreinmischt und ein nüchternes, klares Urteil derart beeinflußt, daß eine Art heillose Verwirrung Platz greift. Griechenland ist ein solches Land, und die Gegenden Englands, in denen König Arthur wandelte. Diese Orte haben es an sich, das Bild, das man von ihnen hat, persönlich und subjektiv zu färben. Und zweifellos ist Texas solch ein Land.

Ich kenne große Teile von Texas und kann sagen, daß ich innerhalb seiner Grenzen fast alle Landschaftstypen gesehen habe, die es auf der Erde gibt, abgesehen von der Arktis, aber ein tüchtiger Nordwind kann sogar ihren eisigen Atem bis hier herunterbringen. Die strengen, nur vom Horizont begrenzten Ebenen des nördlichen Ausläufers haben nicht das geringste mit den kleinen, bewaldeten Hügeln und lieblichen Bächen in den Davis Mountains gemein. Die prachtvollen Zitrushaine im Rio-Grande-Tal stehen in keiner Verbindung zu dem Weideland im Süden von Texas. Die heiße und dumpfe Luft der Golfküste ist völlig anders als die Kristallluft im Nordwesten des Ausläufers. Und Austin auf seinen Hügeln zwischen den Seen könnte von Dallas durch Welten getrennt sein.

Ich will damit sagen, daß Texas keine physikalische oder geographische Einheit darstellt. Seine Einheit ist geistiger Art. Und dies nicht nur in den Köpfen der Texaner. Das Wort Texas ist für die ganze Welt ein Symbol. Es besteht kein Zweifel daran, daß die Fabel von einem ideellen Texas oft übertrieben ist, manchmal unwahr und meistens romantisiert, aber das mindert in keiner Weise ihre Symbolkraft.

Die Bemerkungen über das Wesen der Idee Texas schrieb ich als Einleitung zu meinem Bericht über die Fahrt durch Texas mit Charley in Rosinante. Es war mir klar, daß dieser Teil der Reise anders verlaufen mußte als die übrige Fahrt. Erstens kannte ich die Landschaft, zweitens habe ich hier Freunde und angeheiratete Verwandte, und eine solche Situation macht Objektivität praktisch unmöglich, denn ich kenne keine Gegend, wo man die Gastfreundschaft so inbrünstig pflegt wie in Texas.

Doch ehe ich diesem angenehmen und manchmal strapazierenden Charakterzug ausgesetzt war, erfreute ich mich in einem prachtvollen Motel mitten in Amarillo noch drei Tage lang der Namenlosigkeit. Ein überholender Wagen hatte auf einer geschotterten Straße Kies hochgeschleudert und Rosinantes Windschutzscheibe zertrümmert, die nun ersetzt werden mußte. Aber was schwerwiegender war: Charley wurde wieder von seinem Leiden geplagt und hatte große Schmerzen. Ich mußte an den jämmerlichen Nichtskönner von einem Tierarzt im Nordwesten denken, der nichts verstand und dem alles gleichgültig war. Und ich mußte daran denken, wie verächtlich ihn Charley angesehen hatte.

Der Doktor in Amarillo war ein junger Mann. Er kam in einem Kabriolett mittlerer Preislage vorgefahren. Er beugte sich über Charley. »Was fehlt ihm?« fragte er. Ich schilderte Charleys Nöte. Die Hände des jungen Tierarztes strichen über Charleys Hüften, den aufgeblähten Unterleib – geübte und wissende Hände. Charley seufzte tief und wedelte sogar ein wenig mit dem Schwanz. Er gab sich vertrauensvoll in die Hände des Arztes. Ich hatte diesen spontanen Kontakt schon vorher gesehen, und es ist wohltuend, wenn man es erlebt.

Die kräftigen Finger sondierten und forschten. Dann richtete sich der Tierarzt auf. »Das kann jedem alten Knaben passieren«, sagte er.

»Ist es das, was ich vermute?«

»Ja, Prostataentzündung.«

»Können Sie etwas dagegen tun?«

»Selbstverständlich. Ich muß ihn zuerst entspannen, dann kann ich ihn behandeln. Können Sie ihn mir für ungefähr vier Tage mitgeben?«

»Ob ich es kann oder nicht, spielt keine Rolle.«

Er trug Charley hinaus und legte ihn auf den Vordersitz seines Kabrioletts, und der buschige Schwanz klopfte auf das Lederpolster. Charley war zufrieden und vertrauensvoll, und ich nicht minder. So kam es, daß ich einige Tage in Amarillo blieb. Um es kurz zu machen: Vier Tage später holte ich Charley völlig genesen ab. Der Arzt gab mir Pillen mit, die ich Charley während der Fahrt regelmäßig geben sollte, und das Leiden hat sich nie wieder gezeigt. Es geht nichts über einen guten Mann.

Ich habe nicht vor, mich lange in Texas aufzuhalten. Seit dem Hinscheiden Hollywoods ist Texas der am meisten interviewte, durchleuchtete und diskutierte Staat. Aber kein Bericht über Texas wäre vollständig ohne eine texanische Orgie, die zeigt, wie schwerreiche Leute ihre Millionen für abgeschmackte und zügellose Ausschweifungen verschleudern. Meine Frau war aus New York gekommen, und wir waren zum Thanksgiving Day auf eine Ranch eingeladen. Ihr Besitzer ist ein Bekannter von uns, der manchmal nach New York kommt, wo wir dann für ihn eine Orgie veranstalten. Ich werde seinen Namen nicht nennen und dem Brauch treu bleiben, die Leser raten zu lassen. Ich nehme an, daß er reich ist, obwohl ich ihn nie danach gefragt habe. Wir trafen wie ausgemacht am Nachmittag vor der Thanksgiving-Orgie auf der Ranch ein. Es ist ein herrlicher Besitz, reich an Wasser, Bäumen und Weideland. Räumpflüge hatten Dämme aufgeworfen, so daß sich das Wasser staute und eine Reihe lebenspendender Seen entstanden sind. Auf saftigen Wiesen weideten Vollblutpferde und blickten erst auf, als wir in einer Staubwolke vorbeifuhren. Ich weiß nicht, wie groß die Ranch ist. Ich habe unseren Gastgeber auch danach nicht gefragt.

Das Haus, ein einstöckiges Backsteingebäude, stand zwischen Pappeln auf einer kleinen Anhöhe über einem Teich, ursprünglich nur einer Quelle, die durch einen Damm gestaut worden war. Die dunkle Wasserfläche lebte, denn der Besitzer hatte Forellen ausgesetzt. Das Haus war komfortabel, hatte drei Schlafzimmer und jedes ein Bad mit Wanne und Dusche. Das Wohnzimmer, mit gebeiztem Kiefernholz getäfelt, diente auch als Eßzimmer. Auf der einen Seite war ein Kamin, auf der anderen stand ein Waffenschrank mit Glastüren. Durch die offene Küchentür sah man das Personal – eine große, dunkle Lady und ein kicherndes Mädchen. Unser Gastgeber kam uns entgegen und half uns das Gepäck hineintragen.

Sofort begann die Orgie. Wir nahmen ein Bad, und als wir wieder ins Wohnzimmer kamen, setzte man uns Scotch mit Soda vor, den wir durstig tranken. Danach besichtigten wir Scheune und Hundezwinger, in dem drei Vorstehhunde waren, von denen sich einer nicht recht wohl fühlte, und gingen dann zum Pferch, wo die Tochter des Hauses einen Hengst zähmte, ein talentiertes Tier namens Specklebottom. Danach nahmen wir zwei neue Dämme in Augenschein, hinter denen sich langsam Wasser ansammelte, und an mehreren Tränken unterhielten wir uns mit neuerworbenem Vieh. Von diesen Ausschweifungen erschöpft, gingen wir wieder ins Haus und machten ein Nickerchen.

Als wir ausgeschlafen hatten, trafen benachbarte Freunde ein. Sie brachten einen großen Topf Chili con carne mit, nach einem Hausrezept zubereitet, den besten, den ich je vorgesetzt bekam. Bald trafen weitere reiche Leute ein, sie verbargen ihren Wohlstand hinter Bluejeans und Reitstiefeln. Getränke wurden gereicht, und eine fröhliche Konversation kam in Gang, die sich um die Jagd, das Reiten und die Viehzucht drehte und von vielen Lachsalven unterbrochen wurde. Ich saß lässig auf einem Stuhl am Fenster und sah in der hereinbrechenden Dämmerung die wilden Truthühner kommen und sich in den Pappeln niederlassen. Sie flogen schwerfällig auf und verteilten sich, wurden plötzlich eins mit dem Laub und waren nicht mehr zu sehen. Ich hatte mindestens dreißig Stück gezählt.

Die Dunkelheit machte aus dem Fenster einen Spiegel, in dem ich den Hausherrn und seine Gäste unauffällig beobachten konnte. Sie saßen in dem kleinen, getäfelten Raum, einige in Schaukelstühlen, drei von den Damen auf der Couch. Die Raffinesse ihres Gelages fesselte mich. Eine der Damen strickte einen Sweater, eine andere löste ein Rätsel und klopfte sich mit dem Radiergummi eines gelben Bleistifts an die Zähne. Die Männer unterhielten sich über Gras und Wasser und über einen gewissen Sowieso, der in England einen Preisstier gekauft und diesen per Flugzeug nach Hause gebracht hatte. Ihre Bluejeans waren von jenem hellen Blau, das man nur durch hundert Wäschen erzielt, und an den Säumen waren sie noch ein wenig heller und etwas ausgefranst.

Doch darin erschöpften sich meine Detailstudien nicht. Die Schuhe waren abgeschabt und fleckig vom Pferdeschweiß und die Absätze abgetreten. Unter den offenen Hemdkragen sah ich dunkelrote Sonnenbrandstreifen an ihren Hälsen. Und ein Gast hatte die Mühe und die Kosten nicht gescheut, sich den Finger zu brechen. Er war geschient und mit einem Lederstreifen umwickelt, der von einem Handschuh stammte. Der Hausherr trieb es sogar so weit, seinen Gästen mit einer Bar aufzuwarten, die aus einem Kübel Eis, Viertelgallonenflaschen, Sodawasser, zwei Flaschen Whisky und einer Kiste Limonade bestand.

Überall stank es nach Geld. Die Tochter des Hauses zum Beispiel saß auf dem Fußboden, reinigte ein Gewehr und erzählte dabei eine dekadente und schlüpfrige Geschichte über Specklebottom, ihren Hengst, der über ein Gatter mit fünf Latten gesprungen war und eine Mähre im Nachbarbezirk besucht hatte. Sie fand, Specklebottoms Stammbaum verschaffte ihr ein Anrecht auf das Fohlen. Die Szene bestätigte das, was wir alles über die legendären Texas-Millionäre gehört haben.

Ich mußte daran denken, wie ich einmal in Pacific Grove ein Haus innen neu anstrich, das mein Vater gebaut hatte, ehe ich zur Welt kam. Ich hatte dazu einen Helfer engagiert, und da wir beide keine Fachleute waren, hatten wir uns über und über mit Farbe bekleckert. Auf einmal stellten wir fest, daß uns die Farbe ausgegangen war. Ich sagte: »Neal, lauf mal rasch zu Holman und bring eine halbe Gallone Farbe und eine Viertelgallone Verdünner.«

»Da muß ich mich zuerst waschen und umziehen.«

»Quatsch! Geh so, wie du bist!«

»Das kann ich nicht.«

»Warum nicht? Ich würde so gehen.«

Daraufhin sagte er etwas Weises und Denkwürdiges: »Man muß furchtbar reich sein, wenn man so herumlaufen kann wie Sie.«

Das ist kein Witz. Es ist tatsächlich so, und so war es auch bei der Orgie. Wie unvorstellbar reich müssen diese Texaner sein, wenn sie so einfach leben können!

Ich machte mit meiner Frau einen Spaziergang um den Forellenteich nahe beim Hügel. Die Luft war kühl, und der Nordwind hatte etwas Winterliches. Wir horchten nach Fröschen, aber sie hielten schon den Winterschlaf. Der Wind trug das Heulen eines Kojoten herüber, und wir hörten eine Kuh nach ihrem Kind klagen, das ihr entwöhnt worden war. Die Vorstehhunde kamen ans Drahtgitter, räkelten sich wie zufriedene Schlangen und niesten vor Begeisterung, und sogar der kranke kam aus der Hütte und amüsierte sich. Dann standen wir unter dem hohen Eingang der Scheune und rochen den süßen Futterklee und den brotartigen Geruch der Gerste. Am Pferch schnaubten uns die Zuchtpferde an und rieben die Köpfe an den Stangen, und Specklebottom versetzte einem kastrierten Freund einen Tritt, nur um nicht aus der Übung zu kommen. Eulen flogen in dieser Nacht, und aus der Ferne kam der rhythmische Ruf eines Ziegenmelkers. Ich wollte, unser Charley hätte dabeisein können. Er hätte diese Nacht genossen. Aber er lag von Beruhigungsmitteln eingeschläfert in Amarillo und kurierte sein Prostataleiden aus. Der scharfe Nordwind schlug die nackten Zweige der Pappeln. Offenbar hatte mich der Winter, der mir während der ganzen Fahrt auf den Fersen gewesen war, jetzt doch eingeholt. Irgendwann in unserer, oder zumindest in meiner zoologischen Vergangenheit muß der Winterschlaf die Regel gewesen sein, denn weshalb würde mich sonst kalte Nachtluft so müde machen? Wir kehrten ins Haus zurück, wo sich die Geister bereits zur Ruhe begeben hatten, und gingen zu Bett.

Ich wachte früh auf. Vor unserem Zimmer lehnten zwei

Angelruten. Ich ging den Abhang hinunter und rutschte zum Rand des dunklen Teiches. Ein künstlicher Köder war an der Schnur befestigt, eine schwarze Fliege, schon ein wenig mitgenommen, aber noch haarig genug. Sie hatte die Wasserfläche kaum berührt, da begann es zu brodeln und zu kochen. Ich zog eine zwanzig Zentimeter lange Regenbogenforelle heraus, legte sie aufs Gras und schlug ihr auf den Kopf. Viermal warf ich die Schnur und hatte vier Forellen. Ich nahm sie aus und fütterte die Eingeweide ihren Freunden im Wasser.

In der Küche brachte mir die Köchin Kaffee, und ich aß in einer Nische, während sie meine Fische in Maismehl wälzte, in Schinkenfett knusprig buk und sie mir dann unter einer Lage Schinken servierte, der mir auf der Zunge zerging. Es war lange her, seit ich solche Forellen gegessen hatte, in fünf Minuten vom Wasser in die Pfanne. Man faßt sie vorsichtig an Kopf und Schwanz und nagt sie vom Rückgrat her ab. Zuletzt verzehrt man den Schwanz. Er ist so knusprig wie ein Kartoffelchip. Kaffee hat an einem kalten Morgen einen ganz besonderen Geschmack, und die dritte Tasse ist so gut wie die erste. Ich hätte endlos in der Küche bleiben und mit der Köchin über Nichtigkeiten reden können, aber sie schob mich ab, weil sie die zwei Truthähne für die Thanksgiving-Orgie füllen mußte.

Im Morgensonnenschein gingen wir auf Wachteljagd, ich mit meiner blankgeschabten Zwölferflinte mit dem zerbeulten Lauf. Sie war schon vor zwanzig Jahren, als ich sie gebraucht kaufte, kein Prachtstück gewesen, und sie ist in der Zwischenzeit nicht besser geworden. Aber ich glaube, es hängt von mir ab. Wenn ich ordentlich ziele, dann trifft sie auch. Doch ehe wir aufbrachen, betrachtete ich sehnsüchtig durch die Glastür des Waffenschranks eine Luigi-Franchi-Doppelflinte mit Purdy-Schloß. Sie war so herrlich, daß ich habsüchtig wurde. Die Gravur auf dem Stahl schimmerte seidig wie eine Damaszener Klinge, und der Schaft ging in das Schloß und das Schloß in die Läufe über, als wären sie an einer verzauberten Pflanze gewachsen. Wenn mein Gastgeber meinen neidischen Blick gesehen hätte, hätte er mir die Schönheit bestimmt geliehen, aber ich bat ihn nicht darum. Gesetzt, ich wäre gestolpert und gestürzt und hätte sie fallen lassen oder ihren herrlichen Doppellauf an einen Stein geschlagen? Nein, es wäre so gewesen, als ob man die Kronjuwelen durch ein Minenfeld trägt. Mit meinem alten, zerschundenen Gewehr kann ich keinen Staat machen, aber alles, was ihm zustoßen kann, ist ihm schon zugestoßen, und da gibt es keinen Ärger.

Eine Woche lang hatte unser Gastgeber die Wachteln beobachtet. Wir verteilten uns und gingen durch Busch und Unterholz, durch Wasser, bergauf und bergab, während die unentwegten Vorstehhunde voranpirschten und eine fette alte Vorstehhündin namens Duchesse mit flammenden Augen sie alle und auch uns in den Schatten stellte. Wir fanden Wachtelspuren im Sand, Wachtelspuren in den lehmigen Flußbetten, Flaum von Wachtelfedern an den trockenen Spitzen des Salbeis. Wir gingen meilenweit, langsam, die Gewehre parat, jederzeit bereit, auf einen burrenden Schwarm zu schießen. Wir sahen keine einzige Wachtel. Die Hunde sahen und rochen keine Wachtel. Wir erzählten uns Geschichten und Jägerlatein über andere Wachteljagden, aber das nutzte nichts. Die Wachteln waren weg, einfach weg. Ich bin nur ein durchschnittlicher Wachteljäger, aber meine Begleiter waren geübt, die Hunde waren Profis, feinspürig, tüchtig, und sie arbeiteten schwer. Keine Wachteln. Doch die Wachteljagd hat ein Gutes. Auch ohne Vögel macht man gern mit.

Mein Gastgeber dachte, mir breche das Herz. Er sagte: »Schau, du nimmst heute nachmittag deine kleine Schlagbolzenbüchse und schießt dir einen wilden Truthahn.«

»Wie viele sind da?« fragte ich.

»Vor zwei Jahren habe ich dreißig Stück ausgesetzt. Ich denke, jetzt werden es etwa achtzig sein.«

»In dem Schwarm, der gestern abend zum Haus geflogen kam, zählte ich dreißig.«

»Es sind noch zwei andere Schwärme da.«

Ich wollte wirklich keinen Truthahn haben. Was hätte ich in Rosinante mit ihm anfangen sollen? »Warten wir noch ein Jahr. Wenn es hundert sind, komme ich wieder und jage mit dir.«

Wir gingen zum Haus zurück, duschten und rasierten uns, und weil Thanksgiving Day war, zogen wir weiße Hemden und Jacketts an und banden Krawatten um. Die Orgie begann Punkt zwei. Ich werde die Details rasch übergehen, um den Leser nicht zu schockieren, und ich sehe auch keinen Grund, diese Leute der Verachtung preiszugeben. Nach zwei tüchtigen Glas Whisky wurden die braunen, knusprigen Truthähne aufgetragen, vom Hausherrn tranchiert und von uns persönlich serviert. Wir sprachen das Tischgebet, brachten danach einen Trinkspruch aus und aßen uns in eine regelrechte Bewußtlosigkeit hinein. Danach machten wir wie die dekadenten Tafelgenossen des Petronius einen Spaziergang und zogen uns dann zu dem notwendigen und unvermeidlichen Mittagsschläfchen zurück. Und das war meine Thanksgiving-Orgie in Texas.

Natürlich glaube ich nicht, daß sie jeden Tag so leben. Sie hielten das gar nicht durch. Und fast das gleiche spielt sich ab, wenn sie nach New York kommen. Natürlich wollen sie sich amüsieren, und wir besuchen mit ihnen Nachtklubs, und nach ein paar Tagen heißt es dann: »Es ist uns ein Rätsel, wie ihr so leben könnt.« Worauf wir erwidern: »Wir leben auch gar nicht so. Wenn ihr nicht da seid, würde uns das nicht im Schlaf einfallen.«

Jetzt ist mir wohler, nachdem ich die dekadenten Sitten der Texaner, die ich kenne, beleuchtet habe. Aber ich glaube nie und nimmer, daß sie jeden Tag Chili con carne und Truthahn essen.

Als ich meine Reise plante, legte ich mir bestimmte Fragen zurecht, auf die ich passende Antworten haben wollte. Es kam mir nicht in den Sinn, daß es unlösbare Fragen sein könnten. Ich glaube, sie lassen sich alle in der einzigen Frage zusammenfassen: »Wie sind heute die Amerikaner?«

In Europa macht man sich einen Sport daraus zu schildern, wie die Amerikaner sind. Offenbar weiß man das dort genau. Und auch wir beteiligen uns mit Wonne an diesem Spiel. Wie oft habe ich mitangehört, wie einer meiner Landsleute nach einer dreiwöchigen Europareise mit Überzeugungskraft das Wesen der Franzosen, der Briten, der Italiener, der Deutschen und vor allem der Russen darlegte. Auf meinen Reisen lernte ich den Unterschied zwischen einem Amerikaner und den Amerikanern kennen. Sie haben so wenig miteinander zu tun, daß sie Gegensätze sein könnten. Ich erlebte oft, daß ein Europäer, nachdem er feindselig und erbost über die Amerikaner gesprochen hatte, zu mir sagte: »Von Ihnen rede ich natürlich nicht. Ich meine die andern.« Im Grunde ist es so: Die Amerikaner und die Briten sind jene gesichtslose Herde, die man nicht kennt. Aber ein Franzose, ein Italiener, das sind die

Vertrauten und Freunde. Sie besitzen keine von den Eigenschaften, die den Haß der Unwissenden wecken.

Ich hatte dies immer als eine Art semantische Falle betrachtet, aber als ich durch mein Land fuhr, war ich gar nicht sicher, ob dem so ist. Die Amerikaner, die ich gesehen und gesprochen habe, waren Individualisten, jeder unterschied sich von den andern, aber allmählich merkte ich, daß es »die Amerikaner« doch gibt, daß sie tatsächlich gemeinsame Eigenschaften haben, gleichgültig in welchem Staat sie wohnen und ungeachtet ihres sozialen und finanziellen Status, ihrer Bildung und ihrer religiösen und politischen Überzeugung. Wenn es nun ein Bild der Amerikaner gibt, das der Wahrheit entspricht und nicht Feindseligkeit oder Wunschdenken widerspiegelt, wie sieht dann dieses Bild aus? Was für eine Wirkung hat es? Wenn das gleiche Lied, der gleiche Witz, der gleiche Stil durch alle Teile das Landes geht, müssen die Amerikaner irgendwelche Grundeigenschaften gemeinsam haben. Die Tatsache, daß der gleiche Witz, der gleiche Stil in Frankreich oder England oder Italien nicht ankommt, spricht für die Richtigkeit dieser Behauptung. Aber je länger ich dieses Bild der Amerikaner betrachtete, um so verschwommener wurde es. Es schien immer paradoxer zu werden, und ich habe die Erfahrung gemacht, daß gewisse Faktoren in der Gleichung fehlen, wenn zu oft für meinen Geschmack Paradoxe zum Vorschein kommen.

Nun war ich bereits durch eine Galaxis von Staaten gereist, von denen jeder seinen eigenen Charakter besaß, und ich hatte unzählige Menschen gesehen, und vor mir lag ein Gebiet, das ich fürchtete – der Süden. Und doch mußte ich ihn sehen und erleben. Schmerz und Gewalttätigkeit üben keine Anziehungskraft auf mich aus. Ich bleibe nie stehen, wenn sich ein Unfall ereignet hat, es sei denn, ich könnte helfen, und ich schätze auch keine Raufereien. Ich sah dem Süden mit Horror entgegen. Hier, das wußte ich, waren Schmerz und Konfusion und alle irren Folgen von Verwirrung und Angst. Und da der Süden ein Glied unseres Landes ist, strahlt der Schmerz auf ganz Amerika aus.

Ich kannte, wie jedermann, die wahre, aber unvollständige Formulierung des Problems – daß eine Sünde der Väter an den Kindern der folgenden Generationen vergolten wird. Ich habe viele Freunde in den Südstaaten, Weiße und Schwarze, viele kluge und charaktervolle Männer, und wenn im Gespräch mit ihnen nicht einmal das Problem selbst, sondern nur eine Andeutung des Schwarz-Weiß-Problems laut wurde, dann habe ich gespürt, wie sie einen Bereich der Erfahrung betraten, in den ich ihnen nicht folgen konnte.

Vielleicht ist mir mehr als den meisten anderen Menschen des sogenannten Nordens ein echtes Verständnis dieser Seelenqual verwehrt, nicht weil ich, ein Weißer, keine Erfahrung mit Negern hätte, sondern wegen der Art meiner Erfahrung.

In Salinas, Kalifornien, wo ich aufwuchs, zur Schule ging und die Eindrücke sammelte, die mich formten, lebte nur eine einzige Negerfamilie. Sie hießen Cooper, und Vater und Mutter waren schon in der Stadt, als ich zur Welt kam, aber sie hatten drei Söhne, einer war ein Jahr jünger, so daß in der Grundschule und in der High School immer ein Cooper eine Klasse über mir, einer in meiner Klasse und einer eine Klasse unter mir war. Mit einem Wort, ich war von Coopers eingekreist. Der Vater, den man allgemein Mr. Cooper nannte, hatte ein kleines Fuhrunternehmen, war tüchtig und verdiente ordentlich. Seine Frau war warmherzig und freundlich, und sie schenkte uns immer ein Stück Ingwerkuchen, wenn wir darum bettelten.

Wenn es in Salinas Rassenvorurteile gab, dann habe ich nie auch nur eine Andeutung davon gehört oder gespürt. Coopers waren geachtete Leute, und ihr Selbstbewußtsein wurde in keiner Weise unterminiert. Ulysses, der älteste, war einer der besten Stabhochspringer, die unsere Stadt hervorgebracht hat, ein großer, stiller Junge. Ich erinnere mich noch an die Anmut seiner Bewegungen, und ich weiß noch, wie ich ihn um seine Körperbeherrschung beneidete. Er starb im dritten High-School-Jahr, und ich war einer der Bahrtuchhalter. Ich glaube, ich machte mich der Sünde schuldig, stolz darauf zu sein, daß man mich dazu ausgewählt hatte. Den zweiten Sohn, Ignatius, meinen Klassenkameraden, schätzte ich weniger, wie mir jetzt bewußt wird, weil er weit und breit der beste Schüler war. Im Rechnen und später in Mathematik überragte er unsere Klasse, und in Latein war er nicht nur gut, sondern er schrieb auch nicht ab. Wie kann man solch einen Klassenkameraden gern haben? Der jüngste Cooper – das Nesthäkchen – war ein einziges Strahlen. Merkwürdigerweise erinnere ich mich nicht an seinen Vornamen. Er war von klein auf Musiker, und als ich ihn das letztemal sah, war er intensiv mit einer Komposition beschäftigt, die meinen nur unvollkommen geschulten Ohren kühn, originell und sehr gut vorkam. Aber abgesehen von ihrer Begabung, waren die Cooper-Jungen meine Freunde.

Dies waren die einzigen Neger, die ich in meiner Kindheit kannte und mit denen ich Umgang hatte. Man sieht, wie wenig ich auf die große Welt vorbereitet war. Als ich zum Beispiel hörte, die Neger seien minderwertig, glaubte ich, mein Gewährsmann sei falsch unterrichtet. Als ich hörte, die Neger seien schmutzig, dachte ich an Mrs. Coopers blitzblanke Küche. Faul? Das Rattern von Mr. Coopers Pferdekarren weckte uns in der ersten Morgendämmerung. Unehrlich? Mr. Cooper war einer der wenigen Bürger von Salinas, die ihre Schuld nie über den Fünfzehnten hinaus stehenließen.

Heute weiß ich, daß sich die Coopers noch in einem weiteren Punkt von anderen Negern unterschieden, die ich seither gesehen und kennengelernt habe. Weil sie nicht gekränkt und beleidigt wurden, waren sie nicht abweisend und streitsüchtig. Weil ihre Würde intakt war, brauchten sie nicht anmaßend zu sein, und weil die Cooper-Jungen niemals gehört hatten, sie seien minderwertig, konnten sie sich geistig voll entfalten.

So sahen meine Erfahrungen mit Negern aus, bis ich erwachsen war, vielleicht zu erwachsen, um die bleibenden Kindheitseindrücke korrigieren zu können. Ich habe seither viel gesehen und die Wogen der Gewalttätigkeit, der Verzweiflung und der Konfusion miterlebt. Ich habe Negerkinder gesehen, die tatsächlich unfähig waren zu lernen, vor allem solche, denen man schon an der Wiege versichert hat, sie seien minderwertig. Wenn ich an die Coopers denke und wie wir ihnen gegenüberstanden, ist meine Hauptempfindung Bedauern darüber, daß wir einen Vorhang der Furcht und des Zorns zwischen uns niedergelassen haben. Ich habe mir eben eine amüsante Möglichkeit vorgestellt. Wenn jemand aus einer klügeren und gebildeteren Welt in Salinas gefragt hätte: »Und was würdet ihr sagen, wenn ein Cooper eure Schwester heiraten wollte?« Ich glaube, wir hätten gelacht. Denn es wäre uns unwahrscheinlich vorgekommen, daß ein Cooper unsere Schwester überhaupt haben wollte, so gute Freunde wir auch waren.

Demnach steht es also fest, daß ich gänzlich ungeeignet bin, im Rassenkonflikt Stellung zu beziehen. Aber ich muß gestehen, daß Grausamkeit und Gewalt, die sich gegen einen

Schwachen richtet, mich immer krank gemacht haben vor Zorn, und zwar gleichgültig, wer der Schwache war, der von einem Starken mißhandelt wurde.

Abgesehen von meiner Unfähigkeit als Rassenkundler wußte ich, daß ich im Süden unwillkommen war. Wenn die Menschen etwas tun, auf das sie nicht stolz sein können, dann sind sie nicht scharf auf Zeugen. Ja, sie meinen schließlich sogar, die Zeugen seien die Urheber des Übelstands.

Bei all diesen Bemerkungen über den Süden habe ich nur über die Gewalt gesprochen, die durch die Bestrebungen zur Abschaffung der Rassentrennung freigesetzt wird – weil Kinder zur Schule gehen wollen, weil junge Neger das strittige Vorrecht fordern, Schnellgaststätten besuchen und Omnibusse und Toiletten benutzen zu dürfen. Mich interessierte vor allem der Schulskandal, denn mir scheint, daß das Problem nur dann gelöst werden kann, wenn es Millionen Coopers gibt.

Kürzlich erklärte mir ein guter Freund aus dem Süden das Schlagwort »Gleichberechtigt, aber getrennt«. »In meiner Stadt gibt es zum Beispiel drei neue Negerschulen, die nicht nur genausogut sind wie unsere Schulen, sondern sogar besser. Glaubst du, sie seien damit zufrieden? Und an den Omnibushaltestellen sind die Toiletten alle genau gleich. Was sagst du dazu?«

Ich sagte: »Vielleicht wissen sie es nicht anders. Ihr könntet das Problem lösen und sie wirklich auf ihren Platz verweisen, wenn ihr die Schulen und Toiletten tauscht. Sobald sie begreifen, daß eure Schulen nicht so gut sind wie die ihren, werden sie ihren Irrtum einsehen.«

Wissen Sie, was er antwortete? Er sagte: »Du aufrührerischer Halunke!« Aber er sagte es lächelnd.

Ende 1960, während ich noch in Texas war, lieferte die Einschulung einiger kleiner Negerkinder in New Orleans den Zeitungen reichlich Stoff für Bilder und Berichte. Hinter diesen schwarzen kleinen Würmern stand die Majestät des Gesetzes und die Macht des Gesetzes, Zwang auszuüben – das Recht und das Schwert waren mit diesen Kindern verbündet –, doch gegen sie standen dreihundert Jahre Angst und Zorn und die Furcht vor dem Wandel in einer sich wandelnden Welt. Tag für Tag hatte ich in den Zeitungen Bilder und auf dem Fernsehschirm Filme darüber gesehen. Was die Reporter besonders scharf auf die Geschichte machte, war eine Gruppe gedrungener Frauen mittleren Alters, die sich jeden Tag unter Berufung auf eine merkwürdige Definition des Wortes »Mutter« versammelten und Kindern Schmähungen zuriefen. Einige unter ihnen waren so versiert darin, daß man sie die »Vorschreierinnen« nannte. Täglich fand sich eine Menschenmenge ein, um sich zu belustigen und sie anzufeuern.

Dieses erstaunliche Drama schien so unwahrscheinlich, daß ich es sehen mußte. Es übte die gleiche Anziehungskraft aus wie ein fünfbeiniges Kalb oder ein Embryo mit zwei Köpfen auf dem Jahrmarkt, ein Zerrbild des Normalen, das wir von jeher so interessant gefunden haben, daß wir Eintritt dafür bezahlen, vielleicht weil wir uns beweisen wollen, daß wir die richtige Zahl Beine und Köpfe besitzen. Auf dem Jahrmarkt von New Orleans erlebte ich den Kitzel des unwahrscheinlichen Abnormalen, aber auch das Entsetzen darüber, daß es so etwas gab.

Nun hatte der Winter, der mich während der ganzen Fahrt verfolgt hatte, plötzlich mit einem scharfen Nordwind zugeschlagen. Er brachte Eis und Graupelschauer. Ich holte Charley bei dem guten Doktor ab. Er sah nur halb so alt aus und fühlte sich blendend, und um dies zu beweisen, lief und sprang er und wälzte sich auf dem Boden und stieß kleine Jauchzer aus. Es war schön, ihn wiederzuhaben. Er saß aufrecht neben mir und beobachtete interessiert die unter uns wegziehende Straße, oder er rollte sich zusammen, legte den Kopf auf meinen Schoß und schlief und wollte hinter den Ohren gekrault sein. Dieser Hund kann sich endlos streicheln lassen und schläft dabei.

Nun gondelten wir nicht mehr gemächlich dahin, sondern sputeten uns. Zwar kamen wir wegen der vereisten Straßen nicht rasch voran, aber wir fuhren zielstrebig und schenkten dem an uns vorüberziehenden Texas kaum einen Blick. Texas nahm kein Ende – Sweetwater, Balinger, Austin. Wir fuhren an Houston vorbei. Wir hielten nur wegen Benzin, Kaffee und etwas Eßbarem an. Charley bekam an den Tankstellen sein Fressen und machte seine Rundgänge. Selbst die Nacht konnte uns nicht aufhalten. Wenn meine Augen vom langen Schauen brannten und meine Schultern schmerzten, bog ich auf einen Rastplatz ein und kroch wie ein Maulwurf in mein Bett. Doch hinter den geschlossenen Lidern sah ich die Straße unter mir wegrollen. Ich schlief nie länger als zwei Stunden, dann ging es in der bitterkalten Nacht weiter. Die Gewässer neben der Straße waren zugefroren, und die Menschen vergruben die Köpfe in Schals und Jacken.

Zu anderen Zeiten war ich schweißgebadet und nach Eis und kühlen Räumen lechzend in Beaumont angekommen. Jetzt war die Stadt sozusagen zugefroren. Ich fuhr nachts durch Beaumont, genauer gesagt: in der Finsternis lange nach Mitternacht. Ein Mann mit blaugefrorenen Fingern, der meinen Tank auffüllte, sah Charley an und sagte: »Ach, das ist ja ein Hund! Ich dachte schon, Sie hätten 'nen Nigger dabei.« Und er lachte schallend. Das sollte sich noch oft wiederholen. Mindestens zwanzigmal hörte ich: »Ich dachte schon, Sie hätten 'nen Nigger dabei.« Es war ein ungewöhnlicher Scherz, er war immer neu, und keiner sagte »Neger«, immer hieß es »Nigger« oder vielmehr »Niggah«. Das Wort schien ungeheuer wichtig zu sein, es gewährte eine Art Sicherheit, an die man sich klammern konnte, im Fall irgendein Gebäude in sich zusammenfiel.

Dann kam ich nach Louisiana, fuhr im Dunkeln am Lake Charles vorbei, und meine Scheinwerfer ließen das Eis glitzern, den Reif wie Diamanten funkeln, und die Leute, die immer nachts auf den Straßen sind, waren vermummt. Und weiter ging es durch Lafayette und Morgan City. In der frühen Morgendämmerung kam ich nach Houma, das für mich einer der angenehmsten Orte der Welt ist. Hier wohnt mein alter Freund Doktor St. Martin, ein sanftmütiger, gebildeter Herr, ein Cajun,* der unter den Cajuns meilenweit im Umkreis Kindern ans Licht der Welt half und Koliken kurierte. Ich glaube, er weiß über die Cajuns mehr als jeder andere Mensch auf der Welt, aber ich dachte voller Sehnsucht an die anderen Gaben des Dr. St. Martin. Er macht den besten und raffiniertesten Martini, den man sich vorstellen kann, und zwar durch ein Verfahren, das an Zauberei grenzt. Ich weiß von seiner Zauberformel nur, daß er für das Eis destilliertes Wasser verwendet und es selbst destilliert, um ganz sicher zu sein. Ich habe an seiner Tafel Ente gegessen – zwei St. Martin-Martinis, ein Paar Enten und dazu einen Burgunder, der so aus der Flasche ans Licht befördert wurde, wie vielleicht ein Baby entbunden wird, und dies in einem abgedunkelten

* Bewohner Louisianas französischer Abstammung

Raum, dessen Läden in der Morgendämmerung geschlossen worden waren, damit die kühle Nachtluft im Haus blieb. Ich sehe noch den Tisch vor mir, auf dem das Silber weich und matt schimmerte wie Zinn, und das erhobene Glas mit dem heiligen Blut der Trauben. Der Stiel wurde von den kräftigen Künstlerfingern liebkost, und selbst jetzt noch höre ich, wie er mir in der singenden acadischen Sprache zuprostete, die einst Französisch war und heute etwas Eigenständiges ist. Dieses Bild stand vor meiner Windschutzscheibe, und wenn Verkehr geherrscht hätte, wäre ich ein gefährlicher Fahrer gewesen. Aber über Houma lag eine blaßgelbe, kalte Dämmerung, und ich wußte, wenn ich stehenblieb und meine Aufwartung machte, würden mein Wille und meine Entschlossenheit auf dem delikaten Lotus, den St. Martin zubereitete, davonschwimmen, und wir würden noch am Abend über zeitlose Dinge reden und noch am nächsten Abend. Deshalb verbeugte ich mich in die Richtung, wo mein Freund wohnte, und fuhr weiter nach New Orleans, denn ich wollte einen Auftritt der Vorschreierinnen miterleben.

Sogar ich bin klug genug, nicht mit einem Wagen in die Nähe eines Aufruhrs zu fahren, zumal nicht mit Rosinante, eingedenk ihrer New Yorker Nummernschilder. Erst am Tag zuvor war ein Reporter verprügelt und seine Kamera zertrümmert worden, denn auch überzeugte Staatsbürger schätzen es nicht, wenn ihr historischer Augenblick festgehalten und verewigt wird.

Deshalb bog ich schon am Stadtrand auf einen Parkplatz ein. Der Parkplatzwärter kam an mein Fenster: »Mann Gottes, ich dachte, Sie haben ’nen Nigger dabei. Mann Gottes, das ist ja ein Hund. Als ich das große, alte, schwarze Gesicht sah, dachte ich, das ist ein großer, alter Nigger.«

»Sein Gesicht ist blaugrau, wenn er sauber ist«, sagte ich kühl.

»Na, ich hab’ schon blaugraue Nigger gesehen, und die waren nicht sauber. New York, eh?«

Es hörte sich an, als schleiche sich die Kühle der Morgenluft in seine Stimme ein. »Ich bin nur auf der Durchfahrt«, sagte ich. »Ich möchte hier ein paar Stunden parken. Können Sie mir ein Taxi besorgen?«

»Ich wette, Sie wollen die Vorschreierinnen sehen.«

»Ganz recht.«

»Hoffentlich sind Sie keiner von diesen Störenfrieden oder Reportern.«

»Ich möchte nur sehen.«

»Mann Gottes, da werden Sie was erleben. Die sind grandios. Wenn die loslegen, so was haben Sie noch nicht gehört.«

Ich schloß Charley in Rosinante ein, nachdem ich den Parkplatzwächter durch mein Haus geführt, ihm ein Glas Whisky vorgesetzt und einen Dollar gegeben hatte. »Seien Sie vorsichtig, wenn Sie die Tür aufmachen, solange ich weg bin«, sagte ich. »Charley nimmt seinen Job ziemlich ernst. Sie könnten eine Hand dabei einbüßen.« Das war natürlich eine faustdicke Lüge. Der Mann sagte: »Jawohl, Sir. Sie werden es nicht erleben, daß ich mich mit einem fremden Hund einlasse.«

Der Taxifahrer, ein kränklicher, gelblicher Mann, eingeschrumpft wie eine Erbse und dazu noch erkältet, sagte: »Ich lasse Sie ein paar Häuserblocks vorher aussteigen. Ich möchte nicht, daß mein Wagen demoliert wird.«

»Ist es so schlimm?«

»Nein, aber es kann schlimm werden.«

»Wann geht es los?«

Er sah auf die Uhr. »Wenn es nicht zu kalt ist, schon in der Morgendämmerung. Jetzt ist es Viertel vor. Sie werden nichts versäumen.«

Ich hatte mich verkleidet und trug eine alte, blaue Jacke und meine britische Matrosenmütze auf Grund der Annahme, daß in einer Hafenstadt niemand einen Seemann genauer ansieht, sowenig wie einen Kellner im Restaurant. Auf seinen ureigensten Jagdgründen hat der Seemann kein Gesicht und ganz gewiß keine Pläne, es sei denn, sich zu betrinken und vielleicht wegen einer Schlägerei ins Gefängnis zu kommen. Wenigstens stellt man sich so die Matrosen vor. Ich habe es ausprobiert. Bestenfalls sagt eine freundliche Stimme des Gesetzes: »Warum gehen Sie nicht wieder auf Ihr Schiff, Seemann? Sie wollen doch nicht im Kittchen landen und die Abfahrt versäumen, oder, Seemann?« Und fünf Minuten später erkennt einen der Sprecher nicht wieder. Löwe und Einhorn auf meiner Mütze machten mich noch anonymer. Aber ich muß jedermann warnen, meine Theorie auszuprobieren, versuchen Sie es nie anderswo als in einer Hafenstadt.

»Wo sind Sie her?« fragte der Chauffeur gänzlich uninteressiert.

»Aus Liverpool.«

»Ein Limey, eh? Ihnen wird nichts passieren. Nur die gottverdammten New Yorker Juden machen die Scherereien.«

Ich stellte fest, daß ich mit britischem Akzent sprach, aber keineswegs mit dem von Liverpool. »Was, die Juden? Inwiefern machen die Scherereien?«

»Zum Kuckuck, Mister, wir wissen schon, wie wir damit fertig werden. Alles ist in Butter und geht seinen Lauf. Ich *mag* die Nigger. Und da kommen diese gottverdammten New Yorker Juden und hetzen die Nigger auf. Die sollen in New York bleiben. Dann gäb's keine Scherereien. Man sollte sie hinters Haus holen.«

»Sie meinen lynchen?«

»Nichts anderes, Mister.«

Er ließ mich aussteigen, und ich machte mich zu Fuß auf den Weg. »Gehen Sie nicht zu nahe ran, Mister!« rief er mir nach. »Und amüsieren Sie sich gut, aber mischen Sie sich nicht ein.«

»Danke«, sagte ich.

Als ich auf die Schule zuging, fand ich mich in einem Strom von Menschen, die alle weiß waren und alle in eine Richtung strebten. Sie gingen zielbewußt wie Menschen, die zu einem Brandplatz eilen, der schon einige Zeit in Flammen steht. Sie klopften sich die Hände warm oder steckten sie in die Mäntel, und viele Männer hatten sich unter den Hüten noch Schals um Kopf und Ohren gewickelt. Gegenüber der Schule hatten Polizisten Holzbarrieren aufgestellt, um die Menge zurückzuhalten, und sie gingen auf und ab und überhörten die Witze, die man über sie machte. Der Gehweg vor der Schule war menschenleer, doch am Randstein standen U.S.-Marshals in Zivil, nur Armbinden machten sie kenntlich. Ihre Gewehre zeichneten sich unauffällig unter den Mänteln ab, und ihre Blicke schweiften nervös umher, musterten Gesichter. Ich hatte den Eindruck, daß sie auch mich in Augenschein nahmen, doch ich erschien ihnen harmlos, und sie ließen bald wieder von mir ab.

Die Vorschreierinnen waren offenbar schon da, denn die Menge drängte sich nach vorn, und jeder versuchte, in ihre Nähe zu kommen. Sie hatten einen bevorzugten Standort bei der Barriere inne, dem Schuleingang direkt gegenüber. Dort stand auch eine größere Gruppe Polizisten. Sie stampften mit den Füßen und klopften sich die Hände in den ungewohnten Handschuhen.

Plötzlich wurde ich heftig gestoßen, und jemand schrie: »Da kommt sie! Laßt sie durch ...! Los, zurücktreten, laßt sie durch! Wo bist du gewesen? Du kommst zu spät zur Schule. Wo hast du so lange gesteckt, Nellie?«

Sie hieß nicht Nellie. Ich habe ihren Namen vergessen. Sie schob sich durch die dichtgedrängte Menge und kam so nahe an mir vorbei, daß ich deutlich ihren imitierten Lammfellmantel und die goldenen Ohrringe sah. Sie war nicht groß, aber füllig und vollbusig. Ich schätzte sie auf etwa fünfzig. Sie war stark gepudert, so daß die Falte ihres Doppelkinns sehr dunkel wirkte.

Mit bissigem Lächeln schob sie sich durch die wogende Menschenmenge und hielt dabei eine Handvoll Zeitungsausschnitte hoch, damit sie nicht zerrissen wurden. Da sie sie in der linken Hand hielt, suchte ich vor allem nach einem Ehering, sah aber keinen. Ich drängte mich hinter sie, um von ihrem Kielwasser mitgetragen zu werden, doch das Gedränge war zu groß, und ich hörte auch eine Warnung: »Langsam, Seemann! Wir wollen alle was mitkriegen.«

Nellie wurde lärmend empfangen. Ich weiß nicht, wie viele Vorschreierinnen da waren. Es gab keine deutliche Grenze zwischen ihnen und der Menge. Ich sah, wie einige Leute die Zeitungsausschnitte herumreichten und laut vorlasen, wobei sie in entzückte Schreie ausbrachen.

Langsam wurde die Menge unruhig wie ein Theaterpublikum, wenn der Vorhang zu lange nicht aufgeht. Die Männer sahen auf ihre Armbanduhren. Ich sah auf meine. Es war drei Minuten vor neun.

Die Vorstellung begann pünktlich. Sirenengeheul. Polizisten auf Motorrädern. Dann hielten zwei große, schwarze Wagen mit großen Männern, die helle Filzhüte trugen, vor der Schule. Die Menge schien den Atem anzuhalten. Aus jedem Wagen stiegen vier große Marshals und brachten aus einem der Autos das kleinste Negermädchen zum Vorschein, das man je gesehen hat, in blendendes, gestärktes Weiß gekleidet, mit neuen weißen Schuhen, die so klein waren, daß sie fast rund wirkten. Das Gesicht und die Beine waren sehr schwarz neben dem Weiß.

Die Marshals stellten es auf den Gehweg, und lärmende Spottrufe erhoben sich hinter der Barriere. Das Kind sah die schreiende Menge nicht an, aber von der Seite wirkte das Weiß seiner Augen wie das eines scheuen Rehkitzes. Die

Männer drehten es herum wie eine Puppe, und dann ging die seltsame Prozession den breiten Aufgang zur Schule hinauf, und das Kind wirkte noch winziger, weil die Männer so groß waren. Dann machte das Mädchen merkwürdigerweise einen Hüpfer, und ich glaube, ich weiß weshalb. Ich vermute, es war in seinem ganzen Leben noch keine zehn Schritt gegangen, ohne zu hüpfen. Aber mitten in dem Hüpfer drückte die Last es nieder, und die kleinen runden Füße machten gemessene, zögernde Schritte. Langsam ging das Mädchen zwischen seinen großen Wächtern die Stufen hinauf in die Schule.

Die Zeitungen schrieben, die Spottrufe und Schmähungen seien grausam und manchmal obszön gewesen, und das waren sie. Doch das war noch nicht die eigentliche Vorstellung gewesen. Die Menge wartete auf den weißen Mann, der es wagte, sein weißes Kind in die Schule zu bringen. Und da kam er auch schon den bewachten Weg entlang, ein hochgewachsener Mann, in Hellgrau gekleidet. Er führte sein verängstigtes Kind an der Hand. Sein Körper war angespannt wie eine starke Blattfeder, die bis zum Zerreißpunkt gebogen wird. Sein Gesicht war ernst und grau, und er blickte zu Boden. Die Muskeln an seinen Wangen standen heraus, weil er die Zähne zusammenbiß, ein Mann, der sich fürchtete, der aber mit seinem Willen die Angst bezähmte, wie ein guter Reiter ein wildgewordenes Pferd bändigt.

Eine schrille, grelle Stimme erhob sich. Man schrie nun nicht mehr im Chor. Jeder kam an die Reihe, und jeweils am Ende brach die Menge in Geheul, Gebrüll und Beifallspfiffe aus. Das hatten sie sehen und hören wollen.

Keine Zeitung hat die Worte gedruckt, die diese Frauen schrien. Man deutete an, sie seien unanständig gewesen, manche sagten sogar obszön. Im Fernsehen wurde der Ton verzerrt, oder es wurde Stimmengewirr eingeblendet, das die Worte übertönte. Nun hörte ich die Worte, und sie waren viehisch, schmutzig und gemein. In einem langen und unbehüteten Leben hatte ich öfters die Ergüsse besessener Menschen mitangesehen und gehört. Weshalb erfüllten mich dann diese Schreie mit angewidertem Entsetzen?

Wenn man die Worte niederschreibt, sind sie schmutzig, absichtlich und ausgesucht unanständig. Aber hier war etwas weit Schlimmeres als Schmutz, es war ein Hexensabbat. Das war kein spontaner Aufschrei der Empörung, der maßlosen Empörung.

Vielleicht ist es das, was mir Übelkeit bereitete. Es ging hier nicht um ein gutes oder schlechtes Prinzip. Diese pausbäckigen Frauen mit den kleinen Hüten und den Zeitungsausschnitten lechzten nach Beachtung. Sie wollten angestaunt werden. Sie lächelten dumm in ihrem fast unschuldigen Siegesgefühl, wenn sie Beifall bekamen. Sie hatten die einfältige Grausamkeit egozentrischer Kinder, und irgendwie machte dies ihre gefühllose Gemeinheit noch abstoßender. Das waren keine Mütter, nicht einmal Frauen. Das waren irrsinnige Schauspielerinnen vor einem irrsinnigen Publikum.

Die Menge hinter der Barriere schrie, höhnte und schlug sich vor Begeisterung auf die Schenkel. Polizisten gingen nervös auf und ab und warteten darauf, daß die Barriere durchbrochen würde. Sie preßten die Lippen zusammen, aber ein paar wenige lächelten, wurden jedoch rasch wieder ernst. Auf der anderen Straßenseite standen unbeweglich die U.S.-Marshals. Der graugekleidete Mann hatte kurz den Schritt beschleunigt, doch er zügelte sich und ging gemessen auf die Schule zu.

Die Menge verstummte. Nun kam die nächste Dame an die Reihe. Ihre Stimme glich dem Brüllen eines Bullen, tief und mächtig und dicht am Überschlagen wie die Stimme eines Zirkusausrufers. Ich brauche ihre Worte nicht zu zitieren. Ihr Sinn war der gleiche. Nur Rhythmus und Tonlage waren anders. Sie waren sorgfältig einstudiert und geprobt. Das war Theater. Ich betrachtete die Gesichter der lauschenden Menge, es waren die Gesichter eines Theaterpublikums. Wenn applaudiert wurde, galt es einer Darstellerin.

Der Magen drehte sich mir um, aber ich durfte nun, nachdem ich gekommen war, um zu sehen und zu hören, nicht die Augen verschließen. Und plötzlich ging mir auf, daß etwas nicht stimmte, daß das Bild einseitig und verzerrt war. Ich kannte New Orleans, ich habe im Laufe der Jahre viele Freunde dort gewonnen, besonnene, ruhige Menschen, von Grund auf freundlich und höflich. Ich dachte an den riesenhaften Lyle Saxon mit seinem weichen Lachen. Und wie viele Tage hatte ich mit Roark Bradford zusammen verbracht, der Louisianas Stimmen und Bilder einfing und Gott lebendig werden ließ und die grünen Weiden, auf die Er uns führet. Ich suchte in der Menge nach solchen Gesichtern, aber sie waren nicht da. Ich habe gesehen, wie diese Sorte Menschen bei einem Boxkampf nach Blut schrie, wie sie Orgasmen hatte, wenn ein Mann in der Stierkampfarena aufgespießt wurde, wie sie wollüstig einem Unfall zusah und um des Genusses willen, Schmerz und Qualen mitanzusehen, geduldig Schlange stand. Aber wo waren die anderen, die stolz darauf gewesen wären, zur Spezies des graugekleideten Mannes zu gehören, diejenigen, deren Arme sich danach sehnten, den kleinen, verängstigten schwarzen Wurm an sich zu drücken?

Ich weiß nicht, wo sie waren. Vielleicht fühlten sie sich so hilflos wie ich. Aber sie ließen es zu, daß New Orleans vor der Welt von den Falschen repräsentiert wurde. Die Menge eilte nun nach Hause, zweifellos, um sich auf dem Fernsehschirm wiederzusehen, und was sie sahen, ging um die ganze Welt und wurde nicht durch das in die Schranken verwiesen, von dem ich weiß, daß es da ist.

Die Vorstellung war zu Ende, und die Menschenmenge zerstreute sich. Die zweite Vorstellung würde beginnen, wenn die Glocke Schulschluß läutete und das kleine schwarze Gesicht wieder auftauchen und seine Schmäher ansehen mußte. Ich war im New Orleans der großen Restaurants. Ich kenne sie alle, und in den meisten kennt man mich. Ich hätte ebensowenig im »Gallatoir« Omelett essen und Champagner trinken wie auf einem Grab tanzen können. Selbst jetzt, während ich dies zu Papier bringe, steigt in mir wieder die Übelkeit auf. Ich habe es nicht zur Erheiterung geschrieben, es erheiterte auch mich nicht.

Ich kaufte ein Armeleute-Sandwich und verließ die Stadt. Bald fand ich einen hübschen Rastplatz, wo ich mich setzen, kauen und nachdenken und über den mächtigen, braunen, langsam dahinfließenden Vater der Flüsse blicken konnte, wie es mein Zustand erforderte. Charley streunte nicht umher, sondern saß neben mir und lehnte sich an mein Knie. Das tut er nur, wenn ich krank bin, deshalb nehme ich an, daß ich krank vor Kummer war.

Ich vergaß die Zeit. Kurz nachdem die Sonne den Zenit passiert hatte, kam ein Mann vorbei, und wir grüßten uns. Er war ein gutgekleideter Herr im fortgeschrittenen Alter mit einem Greco-Gesicht und feinem, weißem, wehendem Haar und einem gepflegten weißen Schnurrbart. Ich lud ihn ein, sich zu mir zu setzen, und als er annahm, stieg ich in mein Haus und stellte Kaffeewasser auf. Ich dachte daran, wie Roark Bradford ihn gern trank, und verdoppelte die Dosis –

zwei gehäufte Teelöffel Kaffee pro Tasse und zwei für den Topf. Ich schlug ein Ei auf, entfernte das Dotter und gab Eiweiß und Schale in den Topf, denn ich kenne nichts, was einen Kaffee so aufmöbelt und leuchten läßt. Es war noch kalt, und eine kalte Nacht stand wieder bevor, und von dem Gebräu, das ich langsam erhitzte, bis es sprudelte, stieg ein herrlicher Duft auf, der es mit jedem anderen Duft aufnehmen kann.

Mein Gast war zufrieden und wärmte sich die Hände an der Plastiktasse. »Nach Ihrem Nummernschild zu schließen, sind Sie fremd hier«, sagte er. »Wieso verstehen Sie dann was vom Kaffeekochen?«

»Ich habe es an der Bourbon Street gelernt«, sagte ich. »Nur hätte man dort die Bohnen etwas dunkler geröstet verlangt und ein wenig Zichorie gewollt.«

»Ich glaube, Sie sind doch kein Fremder. Können Sie auch ›Diablo‹ machen?«

»Für Parties ja. Stammen Sie von hier?«

»Seit mehr Generationen, als ich beweisen kann, außer denen, die in St. Louis unter *ci gît** geführt werden.«

»Ich verstehe. Schön, daß Sie vorbeigekommen sind. Ich war früher in St. Louis wie zu Hause. Ich habe dort sogar Grabinschriften gesammelt.«

»Wirklich, Sir? Dann erinnern Sie sich auch an die verzwickte.«

»Wenn Sie die gleiche meinen wie ich. Ich habe schon oft versucht, sie mir wieder ins Gedächtnis zurückzurufen. Sie meinen doch die, die mit den Worten beginnt: *Alas that one whose darnthly joy . . .*«

»Das ist sie. Robert John Cresswell, gestorben 1845 im Alter von fünfundzwanzig Jahren.«

»Wenn Sie mir nur wieder einfallen wollte.«

»Haben Sie Papier da?«

Als ich einen Notizblock auf den Knien hatte, sagte er: *»Alas that one whose darnthly joy had often to trust in heaven should canty thus sudden to from all its hopes benivens and though thy love for off remore that dealt the dog pest thou left to prove thy sufferings while below.«*

»Großartig«, sagte ich. »Das könnte von Lewis Carroll sein. Ich verstehe fast, was es heißen soll.«

* Französisch »Hier ruht . . .«

»So geht es allen. Machen Sie eine Vergnügungsreise?«

»Bis gestern war es eine, dann habe ich die Vorschreierinnen gehört.«

»Oh, ja, aha«, sagte er, und etwas Dunkles, Bedrückendes senkte sich auf ihn nieder.

»Wie wird es weitergehen?«

»Ich weiß nicht. Ich weiß es wirklich nicht. Ich wage nicht daran zu denken. Und weshalb sollte ich mich auch damit abgeben? Ich bin zu alt dafür. Sollen sich die anderen damit herumschlagen.«

»Sehen Sie ein Ende ab?«

»Ja, ein Ende schon. Aber die Mittel, die dahin führen – die Mittel. Nun, Sie sind aus dem Norden. Das sind nicht Ihre Sorgen.«

»Ich glaube, das geht uns alle an. Das ist kein lokales Problem. Wollen Sie noch eine Tasse Kaffee? Ich möchte mich gern mit Ihnen darüber unterhalten. Ich ergreife nicht Partei. Ich möchte nur hören.«

»Da gibt es nichts zu hören«, sagte er. »Das Bild ändert sich je nachdem, wer man ist und woher man stammt und wie man empfindet – nicht denkt, sondern empfindet. Was Sie gesehen haben, hat Ihnen wahrscheinlich nicht gefallen.«

»Gefällt es Ihnen?«

»Vielleicht noch weniger als Ihnen, weil ich die ganze qualvolle Vorgeschichte kenne und einen Teil der stinkenden Zukunft. Das ist ein häßliches Wort, Sir, aber ich finde kein anderes.«

»Die Neger wollen Menschen sein. Haben Sie etwas dagegen?«

»Zum Kuckuck, nein, Sir, aber wenn sie Menschen werden wollen, müssen sie gegen die angehen, die sich nicht damit begnügen, Menschen zu sein.«

»Wollen Sie damit sagen, die Neger werden nie zufrieden sein, was sie auch erreicht haben?«

»Sind Sie zufrieden? Ist irgend jemand zufrieden, den Sie kennen?«

»Wären Sie bereit, sie Menschen sein zu lassen?«

»Bereit schon, aber ich würde es nicht verstehen. Ich habe zu viele *ci gîts* hier. Wie kann ich es Ihnen verständlich machen? Nehmen Sie an, Ihr Hund hier, er sieht sehr intelligent aus –«

»Das ist er auch.«

»Gut. Stellen Sie sich vor, er könnte sprechen und auf den Hinterbeinen stehen. Vielleicht wäre er zu allem zu gebrauchen. Vielleicht könnten Sie ihn sogar zum Essen einladen. Aber könnten Sie ihn als Mensch sehen?«

»Sie meinen, ob es mir recht wäre, wenn meine Schwester ihn heiraten würde?«

Er lachte. »Ich versuche Ihnen nur zu sagen, wie schwer es ist, die gefühlsmäßige Einstellung über gewisse Dinge zu ändern. Glauben Sie mir, wenn ich Ihnen sage, daß es für die Neger genauso schwer ist, ihre Einstellung uns gegenüber zu ändern? Das ist nicht neu. Das spielt sich schon seit langem ab.«

»Jedenfalls verdirbt einem das Thema den Spaß an der Unterhaltung.«

»So ist es, Sir. Ich glaube, ich bin das, was Sie einen aufgeklärten Südstaatler nennen würden, wenn Sie eine Beleidigung mit einem Kompliment verwechseln. Als solch ein Zwitter weiß ich, was im Laufe der Zeit geschehen wird. Jetzt fängt es in Afrika und in Asien an.«

»Sie meinen das Aufgesaugtwerden – die Neger werden verschwinden.«

»Sie werden in der Überzahl sein, wir werden verschwinden, oder noch wahrscheinlicher werden wir alle verschwinden und in etwas Neuem aufgehen.«

»Und in der Zwischenzeit?«

»Gerade die fürchte ich, Sir. Die Alten legten Liebe und Krieg in die Hände nahe verwandter Götter. Das taten sie nicht von ungefähr. Es erwuchs aus einem tiefen Wissen um den Menschen.«

»Ihre Argumente sind gut.«

»Die Leute, die Sie heute gesehen haben, kennen keine Argumente. Das sind diejenigen, die vielleicht die Götter auf den Plan rufen.«

»Dann glauben Sie also, es kann nicht friedlich abgehen?«

»Ich weiß nicht«, rief er, »ich glaube, das ist das Schlimmste daran, ich weiß es einfach nicht. Manchmal möchte ich gern meinen rechtmäßigen Titel *Ci Gît* annehmen.«

»Ich wollte, Sie könnten mit mir fahren. Sind Sie hier zu Hause?«

»Ja. Ich habe dort drüben hinter dem Wald ein kleines Grundstück. Meistens lese ich – alte Sachen –, meistens denke ich nach – über alte Sachen. Das ist meine Methode, die Folgen zu ignorieren, denn vor ihnen fürchte ich mich.«

»Ich glaube, das tun wir alle irgendwie.«

Er lächelte. »Ich habe ein altes Negerehepaar bei mir zu Hause. Sie sind so alt wie ich und versorgen mich. Abends vergessen wir manchmal. Sie vergessen, daß sie mich beneiden könnten, und dann sind wir drei zufriedene ... Geschöpfe, die beisammen sitzen und sich am Duft der Blumen freuen.«

»Geschöpfe«, wiederholte ich. »Interessant. Nicht Mensch und Tier, nicht schwarz und weiß, sondern zufriedene Geschöpfe. Meine Frau erzählte mir einmal von einem uralten Mann, der sagte: ›Ich erinnere mich an eine Zeit, als die Neger noch keine Seelen hatten. Damals war es besser und einfacher. Jetzt ist alles so kompliziert.‹«

»Daran erinnere ich mich nicht, aber es muß so gewesen sein«, sagte er. »Ich meine, wir können unsere ererbte Schuld wie einen Geburtstagskuchen aufteilen.« Wenn ich mir den Schnurrbart wegdachte, sah er wie der Grecosche Paulus aus, der das geschlossene Buch in Händen hält. »Meine Ahnen hatten selbstverständlich Sklaven, aber es könnte sein, daß Ihre sie gefangen und an uns verkauft haben.«

»Ich habe eine puritanische Ahnenreihe, die das sehr wohl getan haben könnte.«

»Wenn Sie eine Kreatur zwingen, wie ein Tier zu leben und zu arbeiten, müssen Sie sie auch als Tier betrachten, das Mitgefühl würde Sie sonst in den Irrsinn treiben. Und wenn Sie es einmal im Geist klassifiziert haben, kann Ihrem Gewissen nichts mehr passieren.« Er blickte über den Fluß, und sein Haar wehte in der Brise wie weißer Rauch. »Und wenn es einen Funken Mut und Zorn besitzt, was beim Menschen Tugenden sind, dann fürchten Sie sich vor dem gefährlichen Tier, und da es intelligent und einfallsreich ist und die Fähigkeit hat, dies zu verbergen, leben Sie ständig in Furcht. Daher müssen Sie die menschlichen Regungen in ihm unterdrücken und aus ihm das gefügige Tier machen, das Sie haben wollen. Wenn Sie Ihrem Kind von Anfang an die richtige Einstellung zu dem Tier beibringen, wird es die Angst nicht kennen.«

»Man hat mir gesagt, daß der Neger in der guten alten Zeit sang, tanzte und zufrieden war.«

»Er lief auch weg. Die Ausreißergesetze beweisen, wie oft.«

»Sie sind nicht das, was man sich im Norden unter einem Südstaatler vorstellt.«

»Möglich. Aber ich bin nicht allein.«

Er erhob sich und klopfte sich den Staub von den Hosen. »Nein, ich bin nicht allein. Ich muß jetzt zu meinen zufriedenen Geschöpfen.«

»Ich habe Sie nicht nach Ihrem Namen gefragt, Sir, und mich nicht vorgestellt.«

»Ci Gît«, sagte er. »Monsieur Ci Gît – eine große Familie, ein verbreiteter Name.«

Für mich war der Tag größer gewesen als ein Tag, er war nicht im entferntesten an anderen Tagen zu messen. Da ich in der letzten Nacht wenig geschlafen hatte, wußte ich, daß ich eigentlich hierbleiben sollte. Ich war sehr müde, aber manchmal kann die Müdigkeit ein Stimulans und ein Antrieb sein. Ich zwang mich, den Tank füllen zu lassen, und befahl mir, anzuhalten und einen alten Neger mitzunehmen, der schwerfällig auf dem Grasstreifen neben der Zementstraße dahinschlurfte. Er nahm mein Angebot nur zögernd an und tat so, als könne er nicht widerstehen. Er trug die schäbigen Kleider eines Landarbeiters und einen altmodischen Stoffmantel, der vom Alter und vom langen Tragen glänzte. Sein Gesicht war kaffeebraun und von einer Million winziger Fältchen durchzogen, seine unteren Augenlider waren rotgerändert wie die Augen eines Bluthunds. Er faltete die Hände im Schoß, die knotig und trocken waren wie Kirschzweige, und sank auf dem Sitz in sich zusammen, als wolle er sich klein machen.

Er sah mich kein einziges Mal an. Ich hatte nicht den Eindruck, daß er überhaupt etwas ansah. Aber zuerst fragte er: »Beißt der Hund, Captain, Sir?«

»Nein, er ist gutmütig.«

Nach langem Schweigen fragte ich: »Wie geht's Ihnen so?«

»Gut, sehr gut, Captain, Sir.«

»Was halten Sie von den Umtrieben in letzter Zeit?«

Er antwortete nicht.

»Ich meine wegen der Schulen und der Sitzstreiks.«

»Davon weiß ich nichts, Captain, Sir.«

»Arbeiten Sie auf einer Farm?«

»Ich pflücke Baumwolle, Sir.«

»Können Sie davon leben?«

»Ich komme gut aus, Captain, Sir.«

Wir fuhren schweigend eine Strecke am Fluß entlang. Die Bäume und das Gras waren braun und schlaff vom Frost. Nach einiger Zeit sagte ich, mehr zu mir selbst als zu ihm:

»Warum sollten Sie mir auch trauen? Eine Frage ist eine Falle, und eine Antwort ist Ihr Fuß darin.« Ich mußte an eine Szene denken – sie hatte sich in New York abgespielt –, und ich war versucht, sie ihm zu erzählen, aber ich gab den Gedanken rasch auf, denn ich sah aus den Augenwinkeln, daß er von mir weggerückt war und sich an die Tür preßte. Aber die Erinnerung war sehr lebendig.

Ich wohnte damals in einem kleinen Backsteinhaus in Manhattan, und da ich momentan zahlungsfähig war, stellte ich einen Neger ein. Auf der gegenüberliegenden Straßenseite war eine Bar, an der Ecke ein Restaurant. Eines Abends im Winter, als es Glatteis hatte, stand ich am Fenster und sah hinaus. Eine betrunkene Frau kam aus der Bar, glitt auf dem vereisten Gehweg aus und fiel. Sie wollte aufstehen, glitt wieder aus und blieb jammernd liegen. In diesem Augenblick kam mein Neger um die Ecke, sah die Frau und ging hastig auf die andere Straßenseite. Er machte den größtmöglichen Bogen um sie.

Als er hereinkam, sagte ich: »Ich habe Sie kneifen sehen. Warum haben Sie der Frau nicht geholfen?«

»Sir, sie ist betrunken, und ich bin ein Neger. Wenn ich sie anrühre, kann sie leicht schreien, ich hätte sie vergewaltigt. Es gibt einen Menschenauflauf, und wer glaubt mir dann?«

»Das war aber rasche Gedankenarbeit, so schnell zu kneifen.«

»O nein, Sir«, sagte er, »ich habe Erfahrung darin, Neger zu sein.«

Und nun versuchte ich törichterweise, eine lebenslange Erfahrung über den Haufen zu werfen.

»Ich werde keine Fragen mehr stellen«, sagte ich.

Doch er war unruhig. »Würden Sie mich bitte rauslassen, Captain? Ich wohne hier.«

Ich ließ ihn aussteigen und sah im Rückspiegel, wie er neben der Straße weiterschlurfte. Er wohnte nicht hier, aber zu Fuß war er sicherer, als wenn er mit mir fuhr.

Die Müdigkeit gebot mir Einhalt, und ich übernachtete in einem angenehmen Motel. Das Bett war gut, aber ich konnte nicht schlafen. Ich sah den grau gekleideten Mann an mir vorbeigehen, ich sah die Gesichter der Vorschreidamen, aber vor allem sah ich den alten Mann, wie er so weit wie möglich von mir abrückte, als sei ich ein Infektionsträger, und vielleicht war ich es. Ich war gekommen, um zu sehen. Was sah ich? Ich hatte mich keinen Augenblick frei von der Spannung und der Last einer grausamen Furcht gefühlt. Zweifellos empfand ich sie stärker, weil ich hier fremd war, sie war da; ich hatte sie nicht mitgebracht. Jedermann, ob schwarz oder weiß, lebte darin und atmete sie – alle Altersklassen, alle Berufe, alle Schichten. Es war ein Teil ihrer Existenz. Und der Druck wuchs wie in einem Dampfkessel. War ein anderer Ausweg möglich als die Explosion?

Ich hatte so wenig vom Ganzen gesehen. Ich habe nicht viel vom Zweiten Weltkrieg gesehen – ein Landeunternehmen von hundert, ein paar Einzelgefechte, ein paar Tausend von Millionen Toten – aber ich habe genug gesehen und gefühlt und glaube, daß mir der Krieg nicht fremd ist. So war es auch hier – eine kleine Episode, ein paar Menschen, und der Atem der Furcht war überall. Ich wollte weg von hier – vielleicht war es Feigheit, aber noch feiger wäre es, sie zu leugnen. Doch die Menschen lebten hier. Sie akzeptierten die Angst als ständigen Begleiter, hatten es nie anders gekannt und nie erwartet, daß es anders würde. Die Londoner Kinder wurden unruhig, als die Bombenangriffe aufhörten, da dies ein Schema zerstörte, an das sie sich gewöhnt hatten.

Ich fuhr, bis Charley ärgerlich auf mich wurde und mehrmals »Ftt« machte. Aber Charley kennt unsere Probleme nicht. Er gehört nicht einer Spezies an, die so klug ist, daß sie das Atom spalten kann, aber nicht klug genug, um mit sich selbst in Frieden zu leben. Er versteht nicht einmal etwas von Rassen, und es ist ihm gleichgültig, wer seine Schwester heiratet. Ganz im Gegenteil. Einmal verliebte sich Charley in eine Dackel-Hündin, ein Verhältnis, das rassisch unpassend, physisch lächerlich und mechanisch unmöglich ist. Aber alle diese Probleme ignorierte Charley. Er liebte tief und legte sich mächtig ins Zeug. Es wäre schwierig, einem Hund die gute und moralische Absicht von tausend Menschen zu erläutern, die sich versammeln, um ein winziges Menschlein zu schmähen. Ich habe einen Hundeblick gesehen, einen flüchtigen Blick voll erstaunter Verachtung, und ich bin überzeugt, daß Hunde im Grunde ihres Herzens denken, die Menschen seien verrückt.

Meinen ersten Gast am nächsten Tag wählte ich mir nicht aus, sondern er wählte mich. Er saß neben mir auf einem Hocker und aß ein Würstchen, dessen Zwillingsbruder ich in der Hand hatte. Er war zwischen dreißig und fünfunddreißig, groß und kräftig und sah gut aus. Sein langes, glattes Haar war fast aschblond, und er war stolz darauf, denn er bearbeitete es oft und unbewußt mit einem Taschenkamm. Er trug einen leichten, grauen Anzug, der von der Reise zerknittert und fleckig war; er hatte sich die Jacke über die Schulter gehängt, den Hemdkragen aufgeknöpft und den Knoten seiner hellen Wollkrawatte heruntergezogen. Er sprach den südlichsten Dialekt, den ich bis jetzt gehört hatte. Er fragte mich nach meinem Ziel, und als ich ihm sagte, ich wolle nach Jackson und Montgomery, bat er mich, ihn mitzunehmen. Als er Charley sah, dachte er zuerst, ich hätte einen Nigger dabei. Es mußte eine Zwangsvorstellung sein.

Wir einigten uns rasch. Er kämmte sich das Haar zurück und beglückwünschte mich zu Rosinante. »Ich habe natürlich sofort gemerkt, daß Sie aus dem Norden sind.«

»Sie haben aber ein gutes Ohr«, scherzte ich.

»Oh, ich komme viel herum«, räumte er ein.

Ich glaube, ich bin selbst schuld an dem, was dann geschah. Wenn ich den Mund hätte halten können, hätte ich vielleicht manches Wertvolle erfahren. Schuld war die unruhige Nacht, das lange Fahren und meine Nervosität. Außerdem stand Weihnachten vor der Tür, und ich dachte häufiger an zu Hause, als mir guttat.

Wir einigten uns darauf, daß ich zum Vergnügen reiste und er eine Stellung suchte.

»Sie kommen den Fluß herauf«, sagte er. »Haben Sie gesehen, was sich in New Orleans tut?«

»Ja.«

»Ist das nicht grandios, besonders diese Nellie? Die gibt's ihnen gepfeffert.«

»Ja, allerdings.«

»Es ist eine Wohltat, wenn man sieht, wie jemand seine Pflicht tut.«

Ich glaube, in diesem Augenblick packte mich die Wut. Ich hätte grunzen und es ihn auslegen lassen sollen, wie er wollte. Aber ein häßlicher, kleiner Wurm begann sich in mir zu regen. »Ach, die machen das aus Pflichtgefühl?«

»Selbstverständlich, Gott segne sie. Jemand muß schließlich die gottverdammten Nigger aus unseren Schulen heraushalten.« Die Größe des Selbstopfers, das die Frauen antrieb, überwältigte ihn. »Früher oder später muß ein Mann sich hinsetzen und nachdenken. Früher oder später muß er den Entschluß fassen, sein Leben für etwas herzugeben, egal, woran er glaubt.«

»Haben Sie diesen Entschluß schon gefaßt?«

»Selbstverständlich, und nicht nur ich.«

»Und woran glauben Sie?«

»Ich werde nicht dulden, daß meine Kinder mit Niggern zusammen in die Schule gehen. Jawohl, Sir! Lieber gebe ich mein Leben her, aber vorher bringe ich noch eine ganze Reihe gottverdammter Nigger um.«

»Wie viele Kinder haben Sie?«

Er fuhr herum. »Keine, aber ich werde welche haben, und ich verspreche Ihnen, daß sie nicht mit Niggern in die Schule gehen.«

»Wollen Sie Ihr Leben opfern, bevor oder nachdem Sie Kinder haben?«

Ich mußte auf die Straße achten, deshalb sah ich nur kurz seinen Gesichtsausdruck. Er war nicht angenehm. »Das hört sich an, als wären Sie ein Niggerfreund. Das hätte ich mir denken können. Diese Unruhestifter kommen hierher und sagen uns, wie wir zu leben haben. Das wird Ihnen nicht gut bekommen, Mister. Wir behalten euch kommunistische Niggerfreunde im Auge.«

»Ich hatte mir nur eben das heroische Bild ausgemalt, wie Sie Ihr Leben opfern.«

»Bei Gott, ich hatte recht, Sie haben's mit den Niggern.«

»Nein, und ich habe es auch nicht mit den Weißen, wenn diese edlen Vorschreidamen dazugehören.«

Sein Gesicht kam mir sehr nahe. »Wollen Sie hören, was ich von Ihnen halte?«

»Nein, Nellie hat es mir ja gestern gesagt.« Ich bremste und fuhr an den Straßenrand.

Er war erstaunt. »Warum halten Sie?«

»Steigen Sie aus«, sagte ich.

»Ach, Sie wollen's mit den Fäusten austragen?«

»Nein, ich will Sie los sein. Steigen Sie aus.«

»Sie wollen mich zwingen?«

Ich griff in den Spalt zwischen Sitz und Tür, wo gar nichts lag.

»In Ordnung, in Ordnung«, sagte er und stieg aus. Er schlug die Tür so heftig zu, daß Charley ärgerlich jaulte.

Ich fuhr sofort wieder an, aber ich hörte ihn krakeelen und sah im Rückspiegel sein haßerfülltes Gesicht und seinen speicheltriefenden Mund. »Niggerfreund! Niggerfreund! Niggerfreund!« schrie er, solange ich ihn sehen konnte, und ich weiß nicht, wie lange noch danach. Es stimmt, ich habe ihn provoziert, aber ich konnte nicht anders. Ich glaube, wenn man Friedensstifter rekrutiert, schreibt man mich am besten gleich untauglich.

Zwischen Jackson und Montgomery nahm ich noch einen Passagier mit, einen jungen Negerstudenten mit scharfen Gesichtszügen. Man sah und merkte ihm seine wilde Ungeduld an. Drei Füllfederhalter steckten in seiner Brusttasche, und die Innentasche war prall von Papier. Ich weiß, daß er Student war, denn ich fragte ihn danach. Er war wachsam. Nummernschild und Sprache lockerten ihn so weit, wie er sich überhaupt je lockern kann.

Wir sprachen über die Sitzstreiks. Er hatte daran teilgenommen, ebenso am Omnibusboykott. Ich erzählte ihm, was ich in New Orleans gesehen hatte. Er war ebenfalls dort gewesen. Er wußte, worüber ich entsetzt war. Schließlich sprachen wir über Martin Luther King und seine Lehre vom passiven, aber erbarmungslosen Widerstand.

»Das geht zu langsam«, sagte er. »Das dauert zu lange.«

»Aber es führt zum Ziel, es führt immer näher zum Ziel. Gandhi hat bewiesen, daß es die einzige Waffe gegen die Gewalt ist.«

»Ich weiß. Ich habe das studiert. Aber die Fortschritte sind nur winzige Wassertröpfchen, und die Zeit läuft uns weg. Ich möchte, daß es schneller geht, ich möchte Taten – und zwar jetzt.«

»Das könnte alles verderben.«

»Ich bin sonst ein alter Mann, ehe ich überhaupt ein Mensch geworden bin. Vielleicht bin ich vorher tot.«

»Stimmt. Und Gandhi ist tot. Gibt es viele wie Sie, die sich nach Taten sehnen?«

»Ja. Das heißt, einige – das heißt, ich weiß nicht wie viele.«

Wir unterhielten uns über alles mögliche. Er war ein interessierter, gebildeter junger Mann, und die wilde Ungeduld lag dicht unter der Oberfläche. Aber als ich ihn in Montgomery absetzte, beugte er sich zum Wagenfenster herein und lachte. »Ich schäme mich«, sagte er. »Es ist nur Selbstsucht. Aber ich will es noch mitansehen. Hier! Ich! Ich möchte es erleben – bald.« Er drehte sich um, wischte sich über die Augen und ging rasch weg.

Angesichts der zahllosen Umfragen und Meinungsforscher und der Tatsache, daß die Zeitungen mehr Meinungen als

Nachrichten bringen, so daß man das eine nicht mehr vom anderen unterscheiden kann, möchte ich eines betonen: Es war nicht meine Absicht, einen Querschnitt zu geben. Der Leser kann also nicht sagen: »Er denkt, er hätte ein zutreffendes Bild vom Süden gezeichnet.« Und ich glaube auch nicht, daß ich das getan habe. Ich habe nur wiedergegeben, was ein paar Menschen gesprochen haben und was ich sah. Ich weiß nicht, ob sie typisch waren oder ob sich daraus ein Schluß ziehen läßt. Aber ich weiß, daß es ein gequältes Land ist und ein Volk in Bedrängnis. Und ich weiß, daß die Lösung nicht leicht und nicht einfach sein wird. Ich glaube mit Monsieur Ci Gît, daß man sich über das Ergebnis keine Gedanken zu machen braucht, aber über die Mittel, die dahin führen – über die gefährliche Wahl der Mittel.

Zu Beginn dieses Buches habe ich versucht, mich über die Eigenart der Reisen auszulassen. Ich schrieb, daß sie Wesen für sich sind, daß jede einzelne ein Individuum ist und keine zwei sich gleichen. Ich stellte mit einem gewissen Erstaunen Betrachtungen über die Individualität der Reisen an und kam zu dem Postulat, daß der Mensch eine Reise nicht in der Hand hat. Dabei sprach ich jedoch nicht über die Lebensdauer der Reise. Diese scheint variabel und unberechenbar zu sein. Wer hätte nicht schon eine Reise erlebt, die vor der Rückkehr zu Ende und gestorben war. Auch das Gegenteil kann der Fall sein – manch eine Reise lebt noch lange weiter, nachdem die Bewegung in Raum und Zeit aufgehört hat. Ich erinnere mich an einen Mann in Salinas, der im mittleren Alter Honolulu besuchte, und diese Reise dauerte für den Rest seines Lebens an. Wir sahen ihn im Schaukelstuhl auf seiner Veranda sitzen, die Augen halb geschlossen, und er reiste unaufhörlich nach Honolulu.

Meine Reise begann, lange nachdem ich aufgebrochen war, und endete, ehe ich zurückkehrte. Ich weiß genau, wo und wann sie zu Ende war. Es geschah eines windigen Nachmittags um vier Uhr in der Nähe von Abingdon im Südwestzipfel von Virginia. Ohne Ankündigung, ohne Lebewohl oder Küß die Hand kehrte mir meine Reise den Rücken und ließ mich, weit von zu Hause entfernt, im Stich. Ich wollte sie zurückrufen, sie einholen – ein törichter und aussichtsloser Versuch, denn sie war endgültig und unwiderruflich vorbei. Die Straße wurde ein endloses Steinband, die Berge Hindernisse, die Bäume verschwommene grüne Flecken, die Menschen wandelnde Gestalten mit Köpfen, aber ohne Gesichter. Das Essen schmeckte wäßrig, sogar die Suppe. Mein Bett war ungemacht. Ich schlief in langen, unregelmäßigen Abständen. Mein Herd war kalt, und ein Laib Brot schimmelte im Schrank. Die Meilen rollten ungewürdigt unter mir weg. Ich weiß, daß es kalt war, aber ich spürte es nicht; ich weiß, daß die Landschaft schön gewesen sein muß, aber ich sah sie nicht. Ich arbeitete mich blind durch West Virginia, stürmte nach Pennsylvania. Es gab keine Nacht, keinen Tag, keine Entfernungen. Ich muß wohl stehengeblieben sein, muß getankt haben, mit Charley spazierengegangen sein, muß ihn gefüttert, muß gegessen und telefoniert haben, aber ich erinnere mich an nichts davon.

Es ist seltsam. Bis Abingdon in Virginia kann ich die Fahrt wie einen Film vor mir abrollen lassen. Meine Erinnerung ist fast lückenlos. Ich sehe jedes Gesicht vor mir, jeden Berg und Baum, jede Farbe; ich höre den Tonfall der Worte, und kleine Szenen können sich in der Erinnerung noch einmal abspielen. Von Abingdon an – nichts. Die Strecke war ein grauer Tunnel, außerhalb der Zeit, ereignislos, doch an seinem Ende stand die eine leuchtende Realität – meine Frau, mein Haus in meiner Straße, mein Bett. Es war alles da, und ich rumpelte darauf zu. Rosinante konnte schnell sein, aber ich war bisher nicht rasch gefahren. Nun trat ich rücksichtslos aufs Gaspedal, der Wagen hüpfte und der Wind pfiff um die Kanten des Wohnaufsatzes. Vielleicht glauben Sie nun, ich bilde mir das nur ein. Aber wie können Sie sich dann erklären, daß auch für Charley die Reise zu Ende war? Er ist bestimmt kein Träumer und kein Erfinder von Gefühlen. Er schlief mit dem Kopf auf meinem Schoß, sah nicht mehr zum Fenster hinaus, machte nicht »Ftt«, drängte mich nicht, anzuhalten. Er führte seine Funktionen wie ein Schlafwandler aus und ignorierte ganze Batterien Abfalltonnen. Wenn das nicht die Wahrheit meiner Behauptung beweist, läßt sie sich nicht beweisen.

New Jersey war ein weiterer Meilenstein. Mein Körper befand sich in einem Zustand, in dem es keine Nerven und keine Müdigkeit gab. Der immer dichter werdende Verkehrsstrom, der sich auf New York zuwälzte, trug mich mit, und dann sah ich den freundlichen Schlund des Holland-Tunnels vor mir, der mich willkommen hieß, und auf der anderen Seite war ich zu Hause. Ein Polizist winkte mich aus der

Verkehrsschlange heraus und hielt mich an. »Sie können mit Ihrem Butangas nicht durch den Tunnel fahren«, sagte er.

»Aber es ist doch abgestellt.«

»Spielt keine Rolle. Das ist Vorschrift. Sie dürfen nicht mit Gas durch den Tunnel.«

Da sackte ich in mir zusammen.

»Aber ich will nach Hause«, jammerte ich. »Wie soll ich denn sonst nach Hause kommen?«

Er war sehr freundlich und geduldig. »Sie können doch über die George-Washington-Brücke fahren oder eine Fähre nehmen.«

Es war Hauptverkehrszeit, aber der sanftmütige Polizist mußte den potentiellen Irren in mir gesehen haben. Er hielt den wütenden Verkehr auf und schleuste mich durch. Er leitete mich behutsam. Ich glaube, er war versucht, mich nach Hause zu fahren.

Wie durch Zauberei war ich auf der Hobokenfähre und dann an Land, weit drinnen in der Stadt, wo der tägliche, panikartige Ansturm der Zeitkarteninhaber herrschte, die vor mir sprangen und rannten und auswichen und keinem Signal gehorchten. Jeden Abend ist New York ein Pamplona. Ich bog ein, bog noch einmal ein, fuhr in der falschen Richtung in eine Einbahnstraße, mußte rückwärts herausstoßen und wurde mitten auf einer Kreuzung von einer rasenden Stromschnelle quirlender Menschen eingefangen.

Ich fuhr zum Randstein, wo Parken verboten war, schaltete den Motor ab, lehnte mich zurück und lachte und konnte nicht mehr aufhören zu lachen. Meine Hände, Arme und Schultern zitterten vor Nervenanstrengung.

Ein altmodischer Schutzmann mit einem prächtigen roten Gesicht und frostig blauen Augen streckte den Kopf zu mir herein. »Was ist denn mit Ihnen los, Mac? Betrunken?« fragte er.

Ich sagte: »Ich bin mit diesem Karren durchs ganze Land gefahren – über Berge, durch Ebenen und Wüsten. Und jetzt, in meiner eigenen Stadt, in der ich zu Hause bin, habe ich mich verirrt.«

Er strahlte. »Machen Sie sich nichts draus, Mac. Ich habe mich erst am letzten Samstag in Brooklyn verlaufen. Also, wo wollen Sie hin?«

So kam der Reisende wieder nach Hause.

John Steinbeck

Logbuch des Lebens

John Steinbeck, der amerikanische Nobelpreisträger, schildert in diesem Buch humorvoll und packend zugleich ein abenteuerliches Unternehmen: Anfang des Zweiten Weltkriegs startete er zusammen mit seinem Freund Ed Ricketts eine meeresbiologische Forschungsfahrt, die ihn bis an den Kalifornischen Golf führte. Diese Reise wurde zu einem großartigen Erlebnis, das Steinbeck in bewährter Manier aufgezeichnet hat.

368 Seiten, gebunden
ISBN 3-905415-13-5
DM 29,80

DIANA

ohn Steinbeck
m dtv

rüchte des Zorns
oman
tv 10474

utobus auf Seitenwegen
oman
tv 10475

eld bringt Geld
oman
tv 10505

ie wilde Flamme
ovelle
tv 10521

er rote Pony
und andere Erzählungen
dtv 10613

Die Straße der Ölsardinen
Roman
dtv 10625

Das Tal des Himmels
Roman
dtv 10675

Die Perle
Roman
dtv 10690

Der Mond ging unter
Roman
dtv 10702

Tagebuch eines Romans
dtv 10717

Stürmische Ernte
Roman
dtv 10734

Tortilla Flat
Roman
dtv 10764

Wonniger Donnerstag
Roman
dtv 10776

Eine Handvoll Gold
Roman
dtv 10786

Von Mäusen und Menschen
Roman
dtv 10797

Jenseits von Eden
Roman
dtv 10810

Laßt uns König spielen
Ein fabriziertes Märchen
dtv 10845

Logbuch des Lebens
Im Golf von Kalifornien
Mit einer Vita von Ed Ricketts
dtv 10865

Meine Reise mit Charley
Auf der Suche nach Amerika
dtv 10879

Der fremde Gott
Roman
dtv 10909

Die gute alte und die
bessere neue Zeit
Erzählungen
dtv 10921

Jack London im dtv

Lockruf des Goldes

Aus der Wildnis Alaskas gerät der Goldsucher Burning Daylight in den Finanz- und Börsendschungel New Yorks, wo sich sein Leben grundlegend ändert. dtv 871

König Alkohol

Ein faszinierender, stark autobiographisch gefärbter Roman: »Ich ahnte nicht, daß alles Tun in dieser Welt der Männer mit dem Alkohol verknüpft war.« dtv 899

Der Seewolf

Voller Abscheu und doch fasziniert erlebt ein schöngeistiger Literat den brutalen Robbenfängerkapitän Wolf Larsen, in dessen Hände er nach einem Schiffbruch geraten ist. dtv 1027

Wolfsblut

»Wenn je ein Geschöpf der Feind seiner Gattung wurde, so war es Wolfsblut. Er gab keinen Pardon und verlangte auch keinen.« Die berühmte Tiergeschichte über das Leben eines Außenseiters und Mischlings, der mehr Wolf als Hund ist. dtv 1298

Der Ruf der Wildnis

Die realistische Beschreibung des Lebens von Menschen und Tieren unter extremsten Bedingungen in dieser klassischen Hundegeschichte gilt als unübertroffen. dtv 1563

Seven Great Stories
Sieben Meistererzählungen
englisch-deutsch
dtv zweisprachig 9227